I0077283

Informe Final
de la Trigésima Séptima
Reunión Consultiva
del Tratado Antártico

REUNIÓN CONSULTIVA
DEL TRATADO ANTÁRTICO

Informe Final
de la Trigésima Séptima
Reunión Consultiva
del Tratado Antártico

Brasilia, Brasil
28 de abril - 7 de mayo de 2014

Volumen I

Secretaría del Tratado Antártico
Buenos Aires
2014

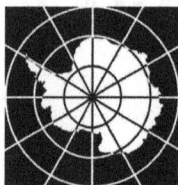

Publicado por:

Secretariat of the Antarctic Treaty
Secrétariat du Traité sur l' Antarctique
Секретариат Договора об Антарктике
Secretaría del Tratado Antártico

Maipú 757, Piso 4
C1006ACI Ciudad Autónoma
Buenos Aires - Argentina
Tel: +54 11 4320 4260
Fax: +54 11 4320 4253

Este libro también está disponible en: *www.ats.aq* (versión digital)
y para compras en línea.

ISSN 2346-9889
ISBN 978-987-1515-87-5

Índice

VOLUMEN I

VOLUMEN II

SEGUNDA PARTE. MEDIDAS, DECISIONES Y RESOLUCIONES (cont.)

4. Planes de gestión

TERCERA PARTE. INFORMES Y DISCURSOS DE APERTURA Y CIERRE

1. Informes de los Depositarios y Observadores

Informe de Estados Unidos como Gobierno Depositario del Tratado Antártico y de su Protocolo

Informe de Australia como Gobierno Depositario del CCRVMA

Informe del Reino Unido como Gobierno Depositario del CCFA

Informe de Australia como Gobierno Depositario del ACAP

Informe del Observador de CCRVMA

Informe del SCAR

Informe del COMNAP

2. Informes de expertos

Informe de ASOC

Informe de OHI

Informe de IAATO

CUARTA PARTE. DOCUMENTOS ADICIONALES DE LA XXXVII RCTA

1. Documentos adicionales

Resumen de la conferencia del SCAR

2. Lista de documentos

Documentos de trabajo

Documentos de información

Documentos de antecedentes

Documentos de la Secretaría

3. Lista de participantes

Partes Consultivas

Partes no Consultivas

Observadores, Expertos e Invitados

Secretaría del País Anfitrión

Secretaría del Tratado Antártico

Acrónimos y siglas

ACAP	Acuerdo sobre la Conservación de Albatros y Petreles
AMP	Área Marina Protegida
ASOC	Coalición Antártica y del Océano Austral
BP	Documento de Antecedentes
CC-CRVMA	Comité Científico para la Conservación de los Recursos Vivos Marinos Antárticos
CCFA	Convención para la Conservación de las Focas Antárticas
CCRVMA	Convención para la Conservación de los Recursos Vivos Marinos Antárticos y/o Comisión para la Conservación de los Recursos Vivos Marinos Antárticos
CMNUCC	Convención Marco de las Naciones Unidas sobre el Cambio Climático
COI	Comisión Oceanográfica Intergubernamental
COMNAP	Consejo de Administradores de Programas Antárticos Nacionales
CPA	Comité de Protección Ambiental
EIA	Evaluación del impacto ambiental
EMG	Evaluación medioambiental global
EMI	Evaluación medioambiental inicial
GCI	Grupo de Contacto Intersesional
GSPG	Grupo Subsidiario sobre Planes de Gestión
GTT	Grupo de Trabajo sobre turismo
IAATO	Asociación Internacional de Operadores Turísticos en la Antártida
IP	Documento informativo
IPCC	Grupo intergubernamental de expertos sobre cambio climático
MED	Modelo de elevación digital
OHI	Organización Hidrográfica Internacional
OMI	Organización Marítima Internacional
OMM	Organización Meteorológica Mundial
OMT	Organización Mundial del Turismo
PNUMA	Programa de las Naciones Unidas para el Medio Ambiente
RCTA	Reunión Consultiva del Tratado Antártico
RCC	Centros de Coordinación de Rescates

RETA	Reunión de Expertos del Tratado Antártico
SAR	Búsqueda y salvamento
SCAR	Comité Científico de Investigación Antártica
SEII	Sistema electrónico de intercambio de información
SMH	Sitio y monumento histórico
SOOS	Sistema de Observación del Océano Austral
SP	Documento de la Secretaría
STA	Sistema del Tratado Antártico o Secretaría del Tratado Antártico
UAV	Vehículo aéreo no tripulado
UICN	Unión Internacional para la Conservación de la Naturaleza
WP	Documento de trabajo
ZAEA	Zona Antártica Especialmente Administrada
ZAEP	Zona Antártica Especialmente Protegida

PRIMERA PARTE
Informe Final

1. Informe Final

Informe Final de la Trigésima Séptima Reunión Consultiva del Tratado Antártico

Brasilia, 28 de abril – 7 de mayo de 2014

(1) Conforme al Artículo IX del Tratado Antártico, los representantes de las Partes Consultivas (Alemania, Argentina, Australia, Bélgica, Brasil, Bulgaria, Chile, China, Ecuador, España, los Estados Unidos de Norteamérica, la Federación de Rusia, Finlandia, Francia, India, Italia, Japón, Noruega, Nueva Zelandia, los Países Bajos, Perú, Polonia, el Reino Unido de Gran Bretaña e Irlanda del Norte, la República de Corea, la República Checa, Sudáfrica, Suecia, Ucrania y Uruguay) se reunieron en Brasilia desde el 28 de abril al 7 de mayo de 2014, con el propósito de intercambiar información, realizar consultas, y considerar y recomendar a sus gobiernos medidas para promover los principios y objetivos del Tratado.

(2) En la Reunión también estuvieron presentes las delegaciones de las siguientes Partes Contratantes del Tratado Antártico, las cuales no son Partes Consultivas: Belarús, Canadá, Colombia, Grecia, Malasia, Mónaco, Portugal, Rumania, la República de Eslovaquia, Rumania, Suiza, Turquía y Venezuela.

(3) Asimismo, en conformidad con las Reglas 2 y 31 de las Reglas de Procedimiento, asistieron a la Reunión los Observadores de la Comisión para la Conservación de los Recursos Vivos Marinos Antárticos (CCRVMA), el Comité Científico de Investigación Antártica (SCAR) y el Consejo de Administradores de los Programas Nacionales Antárticos (COMNAP).

(4) En conformidad con la Regla 39 de las Reglas de Procedimiento, también estuvieron presentes en la Reunión Expertos pertenecientes a las siguientes organizaciones internacionales y organizaciones no gubernamentales: la Coalición Antártica y del Océano Austral (ASOC), la Asociación Internacional de Operadores Turísticos Antárticos (IAATO), la Organización Hidrográfica Internacional (OHI), Unión Internacional para la Conservación

de la Naturaleza (UICN), el Programa de las Naciones Unidas para el Medio Ambiente (PNUMA) y la Organización Meteorológica Mundial (OMM).

(5)   Brasil, el país anfitrión, cumplió con los requisitos de información respecto de las Partes Contratantes, los Observadores y Expertos mediante circulares, cartas y un sitio web dedicado a la XXXVII Reunión.

Tema 1. Apertura de la reunión

(6)   Se dio inicio oficial a la Reunión el día 28 de abril de 2014. En nombre del Gobierno anfitrión, en virtud de las Reglas 5 y 6 de las Reglas de Procedimiento, el Embajador Manoel Antonio da Fonseca Couto Gomes Pereira dio por iniciada la Reunión y propuso la candidatura del Embajador José Antonio Marcondes de Carvalho como Presidente de la XXXVII RCTA, la cual fue aceptada.

(7)   El Presidente dio una cálida bienvenida a Brasilia a todas las Partes, Observadores y Expertos. Se guardó un minuto de silencio por la muerte de Alberto Ramírez, quien falleció en una explosión en la estación argentina Esperanza, y de Luigi Michaud del Programa antártico italiano, quien falleció a causa de un accidente de buceo cerca de la Estación Mario Zuchelli.

(8)   La Hble. Izabella Teixeira, Ministra del Medioambiente de Brasil, recibió a los delegados y expresó su profundo aprecio por el Tratado y el Protocolo sobre Protección del Medio Ambiente, que consagran a la Antártida como un continente para la paz y la ciencia. En relación con el accidente ocurrido el 2012, el cual resultó en la destrucción de la Estación antártica brasileña Comandante Ferraz, la Ministra reiteró que el país procuraba una forma de remediación medioambientalmente sostenible del sitio y que pretendía reiniciar completamente las actividades en la estación en 2015/2016. La Ministra Teixeira enfatizó que la construcción de la nueva estación tendrá el menor impacto medioambiental posible y que el proceso completo se realizará en forma responsable, transparente y basada en la cooperación, con miras a una óptima gestión medioambiental. Brasil agradeció el auxilio proporcionado por otros países latinoamericanos durante este difícil periodo. La Ministra Teixeira hizo hincapié en lo importante que es proteger y conservar el medioambiente de la Antártida y expresó su convicción respecto a que la RCTA en Brasil aceleraría este proceso.

(9)   El Hble. Celso Amorim, Ministro de Defensa de Brasil, recordó la historia de la ciencia antártica de Brasil desde su firma del Tratado en 1975 y la subsecuente

inauguración de la estación Comandante Ferraz en 1984, en el que destacó el papel primordial que tuvo la Armada en el respaldo a la investigación y en la realización de sus propias investigaciones. El Ministro Celso Amorim agradeció a Argentina, Chile y otros países por su ayuda en los esfuerzos de búsqueda y salvamento luego del incendio que dañó a la estación Comandante Ferraz en 2012 y destacó la importancia de la cooperación entre Brasil y los demás países sudamericanos en relación a las actividades científicas en la Antártida. El Ministro Amorim también elogió la prohibición de realizar ensayos nucleares en la Antártida, y recordó a la Reunión el compromiso de Brasil con un Atlántico Sur libre de armas nucleares dentro del ámbito de la Zona de Paz y Cooperación del Atlántico Sur.

(10)   El Hble. Luiz Alberto Figueiredo Machado, Ministro de Relaciones Exteriores de Brasil, dio la bienvenida a las Partes a Brasil, por segunda vez en la historia de la RCTA, recordando que la primera ocasión tuvo lugar en Rio de Janeiro en 1987, cuando Brasil fue anfitrión de la XIV RCTA. Luego de reseñar las actividades de investigación de Brasil en la Antártida, particularmente aquellas relacionadas con el cambio climático y la biodiversidad de los ecosistemas antárticos, el Ministro Figueiredo mencionó que en la 32° campaña antártica, recientemente finalizada, Brasil llevó a cabo 24 programas de investigación en la Antártida, de los cuales participaron 300 investigadores. A continuación, hizo hincapié en la necesidad de evitar la duplicación de esfuerzos entre tratados y subrayó que los debates sobre cambio climático, biodiversidad y otros temas deben respetar el alcance de las negociaciones que se llevan a cabo en foros multilaterales, tales como la Convención Marco de las Naciones Unidas sobre Cambio Climático (CMNUCC) y su Protocolo de Kioto, así como la Convención sobre Biodiversidad. Asimismo, reconoció las valiosas contribuciones de todo su personal nacional para la consolidación del Programa Antártico de Brasil y recordó los esfuerzos por provocar el mínimo impacto medioambiental durante las operaciones de control de daños luego del incendio de 2012 en la Estación Comandante Ferraz. Finalmente, el Ministro Figueiredo destacó la importancia estratégica que Brasil le otorga a la cooperación con socios regionales para el progreso de la ciencia y la investigación, así como para la promoción de una activa presencia en la Antártida.

(11)   El Hble. Michel Rocard, ex Primer Ministro de Francia y Embajador de los Polos, al tiempo que resaltó el hecho de que el Sistema del Tratado Antártico representa un ejemplo único de cooperación internacional, llamó a las Partes a incrementar el nivel de cooperación de sus programas antárticos nacionales con el fin de responder a los desafíos logísticos y científicos que

conlleva la investigación antártica. Para ello, el Ministro sugirió que las Partes incrementen la coordinación de sus actividades en la región. Asimismo, reconoció el rol de la CCRVMA en el manejo de los recursos vivos marinos en el Océano Austral e hizo un nuevo llamado a las Partes y a los delegados de la CCRVMA a colaborar para avanzar en la aprobación de Zonas Marinas Protegidas (AMP) en la Antártida Oriental y el Mar de Ross.

(12) Alemania enfatizó la importancia de fortalecer el Sistema del Tratado Antártico y preservar el medioambiente de la Antártida para las generaciones futuras. Tras su participación en una serie de inspecciones en la Antártida, el jefe de la delegación alemana, el Embajador Martin Ney, hizo hincapié en la importancia de mantener la prohibición de realizar actividades relacionadas con los recursos minerales más allá del año 2048, y advirtió que no se deben utilizar los descubrimientos científicos en la región para justificar la revocación del Artículo 7 del Protocolo del Medio Ambiente. Igualmente, si bien reconoció la importancia del turismo para asegurar apoyo público a los programas antárticos nacionales, Alemania recordó a las Partes la necesidad de mantener dichas actividades en un nivel sustentable. Al concluir, Alemania manifestó su interés en mejorar el sistema de inspección del Tratado Antártico con el fin de generar resultados coordinados y sistemáticos.

(13) El Presidente agradeció al Embajador Rocard y a los Ministros por sus discursos y su asesoramiento, que serían de utilidad durante los debates subsiguientes.

Tema 2. Elección de autoridades y creación de grupos de trabajo

(14) El Embajador Rayko Raytchev, Delegado de Bulgaria (país anfitrión de la XXXVIII RCTA), fue elegido Vicepresidente. De acuerdo con la Regla 7 de las Reglas de Procedimiento, el Dr. Manfred Reinke, Secretario Ejecutivo de la Secretaría del Tratado Antártico, actuó como Secretario de la Reunión. El Embajador Manoel Antonio da Fonseca Couto Gomes Pereira, jefe de la Secretaría del país anfitrión, actuó como Secretario Adjunto. El Dr. Yves Frenot, de Francia, siguió desempeñando las funciones de Presidente del Comité para la Protección del Medio Ambiente (CPA).

(15) Se establecieron tres grupos de trabajo:

- Grupo de Trabajo sobre Asuntos Jurídicos e Institucionales;
- Grupo de Trabajo sobre Actividades Turísticas y No Gubernamentales;
- Grupo de trabajo sobre Asuntos Operacionales.

(16) Se eligieron los siguientes Presidentes para los Grupos de Trabajo:

- Asuntos Jurídicos e Institucionales: Profesor René Lefeber de los Países Bajos;
- Actividades Turísticas y No Gubernamentales: Embajador Donald Mackay de Nueva Zelandia;
- Asuntos Operacionales: Dr. José Retamales de Chile.

Tema 3. Aprobación del programa y asignación de temas

(17) Se aprobó el siguiente programa:

1. Apertura de la reunión
2. Elección de autoridades y creación de grupos de trabajo
3. Aprobación del programa y asignación de temas
4. Funcionamiento del Sistema del Tratado Antártico: informes de las Partes, Observadores y Expertos
5. Funcionamiento del Sistema del Tratado Antártico: asuntos generales
6. Funcionamiento del Sistema del Tratado Antártico: examen de la situación de la Secretaría
7. Formulación de un Plan de trabajo estratégico plurianual
8. Informe del Comité para la Protección del Medio Ambiente
9. Responsabilidad: Aplicación de la Decisión 4 (2010)
10. Seguridad de las operaciones en la Antártida, incluyendo Búsqueda y Salvamento
11. Turismo y actividades no gubernamentales en la Zona del Tratado Antártico
12. Inspecciones realizadas en virtud del Tratado Antártico y el Protocolo sobre Protección del Medio Ambiente
13. Asuntos científicos, cooperación y facilitación científica
14. Implicancias del cambio climático para la gestión de la Zona del Tratado Antártico
15. Temas educacionales
16. Intercambio de información
17. Bioprospección en la Antártida
18. Preparativos para la 38ª Reunión
19. Otros asuntos
20. Aprobación del Informe Final

(18) La Reunión aprobó la siguiente asignación de los temas del programa:

- Sesión plenaria: Temas 1, 2, 3, 4, 8, 18, 19, 20, 21
- Grupo de Trabajo sobre Asuntos Jurídicos e Institucionales: Temas 5, 6, 7, 9, 10 (Código Polar de la OMI), 16, 17
- Grupo de Trabajo sobre Turismo: Tema 11
- Grupo de Trabajo sobre Asuntos Operacionales: Temas 10 (todos, excepto el Código Polar de la OMI), 12, 13, 14, 15.

(19) Asimismo, la Reunión decidió asignar los proyectos de instrumentos que surjan del trabajo del CPA y de los Grupos de Trabajo a un grupo de redacción jurídica para someter a consideración sus aspectos jurídicos e institucionales.

Tema 4. Funcionamiento del Sistema del Tratado Antártico: informes de las Partes, Observadores y Expertos

(20) En conformidad con la Recomendación XIII-2, la Reunión recibió los informes de los gobiernos depositarios y secretarías.

(21) Estados Unidos, como Gobierno Depositario del Tratado Antártico y su Protocolo del Medio Ambiente, informó sobre el estado del Tratado Antártico y el Protocolo al Tratado Antártico sobre Protección del Medio Ambiente (Documento de información IP 40). Durante el año pasado no se registraron nuevas adhesiones al Tratado o al Protocolo. Existen 50 Partes en el Tratado y 35 Partes en el Protocolo. Estados Unidos, con el apoyo del Reino Unido, instó a las Partes Consultivas a que obrasen activamente para la aprobación de las Medidas pendientes.

(22) Venezuela informó que recientemente ratificó el Protocolo del Medio Ambiente y que notificaría sobre los detalles a Estados Unidos, en su calidad de Gobierno Depositario.

(23) La Reunión felicitó a Venezuela por la ratificación del Protocolo del Medio Ambiente. Portugal y Malasia también informaron sobre sus avances respecto a la ratificación del Protocolo del Medio Ambiente, e indicaron que a fines de 2014 el proceso debería estar completado.

(24) Los Países Bajos informaron que ratificaron la Medida 15 (2009), la Medida 16 (2009) y, conforme al Anexo VI del Protocolo, la Medida 1 (2005).

(25) Australia, en su calidad de Gobierno Depositario de la Convención para la Conservación de los Recursos Vivos Marinos Antárticos (CCRVMA), informó

que no había ocurrido ninguna adhesión a la Convención desde la XXXVI RCTA, y que existen 36 Partes en la Convención (documento IP 52).

(26) En su calidad de Gobierno Depositario de la Convención para la Conservación de las Focas Antárticas (CCFA), el Reino Unido informó que no hubo ninguna adhesión a la Convención desde la XXXVI RCTA, y que con excepción de una sola Parte, todas habían entregado sus informes (documento IP 4 rev. 1). El Reino Unido alentó la entrega oportuna de informes en la próxima RCTA.

(27) Australia, en su carácter de Gobierno Depositario del Acuerdo sobre la Conservación de Albatros y Petreles (ACAP), informó que no se habían registrado nuevas adhesiones al Acuerdo desde la XXXVI RCTA, y que el Acuerdo contaba con 13 Partes (documento IP 51). Australia invitó a las Partes que aún no son miembros a considerar su adhesión al Acuerdo.

(28) La CCRVMA presentó un resumen del Informe de la Trigésima segunda Reunión Anual de la Comisión para la Conservación de los Recursos Marinos Vivos de la Antártida, que tuvo lugar desde el 23 de octubre al 1 de noviembre de 2013 (documento IP 17), y que fue presidida por el Sr. Leszek Dybiec (Polonia). La CCRVMA informó que había aprobado una revisión del Programa de Documentación de Captura, que había acordado realizar una convocatoria a licitación pública para el nuevo Sistema de Observación de Buques (VMS), que había implementado exitosamente y por primera vez un Procedimiento para evaluar cumplimiento y que había aprobado una Lista de barcos de pesca implicados en actividades de pesca ilegal (INN) pertenecientes a Partes no contratantes, la cual se había publicado en el sitio Web de la CCRVMA. La Comisión refrendó los esfuerzos en curso para desarrollar una estrategia de financiamiento sostenible y solicitó que la Secretaría revisara el actual Plan Estratégico (2012-2014) de la CCRVMA para ser usado durante el período de 2015 a 2017. La CCRVMA informó sobre la explotación de recursos marinos en la zona cubierta por el convenio de la CCRVMA en 2012/2013, incluidos los temas asociados a la gestión de la retroalimentación de las pesquerías de krill, la mortalidad incidental, la interacción de la pesca de fondo con los ecosistemas marinos vulnerables, los avances de la Comisión en la consideración del establecimiento de AMP y el otorgamiento de una cuarta beca CCRVMA. Igualmente indicó que los números de la Organización Marítima Internacional (OMI) son ahora requisito para todos los buques pesqueros que operen dentro de la zona cubierta en el Convenio de la CCRVMA y que tras las deliberaciones que tuvieron lugar en el Grupo de Trabajo sobre búsqueda y salvamento

establecido en la XXXV RCTA, la Comisión decidió solicitar que los buques suministren sus detalles de comunicación para facilitar el uso de los datos del Sistema de Observación de Buques (VMS) de la CCRVMA como apoyo para las operaciones de búsqueda y salvamento en la zona de la Convención. Señaló que se estaba desarrollando en la actualidad un Memorando de Entendimiento (MoU) entre la CCRVMA y los Centros de Coordinación de Salvamento Marítimo. La Comisión aprobó medidas de conservación sobre notificaciones para participar en pesquerías, temporadas de pesca, áreas cerradas, prohibición de pesca, límites de captura secundaria y límites de captura. También aprobó medidas sobre requisitos de investigación en relación con pesquerías exploratorias con información escasa y sobre gestión de la actividad pesquera en casos de inaccesibilidad debido a cubierta de hielo, para las pesquerías de peces con aleta gestionadas por la CCRVMA. Estas medidas están publicadas en el sitio web de la Comisión bajo el Programa de Medidas de Conservación Vigentes para el periodo 2013/2014 (*Schedule of Conservation Measures in Force 2013/14*).

(29)   El Comité Científico de Investigación Antártica (SCAR) presentó su Informe Anual del SCAR (documento IP 13), y se refirió al Documento de antecedentes BP 9, en el cual se destaca una selección de documentos científicos fundamentales publicados desde la XXXVI RCTA. Mencionó que el SCAR inició en 2013 cinco nuevos Programas de Investigación Científica, los cuales tendrían una duración de cinco a ocho años. El SCAR también hizo mención al trabajo de varios de los Grupos de Acción del SCAR de interés para el CPA y la RCTA, incluido un informe a ser entregado en agosto de 2014 sobre la acidificación del Océano Austral y la reciente formación de Grupos de Acción para los valores de Patrimonio Geológico, y de Teledetección para monitorear poblaciones de aves y otros animales. En cuanto al cambio climático, el SCAR publicó una nueva actualización de los tópicos fundamentales del Informe sobre el Cambio Climático y el Medioambiente (Informe ACCE) (documento IP 60). Por otro lado, el SCAR realizó una búsqueda sistemática de los horizontes científicos para la Antártida y el Océano Austral, lo cual tuvo lugar en Queenstown, Nueva Zelandia, en abril de 2014, y donde se identificaron 80 preguntas cruciales para ser abordadas por la Ciencia en la Región del Polo Sur más allá de las próximas dos décadas. Además, el SCAR informó sobre su colaboración con varios socios para el desarrollo de una estrategia denominada "Conservación Antártica para el Siglo 21"que será analizada en un simposio en la 33ª Reunión del SCAR y en su Conferencia Abierta de Ciencias que se realizará en agosto de 2014. Este abordaje se estructuraría

en línea con el Protocolo al Tratado Antártico sobre Protección del Medio Ambiente y el Plan de trabajo quinquenal del CPA.

(30) El Consejo de Administradores de los Programas Antárticos Nacionales presentó el informe anual del COMNAP (documento IP 3). El COMNAP señaló que cuenta actualmente con 29 programas miembros, y que había celebrado su 25° aniversario en 2013 con la publicación del libro *A Story of Antarctic Cooperation: 25 Years of the Council of Managers of National Antarctic Programs* (Historia de la Cooperación Antártica: 25 Años del Consejo de Administradores de los Programas Antárticos Nacionales). El COMNAP destacó la cooperación con otras organizaciones y su participación en el proceso de búsqueda sistemática de los horizontes científicos para la Antártida del SCAR con el fin de identificar los mejores métodos para respaldar esfuerzos científicos. El COMNAP también informó acerca de un estudio sobre colaboración internacional, cuyos resultados mostraron un alto y significativo nivel de cooperación entre los programas antárticos nacionales (documento IP 47). Destacó las herramientas del COMNAP que se encuentran disponibles para los programas antárticos nacionales, para el apoyo de labores científicas, entre las que se incluyen la creación de un sitio web de SAR (Búsqueda y salvamento) y, en conformidad con la Resolución 4 (2013), la actualización del Manual de Información sobre Vuelos Antárticos (AFIM) (IP 31). Finalmente, el COMNAP entregó información a la Reunión sobre dos eventos próximos: el Simposio del COMNAP y un taller sobre gestión de aguas residuales.

(31) Conforme a la Recomendación XIII-2, en la Reunión se recibieron los informes de otras organizaciones internacionales.

(32) La Organización Hidrográfica Internacional (OHI) presentó el documento IP 15, *Informe de la Organización Hidrográfica Internacional*, en el que se describió el estado de los levantamientos hidrográficos y la cartografía de la Antártida como una fuente permanente de inquietud. El documento reitera que más del 90% de las aguas de la Antártida aún no se ha cartografiado, lo cual impone graves riesgos de incidentes marítimos y entorpece la realización de actividades marítimas. En vista del fuerte incremento de la actividad humana en todos los sectores marítimos, la OHI sostuvo su preocupación respecto a que, de no mediar acciones apropiadas, los incidentes y desastres con participación de buques serán inevitables. La OHI recomendó mejoras hidrográficas, tal como fue sugerido por Estados Unidos (documento WP 45), y otros mecanismos para alentar y obligar a todos los buques que operan en la Antártida a recolectar datos de profundidad en forma permanente, lo cual

actualmente puede realizarse con equipos de bajo costo. La OHI señaló que la IAATO ha cooperado activamente con la recolección de datos. Además, la OHI instó a todas las organizaciones relevantes que hayan recolectado datos de profundidades, a identificarlos y declararlos ante ese organismo.

(33) La Organización Meteorológica Mundial (OMM) presentó el documento IP 29, *WMO-led developments in Meteorological (and related) Polar Observations, Research and Services,* en el que informó sobre sus actividades recientes. La OMM ha contribuido en un gran número de debates intersesionales y, además, presentó un informe relacionado con la importancia de que las Partes articulen sus requisitos de servicios en materia de meteorología (documento IP 30). La OMM, mediante el Panel de Expertos del Consejo Ejecutivo de la OMM sobre Observaciones, Investigaciones y Servicios Polares (EC-PORS), identificó particularmente como un asunto permanente de gran relevancia para las Partes, el manejo de los impactos del cambio climático en la Antártida. La OMM instó a las Partes a aprovechar la oportunidad de influir en las políticas de la OMM, comunicándole a dicha organización sus necesidades más urgentes antes de que tengan lugar sus reuniones del Congreso y del Consejo Ejecutivo, en mayo de 2015.

(34) La Coalición Antártica y del Océano Austral (ASOC) presentó el documento IP 100, *Informe de la Coalición Antártica y del Océano Austral,* en el que se describió el trabajo reciente de la ASOC y se detallaron sus principales inquietudes. El año pasado, la ASOC participó de una serie de Grupos de Contacto Intersesional (GCI) y asistió a una variedad de reuniones relevantes para la protección del Medio Ambiente de la Antártida. La ASOC señaló haber enviado a la XXXVII RCTA una serie de informes que abordaban cuestiones relativas a la protección de la vida silvestre y la gestión de la huella humana, el cambio climático, la proliferación de estaciones, la gestión de buques y la contaminación. La ASOC también expresó su preocupación respecto a otras temáticas, tales como la bioprospección, el turismo, el Plan de Trabajo Estratégico Plurianual y la armonización con el trabajo de la CCRVMA, con el fin de proveer una red de protección marina para la Zona del Tratado Antártico. Finalmente, la ASOC señaló que éste era el momento oportuno para que las Partes respondan a los temas actuales y emergentes de manera estratégica y sigan los pasos necesarios para garantizar que el último gran espacio de vida silvestre esté totalmente protegido.

(35) La Asociación Internacional de Operadores Turísticos Antárticos (IAATO) presentó el documento IP 44, *Informe de la Asociación Internacional de Operadores Turísticos en la Antártida 2013-2014.* La IAATO informó que

espera publicar sus resultados finales para la temporada 2013/2014 en junio de 2014, e indicó que se esperaba que éstos fueran muy similares al último pronóstico realizado de 34.000 turistas (documento IP 103 de la XXXVI RCTA). También señaló que se esperaban 36.545 turistas para la temporada 2014/2015. Coherente con su política de "informar y debatir", la IAATO mencionó algunos incidentes turísticos ocurridos en el periodo 2013/2014 y advirtió sobre un aumento de la presencia de buques de explotación de krill muy cerca de los sitios de desembarco y de las zonas tradicionales de observación de ballenas. Además, la IAATO indicó que sus operadores y pasajeros contribuyeron con una suma superior a los 400.000 dólares estadounidenses a organizaciones científicas y de conservación activas en la Antártida y regiones subantárticas. Asimismo, recordó que los miembros de la IAATO brindan apoyo logístico gratuito o de bajo costo al personal científico, de conservación y de apoyo en la Antártida.

(36)   Otro documento presentado en este tema del programa:

- Documento IP 76, *Malaysia's Activities and Achievements in Antarctic Research and Diplomacy* (Malasia)

Tema 5. Funcionamiento del Sistema del Tratado Antártico: asuntos generales

(37)   La República Checa informó a la Reunión que, en conformidad con la XXXVI RCTA, había aprobado a nivel nacional todas las Medidas y Recomendaciones vigentes de la RCTA, con excepción del Anexo VI y la rectificación al Anexo II. Asimismo, la República Checa se comprometió a informar al Depositario al respecto.

(38)   La Reunión elogió la expedita aprobación de las Recomendaciones y Medidas por parte de la República Checa y alentó a las demás Partes que aún no han aprobado todas las Medidas y Recomendaciones vigentes a seguir su ejemplo.

(39)   Francia presentó el documento WP 37, *Informe del Grupo de Contacto Intersesional (GCI) sobre el ejercicio de la jurisdicción en la zona del Tratado Antártico*, en el que se informa que, al abordar cuestiones de jurisdicción en la Antártida, la mayoría de las Partes prefiere adoptar un enfoque caso por caso. Por otro lado, Francia propuso realizar una reunión informal durante cada RCTA para discutir cómo mejorar el intercambio de información. También sugirió que cada Parte asigne un único punto de

contacto, a quien se pueda contactar de forma directa respecto a materias jurisdiccionales.

(40) En la Reunión se acordó continuar con el enfoque caso por caso respecto de las materias relacionadas con el ejercicio de la jurisdicción en la Zona del Tratado Antártico. Asimismo, las Partes acordaron que un Representante de cada Parte Consultiva debería estar disponible como punto de contacto, si surgiera la necesidad de contactar a una Parte respecto de un asunto jurisdiccional. No obstante, algunas Partes fueron enfáticas en señalar que el contacto se debería establecer entre Programas Nacionales y/o estaciones.

(41) Bélgica presentó el documento IP 80, *El ejercicio de la Jurisdicción nacional con respecto a los recursos de la Antártida.* El documento propone que las Partes creen un registro nacional de infraestructura y equipos, así como también, en una etapa posterior, una base de datos de los bienes registrados por las mismas.

(42) Chile presentó el documento WP 56, *Informe del Grupo de Contacto Intersesional sobre Cooperación en la Antártica,* en el cual se hizo hincapié en la importancia de la cooperación entre las Partes en materias tales como la puesta en común de experiencias relacionadas con la aplicación de las normas del Sistema del Tratado Antártico en las legislaciones nacionales, así como de los diferentes manuales y directrices publicados y aprobados por las Partes, en particular con estados que inician sus actividades en la Antártida.

(43) El COMNAP señaló que su objetivo es apoyar la cooperación en materia de operaciones y logística. Indicó a la Reunión que se han recopilado más de 200 volúmenes de material de capacitación proporcionados por los programas antárticos nacionales, y que éstos se encuentran disponibles en varios idiomas en su sitio Web.

(44) La Reunión agradeció a Chile su labor y acordó seguir considerando el tema de introducir mejoras en la cooperación en la Antártida y extender el mandato del GCI creado para este propósito en la XXXV RCTA, *mutatis mutandis* (Informe Final de la XXXV RCTA, párrafos 51-54).

(45) La Federación de Rusia presentó el documento WP 20, *Áreas Marinas Protegidas en el Sistema del Tratado del Antártico.* En él se indicó que, si bien la CCRVMA es una organización independiente involucrada con asuntos relacionados a la creación de AMP en el Océano Austral, la RCTA servía como foro internacional para el desarrollo de las actividades de todo el STA.

En base a esta premisa, la Federación de Rusia presentó una propuesta para considerar la designación de AMP dentro del STA.

(46) Algunas de las Partes manifestaron su acuerdo con algunos puntos del documento WP 20; otras partes, sin embargo, no estuvieron de acuerdo con la argumentación y las propuestas.

(47) La Reunión consideró que las AMP en la Antártida son una herramienta útil para la protección y conservación del medioambiente marino antártico.

(48) La Reunión también señaló que la RCTA puede proteger áreas marinas a través de las designaciones de Zonas Antárticas Especialmente Protegidas (ZAEP) y Zonas Antárticas Especialmente Administradas (ZAEA),e indicó además que la CCRVMA había establecido un marco legal bajo el cual podrían designarse AMP dentro de la zona cubierta en el Convenio de la CCRVMA. El objetivo de la CCRVMA es la conservación de los recursos marinos vivos de la Antártida. En tal definición el término "conservación" hace referencia al uso racional, y esta característica distintiva confirma su rol como organismo competente para el establecimiento de AMP en el área de la CCRVMA.

(49) La RCTA señaló que la CCRVMA fundamenta la designación de AMP en la mejor evidencia científica disponible y que, una vez establecidas, las AMP deberían quedar sujetas a un seguimiento efectivo y a una revisión periódica conforme a la correspondiente medida de conservación.

(50) Teniendo en cuenta que la conservación y la protección del medio ambiente marino antártico es un objetivo común de la RCTA y de la CCRVMA, la Reunión acogió con beneplácito el continuo intercambio de información entre ambas organizaciones en esta materia.

(51) La Reunión alentó a todas las Partes a continuar sus productivos debates sobre las AMP durante los próximos meses hasta la 33° Reunión de la CCVRMA, que tendrá lugar en Hobart, Australia, entre el 20 y el 31 de octubre de 2014. Además, se les instó a trabajar constructivamente durante ese periodo para alcanzar un consenso en cuanto al establecimiento de AMP.

(52) Los Países Bajos presentaron el documento IP 49, *The Role of the Antarctic Treaty Consultative Meeting in Protecting the Marine Environment through Marine Spatial Protection*. En el documento se examina el alcance e interrelación de los diferentes instrumentos legales disponibles para implementar la responsabilidad de la RCTA respecto de la protección del espacio marino, así como aquellos instrumentos de otras organizaciones tales como la CCRVMA. Los Países Bajos reiteraron el hecho de que, a

pesar de que se ha logrado algún progreso en la armonización del trabajo de los distintos órganos del STA, aún es necesario mejorar la colaboración entre ellos con el fin de incrementar la eficacia del rol de la RCTA en la protección y preservación del medioambiente marino en la Zona del Tratado Antártico.

(53) Francia presentó el documento IP 62, *Strengthening support for the Protocol on Environmental Protection to the Antarctic Treaty*, preparado en conjunto con Australia y España. El documento señala que 7 estados Parte del Tratado Antártico habían suscrito el Protocolo del Medioambiente, pero sin ratificarlo aún; mientras que otros ocho estados Parte aún no han suscrito ni ratificado el Protocolo del Medioambiente. El documento informa sobre las gestiones en ocho estados, quienes indicaron que el proceso de ratificación y adhesión se encontraba en un estado avanzado y probablemente finalizaría pronto. Las nuevas representaciones no deberían seguir teniendo lugar de manera anual, sino cada dos o tres años, a causa del tiempo necesario para los procesos de ratificación.

(54) La Reunión agradeció a los proponentes por su trabajo y por los positivos resultados alcanzados. Se advirtió la importancia de la participación de todas las Partes en tales esfuerzos y la Reunión instó a las Partes a alentar a los estados que no son Parte del Tratado Antártico, particularmente a aquellos que llevan a cabo actividades en la Antártida, a adherirse al Tratado Antártico y al Protocolo del Medioambiente.

(55) La OMM presentó el documento IP 30, *On the need for alignment in the Use and Provision of Polar Meteorological (and related) Observations, Research and Services*. El documento destaca las oportunidades disponibles para el trabajo conjunto entre la RCTA y la OMM con el fin de reducir a un mínimo los riesgos debidos a fenómenos meteorológicos y similares en la Antártida. También se expresó agradecimiento por la labor de Estados Unidos como coordinador del GCI sobre la actualización de las medidas de la RCTA relativas a cuestiones operacionales sobre meteorología y disciplinas relacionadas. Finalmente señaló que es menester alinear las necesidades de las Partes con los servicios que la OMM puede proveer.

(56) Estados Unidos presentó el documento WP 45, *GCI sobre asuntos operacionales: Fortalecimiento de la cooperación en materia de levantamientos y cartografía hidrográfica de las aguas antárticas*. El documento informa sobre los avances producidos en la revisión llevada a cabo por este GCI, de las Recomendaciones de la ATCM sobre cuestiones operacionales. Esta revisión se enfocó en la cooperación en materia de

levantamientos y cartografía hidrográficos. El documento propone que la Reunión apruebe una resolución para fortalecer la cooperación en materia de levantamientos y cartografía hidrográficos de las aguas antárticas.

(57) El Reino Unido y Australia recibieron con beneplácito el documento presentado por Estados Unidos y destacaron la importancia de realizar levantamientos y cartografía hidrográficos en las aguas antárticas. El Reino Unido señaló la importancia de incluir en una revisión de la resolución todos los elementos pertenecientes a instrumentos anteriores. Nueva Zelandia y Chile también apoyaron la iniciativa y la aprobación de la resolución.

(58) La OHI agradeció el trabajo preparatorio realizado por Estados Unidos y el COMNAP, así como por su voluntad para llevar adelante sus recomendaciones en cuestiones operacionales. Asimismo, apoyó la aprobación de la resolución y agradeció el reconocimiento de la RCTA sobre la importancia de los levantamientos y cartografía hidrográficos.

(59) Teniendo en cuenta el documento WP 45, la Reunión continuó su trabajo de revisión de una serie de medidas previas de la RCTA sobre cuestiones operacionales, sobre la base de la asesoría recibida de parte de los órganos expertos relevantes (OMM, OHI, COMNAP, SCAR y la IAATO). La Reunión expresó su agradecimiento a estos órganos por su contribución.

(60) La Reunión acordó que la Recomendación XV-19 y la Resolución 1 (1995) fueran declaradas obsoletas; aunque contuvieran, al igual que la Resolución 3 (2003), la Resolución 5 (2008), y la Resolución 2 (2010), disposiciones generales sobre cooperación en materia de levantamientos y cartografía hidrográficos de las aguas antárticas que seguían siendo válidas. La RCTA aceptó fundir las disposiciones existentes y aprobar la Resolución 5 (2014), *Fortalecimiento de la cooperación en materia de levantamientos y cartografía hidrográfica de las aguas antárticas.*

(61) Además, la Reunión acordó que la Recomendación I-VII fuera declarada obsoleta, puesto que lo establecido en los párrafos operativos ya se había cumplido. No obstante ello, las Partes continúan respaldando profundamente el intercambio de información sobre problemas logísticos. Por lo tanto, conforme a los principios generales de la Recomendación I-VII, y como se acordó en la primera RCTA en Canberra, las Partes deberían continuar dicho intercambio de información sobre problemas logísticos. Tal intercambio debe llevarse a cabo de diversas formas y en diferentes foros, incluyendo -aunque no exclusivamente- simposios, reuniones de expertos, o bien reuniones en el ámbito del COMNAP.

(62) La RCTA revisó la propuesta contenida en el documento WP 1 de la XXXVI RCTA, *Revisión de las Recomendaciones de la RCTA sobre asuntos operacionales* (2013) relativa a la Recomendación I-XII sobre el servicio postal. A pesar de la proliferación de medios de comunicación electrónica, la Reunión estimó que la Recomendación se mantuviese vigente. La RCTA aceptó retomar por separado el asunto de las comunicaciones electrónicas, si fuera necesario y cuando fuera requerido.

(63) La Resolución 6 (1998), y la Resolución 3 (2005), contenían párrafos dispositivos que se encontraban obsoletos. Sin embargo, las intenciones generales de estas resoluciones mantenían su importancia respecto a planes de contingencia para los derrames de combustible, así como al almacenamiento y manipulación de combustibles. Por lo tanto, la RCTA aprobó la Resolución 1 (2014), *Almacenamiento y manipulación de combustibles*, en la que se incorporan dichas disposiciones.

(64) La RCTA acordó declarar obsoletas una serie de Recomendaciones relativas a datos meteorológicos; sin embargo, determinó que éstas contenían disposiciones generales sobre la cooperación, facilitación e intercambio de información relativas a materias meteorológicas, que continuarían siendo válidas. LA RCTA acordó refundir las disposiciones actuales en la Resolución 2 (2014), *Cooperación, facilitación e intercambio de información meteorológica y medioambiental oceanográfica y de la criósfera asociada.*

(65) Como resultado de la aprobación de estas nuevas Resoluciones y también debido a que medidas anteriores de la RCTA fueron declaradas obsoletas, la Reunión aprobó la Decisión 1 (2014), *Medidas sobre asuntos operacionales designadas como no vigentes.* En la Reunión se solicitó a la Secretaría la producción de un documento para la XXXVIII RCTA sobre las medidas de la RCTA sobre asuntos operacionales que aún estaban siendo sujetas a revisión. En la Reunión se invitó al COMNAP, al SCAR y a la OMM a entregar, en la próxima reunión, comentarios sobre la revisión de estas medidas.

(66) Estados Unidos presentó el documento WP 42, *Respaldo al Desarrollo Continuo del Código Polar*, en el que invita a las Partes a expresar su continuo interés en el desarrollo del Código internacional relativo a embarcaciones que operan en aguas polares (Código Polar). Asimismo, Estados Unidos alentó la futura inclusión de disposiciones que aplicarían a buques no cubiertos por el Convenio Internacional para la Seguridad de la Vida Humana en el Mar (SOLAS) en el Código Polar. Además, el documento destacaba que, si bien la OMI era la organización competente para establecer las normas

relativas a seguridad marítima y protección del medio ambiente marino que se aplican a embarcaciones internacionales, resulta adecuado que la RCTA proporcione apoyo a la OMI para alcanzar ese objetivo en Aguas Polares.

(67) Las Partes expresaron su acuerdo con la recomendación de enviar un enérgico mensaje de apoyo a la OMI para continuar su relevante labor de finalizar el Código Polar que reglamente la seguridad naviera y la protección del medioambiente. Al finalizar los debates, las Partes instaron además a los Estados miembros de la OMI a considerar asuntos de seguridad y protección del medioambiente complementarios, en una segunda etapa y conforme a lo que determine la OMI.

(68) La ASOC presentó el documento IP 70, *Management of Vessels in the Antarctic Treaty Area*. El documento reflexiona sobre tres incidentes de buques en el Océano Austral y sobre la relevancia de dichos incidentes en función de recomendaciones previas de la ASOC acerca de la importancia de generar informes completos sobre incidentes a fin de desarrollar nuevas políticas y normativas. El documento también destaca la necesidad de fortalecer las disposiciones medioambientales contenidas en el actual proyecto del Código Polar, así como la importancia de ampliar los estudios hidrográficos en la región.

(69) Tras nuevas deliberaciones, la Reunión aprobó la Resolución 3 (2014), *Respaldo al Código Polar,* y solicitó al Secretario Ejecutivo transmitir la Resolución al Secretario General de la OMI.

Tema 6. Funcionamiento del Sistema del Tratado Antártico: asuntos relacionados con la Secretaría

(70) La Secretaría presentó el Documento de la Secretaría SP 2, *Informe de la Secretaría 2013/2014*, en el que se entregan detalles sobre las actividades de la Secretaría durante el periodo correspondiente al ejercicio económico 2013/14 (del 1 abril de 2013 al 31 de marzo de 2014).

(71) La Secretaría presentó el Documento de la Secretaría SP 3, *Programa de la Secretaría 2014/2015*, que detalla las actividades propuestas para la Secretaría para el periodo correspondiente al ejercicio económico 2014/2015 (del 1 de abril de 2014 al 31 de marzo de 2015). El Secretario Ejecutivo expresó su deseo de renovar el contrato del Subsecretario Ejecutivo. La Reunión confirmó su confianza en el Subsecretario Ejecutivo y acogió su intención de renovar su contrato por otros cuatro años.

(72) Las principales áreas de actividad de la Secretaría se enfocaron en proporcionar apoyo a la XXXVII RCTA, auxiliar a las Partes en la publicación de su material de intercambio de información, integrar la información de las Evaluaciones de impacto ambiental (EIA) en la base de datos de EIA, y continuar con sus esfuerzos de recolección de documentos.

(73) La Secretaría presentó el Documento de la Secretaría SP 4, *Perfil del Presupuesto Quinquenal 2014 - 2018*, en el que se entrega el perfil de presupuesto de la Secretaría para el periodo 2014-2018.

(74) Tras las deliberaciones, la Reunión adoptó la Decisión 2 (2014), *Informe, programa y presupuesto de la Secretaría*.

(75) La Secretaría presentó el Documento de la Secretaría SP 10, *Informes sobre las gestiones para establecer un sistema alternativo de sueldos y remuneraciones*, en el cual se describió la investigación llevada a cabo sobre métodos de ajuste de salarios adaptados a la situación de la Secretaría, así como la posible contribución que debería pagar la Secretaría. La Secretaría recibió dos propuestas: una proveniente del Servicio Internacional de Remuneraciones y Pensiones (SIRP) y otra de Birches Group, una agencia de asesoría especializada en recursos humanos de Nueva York, Estados Unidos.

(76) En respuesta a una consulta respecto de la metodología del SIRP, el Secretario Ejecutivo aclaró que la metodología no había sido descrita, puesto que la propuesta había sido recibida como parte de un proceso de consulta.

(77) El Secretario Ejecutivo también explicó que cualquier cambio en la actual metodología involucraría crear un nuevo sistema para que Argentina pudiera continuar realizando sus contribuciones a los salarios del personal de la Secretaría. Además, expresó su preferencia por mantener los métodos actuales de ajuste de salarios.

(78) La Reunión acordó mantener los actuales métodos de ajuste de salarios y agradeció a la Secretaría su trabajo en este asunto.

(79) Francia presentó el Documento de Trabajo WP 38, *Informe final del Grupo de contacto intersesional (GCI) sobre el desarrollo de un glosario terminológico y de expresiones de la RCTA*, en el cual se proporciona una actualización del Documento de Trabajo WP 40 de la XXXVI RCTA, en base a los debates realizados entre sesiones. El documento propone la creación de un GCI permanente para el continuo desarrollo del Glosario de Términos y Expresiones utilizados comúnmente por la RCTA en los cuatro idiomas oficiales del Tratado. También propone que se invite a las Partes Consultivas,

a las Partes no Consultivas, a la Secretaría, a los observadores y expertos a proporcionar comentarios sobre el documento; y que la Secretaría, al actuar dentro de las limitaciones de los recursos a su disposición, asuma la función de coordinador del GCI en reemplazo de Francia.

(80) La Reunión agradeció a Francia el desarrollo de esta herramienta de gran utilidad. Varias de las Partes señalaron que el Glosario, dada su naturaleza dinámica, requeriría de actualizaciones continuas. Algunas de las Partes expresaron su preocupación por el hecho que la Secretaría coordinara un GCI.

(81) La Reunión decidió no aprobar oficialmente el Glosario, aunque sí aceptarlo como referencia para el uso de términos y expresiones. Además, se decidió publicarlo en el sitio web de la Secretaría. Solicitó además a la Secretaría que, cuando fuese necesario actualizar el Glosario, presentara Documentos de la Secretaría a futuras reuniones.

Tema 7. Plan de trabajo estratégico plurianual

(82) Varias de las Partes hicieron hincapié en la necesidad de flexibilizar el Plan de Trabajo estratégico plurianual y señalaron que el debate sobre el Plan de Trabajo no debería interferir con el programa regular de la Reunión. El Presidente del Grupo de Trabajo sobre Asuntos Jurídicos e Institucionales se contactó, a solicitud de la Reunión, con los Presidentes de los Grupos de Trabajo sobre Asuntos Operacionales y sobre Actividades Turísticas y No Gubernamentales para debatir sobre el desarrollo del Plan de Trabajo.

(83) Uruguay propuso trabajar por un Sistema del Tratado Antártico más inclusivo y cooperativo como un asunto de prioridad adicional para el Plan de Trabajo estratégico plurianual. Los objetivos de la propuesta consistirían en alcanzar una mayor cooperación entre las Partes y la participación efectiva de todas las Partes en las Reuniones Consultivas del Tratado Antártico, en la preparación de los documentos que deben presentarse en dichas reuniones, así como en las inspecciones conjuntas y en los proyectos científicos colaborativos.

(84) La Reunión se mostró de acuerdo con esta propuesta y corroboró la importancia de lograr una mayor inclusión y eficiencia dentro del STA, tanto mediante una mayor cooperación, como a través de una revisión de la efectividad de la estructura y métodos de trabajo actuales de la Reunión Consultiva del Tratado Antártico.

(85) Con relación a las Recomendaciones 3 y 6 del estudio sobre turismo del CPA, Francia sugirió que la RCTA debería profundizar en estas recomendaciones

e incluir esta tarea en el Plan de Trabajo estratégico plurianual. Francia enfatizó la importancia de mejorar las relaciones y el diálogo entre el CPA y la RCTA a través de sus respectivos planes de trabajo. La Reunión aprobó esta propuesta.

(86) La Reunión acordó que durante la XXXVIII RCTA se preste especial atención, a los asuntos sobre autoridades competentes relativos a las actividades turísticas y no gubernamentales. Asimismo, acordó dar prioridad, durante el periodo entre sesiones 2014/2015, al trabajo del GCI relacionado con el desarrollo de un programa para el Grupo de Trabajo Especial sobre asuntos relacionados con autoridades competentes relativos a las actividades turísticas y no gubernamentales.

(87) Aunque la Reunión acordó brindar especial atención al asunto de las autoridades competentes durante la XXXVIII RCTA, también se instó a las Partes a presentar documentos sobre otras materias relativas a las actividades turísticas y no gubernamentales.

(88) Tras un amplio debate, la Reunión aprobó la Decisión 3 *(2014), Plan de trabajo estratégico plurianual para la Reunión Consultiva del Tratado Antártico*, incluyendo dos nuevas prioridades.

Tema 8. Informe del Comité para la Protección del Medio Ambiente

(89) El Dr. Yves Frenot, Presidente del Comité para la Protección del Medio Ambiente (CPA), presentó el informe de la XVII Reunión del CPA. El CPA consideró 43 documentos de trabajo (WP), 52 documentos de información (IP), 4 documentos de la Secretaría (SP) y 8 documentos de antecedentes (BP).

Deliberación estratégica sobre el futuro del CPA (Tema 3 del programa del CPA)

(90) El Presidente del CPA informó que el Comité había recibido una actualización del progreso del Portal de medioambientes antárticos y que había alentado a sus proponentes a completar el Portal antes de la XVIII CPA en 2015. Esto les permitiría completar su objetivo de apoyar el trabajo del CPA mediante la entrega de información científica actualizada respecto a las materias prioritarias abordadas por el Comité en su Plan de Trabajo Quinquenal.

(91) El Comité fue puesto en conocimiento de las siguientes etapas previstas en el desarrollo del Portal y varias de las Partes expresaron su apoyo a dicha

iniciativa, así como su aprecio por la forma en que Nueva Zelandia, en colaboración con Australia, Bélgica, Noruega y el SCAR, habían respondido a los comentarios provistos durante la XVI Reunión del CPA.

(92) El Presidente del CPA señaló que, al debatir sobre el futuro desarrollo del Portal, un grupo de Miembros había recomendado que se considerara garantizar una membresía equilibrada para el Comité Editorial, ya propuesto. Además, plantearon que se debían desarrollar términos de referencia claros para este comité con el fin de garantizar que el contenido del Portal fuese políticamente neutro y basado en investigaciones publicadas y revisadas por pares.

(93) La RCTA acogió con beneplácito el continuo progreso realizado en el Portal de medioambientes antárticos. Australia, Estados Unidos, Noruega y el Reino Unido agradecieron a Nueva Zelandia su iniciativa y expresaron su interés en constatar las contribuciones del Portal al trabajo del CPA. Australia también manifestó su satisfacción por ser parte de la iniciativa y Nueva Zelandia expresó su gratitud por el apoyo recibido de parte de todas las delegaciones. Argentina elogió el trabajo realizado por el Dr. Yves Frenot como Presidente del CPA y destacó el progreso logrado por Nueva Zelandia en el desarrollo del Portal de medioambientes antárticos. Argentina además hizo particular énfasis en las respuestas proporcionadas por Nueva Zelandia a las preocupaciones expresadas por algunas de las Partes relativas a la disponibilidad de la información en los cuatro idiomas del Tratado Antártico y a la posibilidad de incorporar más miembros del CPA al Comité Editorial. También se manifestó de acuerdo en continuar el trabajo conjunto durante el periodo entre sesiones para alcanzar un mayor desarrollo del Portal y encontrar soluciones a algunas cuestiones aún no resueltas relativas a esta iniciativa.

(94) El Presidente del CPA destacó el hito que representa el 25° Aniversario de la firma del Protocolo al Tratado Antártico sobre Protección del Medio Ambiente, que tendrá lugar el año 2016. Argentina y Chile habían sugerido que los Miembros deberían considerar la realización de actividades de difusión pública a fin de generar conciencia sobre el Comité y sus logros. Respecto del 25° aniversario del Protocolo de Madrid, Argentina señaló que se trataba de una oportunidad adecuada para poner de relieve el significado del Protocolo como una importante herramienta de protección medioambiental, así como para el trabajo del CPA de abordar los nuevos desafíos con la experiencia que hasta ahora ha caracterizado su trabajo.

(95)   Argentina había sugerido la posibilidad de preparar una publicación en línea, libre de tecnicismos, que pudiera hacerse circular en diferentes instituciones educativas, académicas, gubernamentales y no gubernamentales. Noruega señaló que la ocasión proporcionaría, además, la oportunidad de evaluar la efectividad de las dinámicas entre el CPA, como cuerpo consultivo, y la RCTA. Igualmente, indicó que recibiría con beneplácito nuevos debates con otros miembros interesados sobre la planificación de tal evento. En respuesta, Chile había manifestado su interés en apoyar un simposio de tal naturaleza en 2016, antes de la XXXIX RCTA. Brasil, Noruega, Nueva Zelandia y el Reino Unido remarcaron que el 25° aniversario representaba una singular oportunidad para destacar la relevancia del trabajo del CPA.

(96)   El Comité acordó al respecto que la redacción de toda publicación debería ser convenida por consenso y, por lo tanto, debería ser además sucinta y basada en los hechos. Asimismo, acordó en que, además de destacar los logros realizados, era vital considerar los desafíos permanentes y emergentes que comienzan a presentarse en el medioambiente antártico, tales como los identificados en el Plan de Trabajo quinquenal del CPA. El Comité convino en continuar con los debates informales en esta materia durante el periodo entre sesiones.

(97)   El Presidente del CPA indicó que el Comité había revisado y actualizado su Plan de Trabajo Quinquenal. El CPA había decidido elevar a prioridad 2 el tema: Implementación y Mejora de las Disposiciones sobre Evaluaciones de Impacto Ambiental (EIA) del Anexo I.

Funcionamiento del CPA (Tema 4 del programa del CPA)

(98)   El Presidente del CPA informó a la Reunión que la Secretaría había presentado el Documento de la Secretaría SP 7, *Plan de trabajo estratégico plurianual de la RCTA: Informe de la Secretaría sobre los requisitos de Intercambio de información y el Sistema electrónico de intercambio de información.* La Secretaría había señalado que durante la RCTA se realizaría un debate a fondo acerca del documento.

(99)   El Comité manifestó su interés en contribuir a los debates sobre los requisitos de intercambio de información ambiental aunque decidió esperar las conclusiones de los debates de la RCTA, en particular el debate sobre el Documento de Trabajo WP 55, *Revisión de los requisitos de intercambio de información*, presentado a la RCTA por Australia.

Cooperación con otras organizaciones (Tema 5 del programa del CPA)

(100) El Presidente del CPA informó que el Comité había recibido los informes anuales del COMNAP, del SCAR y de la CCRVMA, los cuales se habían presentado también en la Sesión Plenaria de la RCTA, el lunes 28 de abril. A su vez, el Observador del Comité Científico de la CCRVMA (CC-CRVMA) había presentado el documento IP 10, *Informe presentado por el observador del CC-CRVMA a la Décimo Séptima Reunión del Comité para la Protección del Medio Ambiente.*

Reparación y remediación del daño ambiental (Tema 6 del programa del CPA)

(101) El Presidente del CPA señaló que Australia había presentado el documento WP 28, *Actividades de limpieza de la Antártida: Lista de verificación para la evaluación preliminar de sitios,* en el que sugería una lista de verificación para la evaluación de sitios, e informaba que el Comité había estado de acuerdo en agregar algunas sugerencias menores formuladas por los Miembros, así como en incluir la lista de verificación en la Sección 3 del Manual sobre Limpieza del CPA aprobado en Bruselas mediante la Resolución 2 (2013) como un posible recurso a disposición de aquellos que planifiquen o emprendan actividades de limpieza en la Antártida.

(102) El Presidente del CPA informó además que el Comité había recibido también un informe sobre el progreso realizado por Brasil en la remediación del sitio en el cual la estación Comandante Ferraz había resultado destruida por un incendio. Brasil había realizado una presentación informativa en el Comité sobre las actividades que se estaban realizando en el sitio. El Comité había agradecido a Brasil su información sobre el proyecto de remediación y había expresado su interés en continuar recibiendo la información actualizada de Brasil al respecto.

Implicaciones del cambio climático en el medio ambiente (Tema 7 del programa del CPA)

(103) El Presidente del CPA informó que el Comité había reconocido el trabajo realizado por el GCI sobre Cambio climático, coordinado por Noruega y el Reino Unido, con el objetivo fundamental de elaborar un Programa de trabajo de respuesta para el cambio climático para el CPA.

(104) El Comité había expresado su acuerdo en que el GCI debía continuar su trabajo y completar las tareas relativas a la fase final del proceso con el fin de cumplir con los requisitos de sus términos de referencia pendientes. Al

refrendar el trabajo del GCI, el Comité llamó a una mayor participación de todos los Miembros en el proceso, y además acordó encomendar a la Secretaría que continuara actualizando las recomendaciones de la Reunión de Expertos del Tratado Antártico (RETA) a fin de alinearlas con las recomendaciones de la XIV Reunión del CPA.

(105) El Presidente del CPA señaló que Estados Unidos, el Reino Unido y Noruega habían propuesto que la RCTA debía continuar desarrollando nuevos sistemas de observación con objeto de mejorar la compresión de los procesos climáticos, y habían recomendado que la RCTA debía promover esfuerzos a fin de fortalecer la coordinación para abordar las prioridades de investigación climática y continuar respaldando la cooperación entre el CPA y el CC-CRVMA en las áreas de interés común por medio de la realización de talleres conjuntos.

(106) La RCTA elogió el trabajo del GCI sobre Cambio climático. Australia, Estados Unidos, Noruega, Nueva Zelandia y el Reino Unido destacaron que el cambio climático era uno de los desafíos más importantes que debían ser abordados por el CPA. Argentina enfatizó la importancia de centrar los debates en los efectos o consecuencias del cambio climático en la Antártida, considerando que este problema surgía de las actividades que se realizaban en otros lugares, y que las emisiones que se producían en la Antártida eran mínimas y no tenían un efecto importante sobre el cambio climático mundial. Durante la aprobación del Informe, sin dejar de reconocer la importancia de abordar los efectos del cambio climático, Brasil y China reiteraron su opinión expresada durante los debates del CPA en cuanto a que el programa de trabajo debía considerar los resultados de los debates acaecidos en otros foros multilaterales, como por ejemplo la Convención Marco de las Naciones Unidas sobre Cambio Climático (CMNUCC) y su Protocolo de Kioto.

(107) El Comité además acogió con beneplácito la propuesta de un segundo taller conjunto del CPA y el CC-CRVMA sobre esta materia, el cual consistiría en un seguimiento del taller realizado en ocasión de la XXXII RCTA en Baltimore, en 2009. El taller propuesto se centraría en identificar los efectos del cambio climático con mayor probabilidad de afectar la conservación de la Antártida, así como en identificar las actuales o posibles fuentes de datos de investigación y observación relevantes para el CPA y el CC-CRVMA. Se realizarían nuevos debates en la siguiente Reunión del CC-CRVMA en Hobart, en octubre de 2014, y se esperaba que los Miembros consultaran con sus respectivos delegados del CC-CRVMA.

(108) Argentina destacó el futuro taller conjunto del CPA y el CC-CRVMA, y la RCTA reconoció la importancia del problema del cambio climático, puesto que esta era una de las principales prioridades en el Plan de Trabajo quinquenal del Comité. También respaldó la propuesta del taller del CPA y el CC-CRVMA.

(109) En seguimiento a la recomendación de la XV Reunión del CPA de refrendar un ensayo para probar la aplicabilidad de la metodología de Evaluación Rápida de la Resiliencia del Ecosistema que rodea al Ártico (RACER) en la Antártida terrestre, el Presidente del CPA informó que el Comité:

- había acordado que las Partes debían tomar en consideración la resiliencia al momento de la designación, gestión y revisión de zonas protegidas;

- había reconocido a RACER como una posible herramienta para determinar las características fundamentales con importancia para conferir resiliencia (reconociendo que podía adaptarse para su uso en partes más productivas y diversas de la Antártida), y que había señalado que la protección de zonas que son resilientes al cambio climático podía, en definitiva, ser de ayuda en la protección a largo plazo de la biodiversidad; y

- ofrecería respaldo permanente para una mayor colaboración entre los expertos interesados en investigar la aplicabilidad de la metodología RACER en la Antártida.

Evaluación del impacto ambiental (Tema 8 del programa del CPA)

Proyectos de Evaluación Medioambiental Global (EMG)

(110) El Presidente del CPA informó de dos proyectos de Evaluación Medioambiental Global (EMG) que habían sido presentados con anterioridad a la XVII Reunión del CPA y que habían sido examinados entre sesiones por dos grupos de contacto.

(111) El Comité había considerado la EMG preparada por China para la propuesta de construcción y operación de una nueva estación de investigación china en Tierra de Victoria, así como el informe presentado por Estados Unidos acerca del GCI establecido para considerar el proyecto de EMG. Había considerado además la información proporcionada por China en su respuesta inicial a los comentarios formulados por el GCI. El Comité analizó también la información complementaria proporcionada por China durante la Reunión

en respuesta a los asuntos planteados por el GCI, y por lo tanto recomendó a la Reunión lo siguiente:

1. El proyecto de CEE cumplía en forma general con los requisitos contenidos en el Artículo 3 del Anexo I al Protocolo al Tratado Antártico sobre Protección del Medioambiente;

2. El proyecto de EMG, en general, estaba claro, bien estructurado y bien presentado, si bien la EMG final se beneficiaría con la adición de una mejor cartografía (en particular sobre las ubicaciones del edificio y de las instalaciones en relación con la vida silvestre y los sitios y monumentos históricos -SMH-) y de mejores imágenes a escala, con rótulos y leyendas;

3. La información contenida en el proyecto de EMG respaldaba la conclusión del proponente de que era probable que la construcción y operación de la nueva estación china tuviera un impacto mayor que mínimo o transitorio sobre el medio ambiente; y

4. En caso de que China decidiera continuar con la actividad propuesta, había una serie de aspectos para los que se debería proporcionar más información o aclaración en la EMG final requerida. En particular, el Comité llamó la atención de la RCTA sobre la recomendación de proporcionar más información acerca de lo siguiente:

   • el programa científico previsto, especialmente en relación con los de otros programas nacionales en la región de la bahía de Terra Nova y el mar de Ross;

   • el estado de referencia medioambiental inicial, enfocado en la geología de la región, las comunidades de suelo y agua dulce y las comunidades marinas cercanas a la costa, y la distribución y abundancia de las comunidades de flora y fauna;

   • la descripción de los métodos utilizados para pronosticar los impactos de la actividad propuesta;

   • las medidas de mitigación relacionadas con las especies no autóctonas, la gestión del combustible y producción de energía, y la posible perturbación e impacto en la flora, la fauna y en los SMH cercanos;

   • el posible impacto acumulativo ocasionado por las actividades de investigación científica y las operaciones de los múltiples programas nacionales que operan en la región de la bahía de Terra Nova;

   • la producción de energía eólica, debido a la condición de extrema variabilidad y velocidad del viento en la ubicación propuesta;

   • la gestión de residuos, incluidas las alternativas al incinerador de pirólisis magnética propuesto;

- los planes para desmantelar la estación;

- el programa de observación medioambiental previsto; y

- las oportunidades de sostener un diálogo sobre cooperación y colaboración con los demás programas nacionales en las regiones de la bahía de Terra Nova y del mar de Ross, así como también con otros programas nacionales.

(112) El Comité había analizado en forma detenida el proyecto de EMG preparado por Belarús para la construcción y operación de la estación de investigación antártica belarusa en Monte Vechernyaya, Tierra Enderby, así como el informe preparado por Australia acerca del GCI establecido para considerar el proyecto de EMG. El Comité analizó además la información complementaria ofrecida por Belarús en su presentación durante la Reunión en respuesta a los asuntos planteados por el GCI, recomendando a la Reunión, por lo tanto, lo siguiente:

1. El proyecto de EMG cumplía en forma general con los requisitos contenidos en el Artículo 3 del Anexo I al Protocolo al Tratado Antártico sobre Protección del Medioambiente;

2. En caso de que Belarús decidiera continuar con la actividad propuesta, había una serie de aspectos para los que se debía proporcionar más información o aclaración en la EMG final requerida. En particular, el Comité llamó la atención de la RCTA sobre la recomendación de proporcionar más información acerca de lo siguiente:

   - la descripción de la actividad propuesta, en particular las actividades científicas previstas, las instalaciones científicas e infraestructura auxiliar, y los planes para desmantelar la estación;

   - las posibles ubicaciones alternativas, especialmente la alternativa de ubicar las nuevas instalaciones dentro de la zona ocupada por el campamento de base de Monte Vechernyaya;

   - algunos aspectos del estado de referencia medioambiental inicial, especialmente la flora y fauna, el medioambiente marino cercano a la costa y la biota lacustre;

   - la descripción de la metodología utilizada para pronosticar los impactos de la actividad propuesta;

   - los posibles impactos directos en la flora y fauna, el paisaje y los medioambientes lacustres, y los riesgos de introducir especies no autóctonas;

   - las medidas de mitigación relacionadas con la gestión del combustible y la energía, las especies no autóctonas, la gestión

41

de residuos y aguas residuales, y las perturbaciones a la fauna silvestre como resultado de la operación de aeronaves;

- los impactos acumulativos que pueden surgir como producto de las actividades actuales y de otras actividades previstas en la zona;
- el programa de observación medioambiental previsto; y
- las oportunidades adicionales para la cooperación internacional.

3. La información proporcionada en el proyecto de EMG no respaldó la conclusión de que los impactos de construir y operar la estación propuesta fueran probablemente menores o transitorios.

4. El proyecto de EMG en general estaba claro, bien estructurado y bien presentado, aunque se recomendó que se mejoraran los mapas y las figuras allí donde existieran recomendaciones, y se requirió más información y aclaración para facilitar una evaluación integral de la actividad propuesta.

(113) La RCTA refrendó la recomendación del CPA y alentó a las Partes proponentes a tener plenamente en cuenta los asuntos formulados en caso de decidir seguir adelante con las actividades propuestas.

Otros asuntos relacionados con la evaluación del impacto ambiental

(114) El Presidente del CPA informó que Alemania y Polonia habían identificado los impactos ambientales que podrían ocasionarse debido al uso de vehículos aéreos no tripulados (UAV), habida cuenta del importante aumento que ha experimentado su uso en la Antártida, tanto para fines científicos como para fines de otra índole. Estados Unidos presentó información sobre una materia similar: el uso de sistemas de navegación aérea no tripulados (UAS) para la investigación, seguimiento y observación en la Antártida. Varios miembros señalaron las posibles ventajas tanto científicas como medioambientales de estos dispositivos para la investigación y la vigilancia del medioambiente, así como también los posibles riesgos que supone dicha actividad para la seguridad, para el medioambiente y para las operaciones.

(115) Como preparativo para los futuros debates en la XVIII Reunión del CPA, el Comité solicitó que se trabajase en lo siguiente: informes del SCAR y del COMNAP sobre los beneficios y los riesgos de la operación de UAV en la Antártida; un documento de la IAATO sobre su experiencia y actuales prácticas relacionadas con el uso de UAV; y documentos adicionales relativos a la experiencia de los Miembros en esta materia. El uso de UAV estaba incluido también en el Plan de Trabajo quinquenal del CPA.

(116) El Presidente del CPA informó acerca de la información que había sido recopilada por Estados Unidos y Noruega sobre las metodologías de las autoridades competentes para el tratamiento de los asuntos relativos a las actividades de campamento realizadas por organizaciones no gubernamentales. Varios Miembros identificaron la necesidad de armonizar los procedimientos y normas aplicables a la expedición de permisos para realizar actividades de campamento costero, y Estados Unidos había acordado conducir debates informales intersesionales acerca de este tema.

(117) El Comité consideró el recuento realizado por Australia sobre debates previos mantenidos en relación a la revisión de los Lineamientos de EIA, y un documento presentado por el Reino Unido sobre las posibilidades de que el proceso de EIA se beneficie con la incorporación de mecanismos adicionales. Puesto que los debates sobre este tema se habían programado anteriormente para el periodo intersesional, el Comité estableció un GCI bajo los siguientes términos de referencia:

- considerar si los Lineamientos para la Evaluación de impacto ambiental anexos a la Resolución 1 (2005) deberían modificarse para hacer frente a cuestiones como las identificadas en el Documento de Trabajo WP 29 de la XXXVII RCTA (Australia), y, en su caso, sugerir modificaciones a dichos Lineamientos.
- registrar los asuntos planteados durante los debates bajo el Término de Referencia 1, que se refieran a política en sentido más amplio o a otros asuntos sobre elaboración y presentación de EIA, y que puedan justificar la continuación del debate por el CPA con miras a fortalecer la aplicación del Anexo I del Protocolo; y
- proporcionar a la XVIII Reunión del CPA un informe inicial, dado que este trabajo podría requerir más de un periodo intersesional.

(118) La RCTA agradeció la revisión de los Lineamientos sobre EIA dado que éstas llevaban algún tiempo sin ser consideradas, y señaló que el debate era de suma importancia. En relación con el 25° aniversario del CPA en 2016, el Reino Unido agradeció los debates relativos a políticas en sentido amplio en el seno del CPA para discutir si los actuales requisitos de EIA resultaban adecuados para el siglo XXI.

(119) Francia y Bélgica habían ofrecido un análisis con respecto de la forma en que los Miembros decidían entre presentar una Evaluación medioambiental inicial (EMI) o una Evaluación medioambiental Global (EMG) para diversas actividades, señalando la diversidad de interpretaciones que podía realizarse del concepto de "impacto menor o transitorio". Si bien el Comité no había

43

acordado establecer un GCI, estuvo de acuerdo en reflexionar sobre la materia de manera informal durante el periodo intersesional.

(120) España recordó a la Reunión que, de acuerdo con el Anexo I al Protocolo, cada Miembro evalúa los impactos medioambientales de conformidad con sus procedimientos nacionales apropiados.

(121) La ASOC había presentado un análisis de la producción científica generada en las bases antárticas, el cual se centraba en la alternativa de compartir las instalaciones, frente al establecimiento de nuevas estaciones. Al tiempo de agradecer el documento de la ASOC, varios miembros habían expresado su preocupación en cuanto al método de análisis utilizado en el documento, señalando que éste no captaba el significado de proyectos a largo plazo ni cubría los últimos diez años, período en el cual se había experimentado un aumento de la producción científica como resultado de la construcción de nuevas estaciones.

(122) La ASOC había señalado que el documento indicaba de manera expresa lo limitado de los datos de su análisis, y que los Miembros habían expresado su apoyo para este análisis. La ASOC hizo hincapié en que las bases compartidas eran una notable excepción a la norma.

(123) El Reino Unido había agradecido a la ASOC por su reflexivo documento y había señalado la utilidad de destacar los beneficios de compartir las estaciones y de encender el debate sobre la cooperación actual y sobre el hecho de compartir la logística dentro de la zona abarcada por el Tratado Antártico. El Reino Unido se había referido en específico a la conclusión del CPA en cuanto a que no es necesario que un signatario del Tratado Antártico construya una estación para calificar como Parte Consultiva.

Protección y gestión de zonas (Tema 9 del programa del CPA)

Planes de gestión para zonas protegidas y administradas

(124) El Presidente del CPA informó a la RCTA que el Comité había revisado con anterioridad los planes para 20 Zonas Antárticas Especialmente Protegidas (ZAEP) y Zonas Antárticas Especialmente administradas (ZAEA), y dos propuestas para la designación de nuevas ZAEP. Ocho de ellos habían sido sometidos a revisión por parte del Grupo Subsidiario sobre Planes de Gestión (GSPG) y los demás habían sido presentados directamente a la XVII Reunión del CPA.

(125) El Presidente del CPA señaló que, a raíz de la ampliación de la zona abarcada por la ZAEP 162, el Comité había recomendado que la RCTA revocara la

designación de la ZAEA N° 3 (cabo Denison, bahía Commonwealth, Tierra de Jorge V, Antártida Oriental).

(126) El Presidente del CPA señaló además que, considerando que la nueva ZAEP en los Sitios geotérmicos a elevada altitud de la región del Mar de Ross incorporaba a la ZAEP 118 y a la ZAEP 130, el Comité había recomendado a la RCTA que se revocara la designación de dichas ZAEP.

(127) Siguiendo la recomendación del CPA, la Reunión aprobó las siguientes medidas sobre las Zonas Protegidas:

- Medida 1 (2014), *Zona Antártica Especialmente Protegida N° 113 (isla Litchfield, puerto Arthur, isla Anvers, archipiélago de Palmer): Plan de gestión revisado.*

- Medida 2 (2014), *Zona Antártica Especialmente Protegida N° 121 (cabo Royds, isla Ross): Plan de gestión revisado.*

- Medida 3 (2014), *Zona Antártica Especialmente Protegida N° 124 (cabo Crozier, isla Ross): Plan de gestión revisado.*

- Medida 4 (2014), *Zona Antártica Especialmente Protegida N° 128 (Costa occidental de la bahía Almirantazgo / bahía Lasserre, isla Rey Jorge / isla 25 de Mayo, islas Shetland del Sur): Plan de gestión revisado.*

- Medida 5 (2014), *Zona Antártica Especialmente Protegida N° 136 (península Clark, costa Budd, Tierra de Wilkes, Antártida Oriental): Plan de gestión revisado.*

- Medida 6 (2014), *Zona Antártica Especialmente Protegida N° 139 (punta Biscoe, isla Anvers, archipiélago de Palmer): Plan de gestión revisado.*

- Medida 7 (2014), *Zona Antártica Especialmente Protegida N° 141 (valle Yukidori, Langhovde, bahía Lützow-Holm): Plan de gestión revisado.*

- Medida 8 (2014), *Zona Antártica Especialmente Protegida N° 142 (Svarthamaren): Plan de gestión revisado.*

- Medida 9 (2014), *Zona Antártica Especialmente Protegida N° 162 (Cabañas de Mawson, cabo Denison, bahía Commonwealth, Tierra de Jorge V, Antártida Oriental): Plan de gestión revisado.*

- Medida 10 (2014), *Zona Antártica Especialmente Protegida N° 169 (bahía Amanda, Costa Ingrid Christensen, Tierra de la Princesa Isabel, Antártica Oriental): Plan de gestión revisado.*

- Medida 11 (2014), *Zona Antártica Especialmente Protegida N° 171 (punta Narębski, península Barton, isla Rey Jorge / isla 25 de Mayo): Plan de gestión revisado.*

- Medida 12 (2014), *Zona Antártica Especialmente Protegida N° 174 (Stornes, colinas de Larsemann, Tierra de la Princesa Isabel): Plan de gestión.*

- Medida 13 (2014), *Zona Antártica Especialmente Protegida N° 175 (Sitios geotérmicos a elevada altitud de la región del mar de Ross): Plan de gestión.*

- Medida 14 (2014), *Zona Antártica Especialmente Administrada N°1 (bahía Almirantazgo / bahía Lasserre, isla Rey Jorge / isla 25 de Mayo): Plan de gestión revisado.*

- Medida 15 (2014), *Zona Antártica Especialmente Administrada N° 6 (colinas de Larsemann, Antártida Oriental): Plan de gestión revisado.*

(128) En relación con el Plan de gestión revisado para la ZAEA 1, Estados Unidos recordó la presentación del CC-CRVMA al CPA, en la que se destacaba que el procedimiento estipulado en la Decisión 9 (2005) de presentar a la CCRVMA para su aprobación, en algunas circunstancias, los proyectos de planes de gestión con un componente marino se había aplicado en relación con el Plan de gestión revisado para dicha ZAEA. En la presentación del Observador del CC-CRVMA al CPA, se había mencionado el acuerdo de la CCRVMA del año anterior según el cual, conforme al procedimiento estipulado en la Decisión 9 (2005), toda actividad de llevar a cabo capturas con fines comerciales dentro de una ZAEA debía someterse a la consideración de la CCRVMA, y que las actividades reseñadas en dicha propuesta deberían materializarse únicamente con la aprobación previa de la CCRVMA. Estados Unidos señaló que este mecanismo para la entrega de asesoría de la CCRVMA a la RCTA se había incluido en el Plan de gestión revisado para la ZAEA 1, y que agradecía el ejemplo tangible de cooperación y armonización entre la CCRVMA y la RCTA. Australia concordó en que el instrumento ZAEA era un importante instrumento de cooperación y colaboración.

(129) Por otro lado, el Comité había decidido remitir al GCI, para su revisión intersesional, los siguientes planes de gestión revisados y una propuesta para una nueva ZAEP:

- ZAEP 125, (península Fildes, isla Rey Jorge / isla 25 de Mayo (Chile)).
- ZAEP 150, (isla Ardley (península Ardley), bahía Maxwell, isla Rey Jorge / isla 25 de Mayo (Chile))

Otros asuntos relativos a planes de gestión para Zonas Especialmente Protegidas y Administradas

(130) El Presidente del CPA informó que el Comité había considerado la actual carga de trabajo del GSPG, y había concordado en que dicho grupo debía abordar la necesidad de contar con material de orientación para el establecimiento de ZAEA y para la preparación y revisión de planes de gestión durante el periodo intersesional.

(131) En su respuesta al informe del Presidente del CPA, Australia agradeció el trabajo intersesional sobre la orientación para la designación de ZAEA y la preparación de planes de gestión, y señaló que dicho trabajo complementaría las actuales directrices para ZAEP. Australia comentó que este trabajo sería provechoso para el sistema de zonas protegidas.

(132) El Presidente del CPA informó que China había informado sobre los debates informales sostenidos durante el periodo intersesional acerca de la propuesta de una nueva ZAEA en la estación antártica china Kunlun, Domo A. China había señalado que los debates habían identificado problemas cruciales, incluida la forma en que las Partes utilizaban el mecanismo disponible en el Protocolo, y que las diferencias en la redacción del Anexo V en sus versiones en los distintos idiomas generaban variaciones en su interpretación. China había indicado que los participantes seguían en desacuerdo con respecto a la propuesta, y que mantenía su esperanza de promover el valor de proteger el Domo A mediante la designación de una ZAEA. El Comité había aceptado la oferta de China de conducir nuevos debates informales sobre la ZAEA propuesta.

(133) El Reino Unido informó que los valores originales para proteger la ZAEP 114 (Isla Coronación del Norte, islas Orcadas del Sur) habían perdido su vigencia basándose en datos recientes obtenidos mediante teledetección satelital. Al enfatizar que el sitio seguía bajo la protección general conferida por el Protocolo, el Comité expresó su acuerdo en que ya no era necesario mantener la protección adicional que ofrece la condición de ZAEP, y recomendó por lo tanto la revocación de la designación de la ZAEP 114.

(134) Al aceptar la sugerencia del CPA, la Reunión concordó en revocar la designación de la ZAEP 114 y aprobó la Medida 16 (2014), *Zona Antártica Especialmente Protegida N° 114 (isla Coronación del Norte, islas Orcadas del Sur): Plan de Gestión revocado.*

Sitios y monumentos históricos

(135) El Presidente del CPA informó que no se habían presentado documentos en relación con este tema del programa.

Directrices para sitios

(136) El Reino Unido había informado al Comité que se había confirmado la presencia de materiales con contenido de asbesto en el SMH 63 (Base Y, isla Horseshoe). El Comité aprobó la actualización de las Directrices para los visitantes a isla Horseshoe a fin de que reflejaran lo siguiente: i) la presencia conocida de materiales con contenido de asbesto en el altillo; ii) que los visitantes no deben hacer ingreso a dicho altillo; y iii) que los visitantes deben informar al British Antarctic Survey de cualquier daño importante ocurrido al tejado.

(137) El Comité aprobó la revisión de las Directrices para visitantes a Cabañas de Mawson y cabo Denison, presentada por Australia, a fin de que reflejaran la ampliación de la ZAEP 162 y la revocación de la ZAEA 3.

(138) Aceptando la recomendación del CPA, la Reunión aprobó la Resolución 4 (2014), *Directrices para sitios que reciben visitantes.*

Huella humana y valores de vida silvestre

(139) El Comité había considerado la actualización por parte de la ASOC con respecto del trabajo realizado para abordar los asuntos de la huella humana y los valores de vida silvestre en la Antártida. El Comité había concordado en la importancia de considerar los valores de vida silvestre en el actual desarrollo de sus diversas iniciativas, incluso mediante su revisión de los Lineamientos sobre EIA y los planes de gestión de zonas protegidas.

Gestión y protección del espacio marino

(140) Bélgica y Francia habían propuesto que los Miembros desarrollaran una metodología más congruente para la implementación del Artículo 3 del Anexo V relativo a la designación de ZAEP, a fin de dar cuenta del impacto en el medio marino de las actividades terrestres y el respaldo logístico asociado a éstas, por medio de la formación de un grupo intersesional dedicado a este tema. Como respuesta a la propuesta, el Comité había acordado establecer un GCI para examinar los "valores sobresalientes" del medioambiente marino antártico, con los siguientes términos de referencia:

- Que se identifiquen los "valores sobresalientes" fundamentales en distintos contextos y ámbitos del ambiente marino y que se analice el impacto que sobre ellos tienen las actividades bajo la competencia del CPA que vinculan los ambientes terrestre y marino;

- Que se identifiquen los criterios bajos los cuales se determinará que un área marina con "valores sobresalientes" requiere la protección otorgada por el instrumento ZAEP y que, de forma adecuada, se identifiquen actividades que puedan causar impactos en el ambiente marino y otros riesgos asociados que puedan ser gestionados o mitigados mediante alguna de las herramientas disponibles para el CPA;

- Que se comprenda el trabajo realizado por la CCRVMA en la planificación de la conservación sistemática, para evitar la repetición de esfuerzos, mantener funciones diferenciadas y complementar su labor, y que a la vez se utilicen las herramientas apropiadas que están disponibles para el CPA, a fin de implementar el Artículo 3 (2) del Anexo V al Protocolo;

- Que, dentro del marco y herramientas actuales del Tratado y del Protocolo, se debatan las opciones disponibles para que el CPA incluya los "valores sobresalientes" del ambiente marino, al momento de designar o revisar ZAEP, en conformidad con el Artículo 3 del Anexo V al Protocolo; y

- Que se presente un informe inicial en la XVIII Reunión del CPA

Otros asuntos relacionados con el Anexo V

(141) Noruega había recordado al Comité que, basándose en los debates sostenidos en la XVI Reunión del CPA, muchos Miembros habían expresado su respaldo a la revisión del proceso general de designación de ZAEP y ZAEA por parte del CPA. Noruega había alentado al CPA a considerar las siguientes interrogantes respecto de la designación de ZAEP y ZAEA:

(1) ¿Sería pertinente la existencia de un proceso que permitiera a los miembros y al CPA debatir el mérito de una zona como ZAEP o ZAEA antes de la preparación y presentación de un Plan de gestión para una zona aún no designada como protegida o administrada por parte del(los) proponente(s)?

(2) Si esta forma de proceder fuera pertinente ¿habría mérito en contar con una guía para aquellos casos en que resulte necesaria protección provisional debido a la presencia de amenazas inmediatas, mientras se presenta y aprueba un Plan de gestión?. Por otro lado, Noruega había advertido además que, al considerar estas interrogantes, también sería importante tener presente que el hecho de introducir este tipo de

procedimientos podría potencialmente presentar obstáculos, y que por ello habría que considerar también cómo éstos podrían superarse. El Comité convino en continuar con los debates informales en esta materia durante el siguiente periodo intersesional.

(142) Al presentar el documento WP 57, *Aportes a la Protección de Fósiles en la Antártida*, Argentina había destacado también la necesidad de establecer un mecanismo apropiado para evitar impactos acumulativos sobre los fósiles y para optimizar los mecanismos para intercambiar información y evitar la realización de trabajos paleontológicos sin un permiso expedido por la autoridad competente.

(143) La mayoría de los Miembros estuvo de acuerdo en la importancia de proteger los fósiles y en la conveniencia de intercambiar información sobre su extracción. Sin embargo, varios Miembros habían expresado sus reservas en cuanto a la aprobación de la resolución propuesta por Argentina. Argentina había indicado que tomaría en cuenta los comentarios en su elaboración de un nuevo Documento de Trabajo para continuar con el debate durante la XVIII Reunión del CPA.

(144) El Reino Unido presentó información sobre el uso de técnicas de teledetección para obtener datos de referencia sobre la extensión de la cubierta vegetal en las 43 ZAEP que protegen la vegetación terrestre.

(145) El Comité había concluido que las técnicas de teledetección eran de gran importancia no solo para la observación del impacto dentro de las ZAEP, sino también para evaluar la información acerca del posible daño a las zonas sometidas a la visita recurrente de turistas. El Comité había reconocido el valor potencial de las metodologías de teledetección para: (i) monitorear en forma continua dentro de las ZAEP; (ii) determinar los posibles efectos del cambio climático en la vegetación antártica dentro de las ZAEP y (iii) servir de fuente de información para el desarrollo ulterior del sistema de Zonas Antárticas Especialmente Protegidas.

(146) La Federación de Rusia había informado sobre los debates informales basados en el documento WP 21, presentado por dicha Federación a la XVI Reunión del CPA. Los participantes habían señalado que la observación a largo plazo era una importante herramienta para evaluar la condición del medioambiente al interior de una ZAEP. Al mismo tiempo, algunos participantes habían expresado sus dudas en cuanto a la conveniencia de otorgarle el carácter de obligatorio a la observación ya que, según lo expresado por algunos participantes, las actividades de observación tenían el potencial de afectar valores específicos de las ZAEP.

(147) El Comité estuvo de acuerdo en lo siguiente: (a) continuar el debate sobre la observación medioambiental dentro de las ZAEP; y (b) preparar propuestas de enmiendas a la Guía para la preparación de planes de gestión de Zonas Antárticas Especialmente Protegidas, Resolución 2 (2011).

Conservación de la flora y fauna antárticas (Tema 10 del programa del CPA)

(148) Alemania había informado sobre los resultados de un debate informal sobre turismo y sobre el riesgo de la introducción de organismos no autóctonos en la zona de la Antártida. Si bien había puesto el acento en la importancia de destacar los riesgos asociados con las especies no autóctonas y su relación con el turismo, el Comité había decidido que se requerían debates y reflexiones adicionales sobre la materia.

Vigilancia ambiental e informes sobre el estado del medio ambiente (Tema 11 del programa del CPA)

Modelos de elevación digital

(149) Estados Unidos había descrito el desarrollo de Modelos de elevación digital (modelos DEM) para todas las ZAEP y ZAEA. El Comité:

- observó y reconoció la utilidad de los modelos DEM como una nueva técnica para las actividades de investigación y observación de las zonas ZAEA y ZAEP;
- alentó a los programas antárticos nacionales que ya cuentan con información de control terrestre o que puedan adquirir nuevos controles terrestres en zonas ZAEA o ZAEP, a que ofrezcan dichos datos al Centro Polar Geoespacial (PGC, por sus siglas en inglés) de la Universidad de Minnesota para su uso en la producción de modelos DEM; e
- invitó a las partes a proporcionar información al Centro Polar Geoespacial, a través del delegado estadounidense del CPA, sobre qué zonas ZAEA y ZAEP deberían priorizarse para la producción de modelos DEM.

Avances de las recomendaciones del estudio de turismo del CPA

(150) Nueva Zelandia, Australia, Noruega, el Reino Unido y Estados Unidos habían informado sobre los progresos obtenidos en la actualización de los análisis previos sobre potenciales vulnerabilidades ambientales en los sitios que reciben visitantes en la Península Antártica, con el fin particular de informar al Comité en su consideración de las Recomendaciones 3 y 6 del

estudio de turismo del CPA. Empleando los paquetes de datos a largo plazo del Inventario de sitios antárticos de la ONG norteamericana Oceanites, los autores del documento señalaron que el trabajo planificado:

1. Describiría el conjunto de características que podría asociarse a sitios de "alta vulnerabilidad";

2. Describiría una metodología para evaluar la vulnerabilidad de sitios que pudiera aplicarse a lugares visitados con menor frecuencia o a nuevos lugares que pudieran ser visitados por turistas antárticos;

3. Demostraría la aplicación de la metodología a los 10 lugares más visitados (por lo menos) en la Antártida; y

4. Recomendaría otros análisis que se pudieran necesitar.

(151) El Comité había alentado a los Miembros interesados a continuar con el trabajo previsto teniendo en cuenta metodologías adicionales, según correspondiera, y a informar a la XVIII Reunión del CPA.

(152) La Reunión agradeció cálidamente al Dr. Frenot por suministrar información actualizada sobre el trabajo del CPA en relación con las Recomendaciones 3 y 6, y resaltó la importancia de mantener un diálogo permanente entre la RCTA y el CPA.

Informes sobre inspecciones (Tema 12 del programa del CPA)

(153) El Presidente del CPA informó que no se habían presentado documentos en relación con este tema del programa.

Asuntos generales (Tema 13 del programa del CPA)

(154) El Presidente del CPA informó que Brasil, Bélgica, Bulgaria, Portugal y el Reino Unido habían propuesto la realización de un taller durante la XXXVIII RCTA para facilitar el debate sobre actividades de educación y difusión que pudiera transmitir el trabajo del Tratado Antártico hacia un público más general, y en particular, aquellas actividades realizadas en asociación con las RCTA.

(155) El Comité había analizado la propuesta, reconocido la importancia del debate de las Partes sobre las actividades de educación y difusión; y refrendado la realización de un taller durante la XVIII RCTA, en Bulgaria, con el fin de facilitar el debate acerca de las actividades de educación y difusión, especialmente para intercambiar experiencias y para ampliar la posibilidad de una mejor coordinación en el futuro a través de, entre otras medidas, el establecimiento de un foro.

Elección de autoridades (Tema 14 del programa del CPA)

Elección del Presidente

(156) Argentina, Australia, Chile y Estados Unidos habían nominado candidatos para el cargo de Presidente del CPA. Considerando que la cantidad de candidatos planteaba una situación poco habitual, y que las Reglas de procedimiento del CPA no ofrecían un procedimiento electoral detallado, el Comité acordó en primer lugar un procedimiento de votación, señalando la conveniencia de incorporar este nuevo procedimiento en una futura revisión de las Reglas de procedimiento.

(157) El Comité eligió al Sr. Ewan McIvor, de Australia, como Presidente del CPA y lo felicitó por su designación en el cargo.

Elección de vicepresidente

(158) El Comité eligió a la Sra. Birgit Njaastad, de Noruega, como Vicepresidenta por un segundo periodo, y la felicitó por su designación en el cargo. El Comité indicó que la Dra. Polly Penhale, de Estados Unidos, se mantendría como segunda Vicepresidenta.

Preparativos para la XVIII Reunión del CPA (Tema 15)

(159) El Comité aprobó el programa provisional para la XVIII Reunión del CPA incluido en el Apéndice 2 al informe del CPA.

(160) La RCTA agradeció al Dr. Yves Frenot por su excelente y sabio liderazgo. Asimismo, la RCTA reconoció además los logros del Comité en entregar un informe minucioso y reconoció también el arduo trabajo realizado por éste. El Presidente del CPA agradeció a la RCTA, señalando el enfoque proactivo, entusiasta y alentador hacia el CPA, y destacó la permanente necesidad de responder a cualquier solicitud de la RCTA.

Tema 9. Responsabilidad: Aplicación de la Decisión 4 (2010)

(161) Sudáfrica presentó el documento IP 53, *Implementation of Annex VI of theProtocol on Environmental Protection to the Antarctic Treaty: A South African update*, sobre el progreso obtenido en la aprobación del Anexo VI así como también sobre su intención de introducir un proceso de permisos.

(162) Las Partes ofrecieron información actualizada sobre el estado de su ratificación del Anexo VI al Protocolo. Hacia el término de la XXXVII RCTA, once Partes Consultivas (España, Finlandia, Italia, Noruega, Nueva Zelandia, los Países Bajos, Perú, Polonia, el Reino Unido, Sudáfrica y Suecia) manifestaron haber aprobado el Anexo VI. Estados Unidos, en su calidad de Gobierno Depositario del Tratado Antártico y su Protocolo del Medio Ambiente, recordó a las Partes que dicho país es la fuente de información fidedigna sobre qué países han depositado instrumentos para el Tratado Antártico y su Protocolo, o han comunicado su aprobación de medidas. Esta información puede obtenerse en *http://www.state.gov/s/l/treaty/ depositary/index.htm#ANTARCTICA.*

(163) Por otro lado, Australia y la Federación de Rusia informaron que las medidas legislativas necesarias para aprobar el Anexo VI habían sido aprobadas por sus Parlamentos. Estados Unidos informó que se había remitido al Congreso un proyecto de ley para implementar el Anexo VI. Otras Partes Consultivas confirmaron que se habían comprometido a aprobar el Anexo VI, y atribuyeron las demoras en la aprobación a las consultas interministeriales sobre su contenido y competencia. Las Partes indicaron haber superado las anteriores limitaciones en cuanto a recursos y las dificultades en la implementación.

(164) La Reunión invitó a las Partes que habían aprobado medidas legislativas para aplicar el Anexo VI a poner dichas medidas a disposición a través del Sistema de Intercambio Electrónico de Información (SEII). Varias Partes proporcionaron información en sus sitios web nacionales, donde pueden encontrarse dichas medidas:

- Australia (*http://www.comlaw.gov.au/Details/C2012A00090*);
- Noruega (*http://www.regjeringen.no/en/dep/kld/documents-and-publications/ acts-and-regulations/regulations/2013/protection-environment-safety- antarctica.html?id=724506*);
- Suecia (*http://www.polar.se/en/environmental/acts-and-ordinances*);
- Reino Unido (*http://www.legislation.gov.uk/ukpga/2013/15/contents*)

(165) La Reunión consideró el Documento de la Secretaría SP 11, *Reedición WP27 CPA XVI. Reparación o Remediación del Daño Ambiental: Informe del grupo de contacto intersesional del CPA*. El documento, una reedición de un documento presentado en la XXXVI RCTA, contiene la asesoría del CPA en materia de reparación y remediación del daño al medioambiente en la Zona del Tratado Antártico conforme a lo requerido en la Decisión 4

(2010). Se había establecido un GCI con el fin de asistir a la RCTA para que decidiera en 2015, sobre una base fundamentada, acerca de la posibilidad de reanudar las negociaciones en materia de responsabilidad.

(166) Las Partes reiteraron su agradecimiento al CPA por su valioso trabajo en abordar el asunto de la reparación y remediación del daño al medioambiente y acogió con beneplácito su asesoramiento práctico en esta materia. Varias Partes estuvieron de acuerdo con el asesoramiento prestado por el CPA, e hicieron especial hincapié en la recomendación relativa a que todo intento de reparación o remediación en la Antártida debía considerarse caso por caso. La Reunión acordó que no se requería más asesoramiento del CPA para tomar una decisión el próximo año en cuanto a considerar si se reanudarían las negociaciones en materia de responsabilidad de conformidad con la Decisión 4 (2010). La Reunión reconoció que el CPA continuara su trabajo en esta materia.

Tema 10. Seguridad y operaciones en la Antártida

(167) Estados Unidos presentó el documento WP 51, *Consideraciones sobre el uso de sistemas de navegación aérea no tripulados (UAS) para la investigación, seguimiento y observación en la Antártida.* En el documento se llamó la atención de la Reunión sobre la expansión mundial, durante las últimas décadas, de los vehículos aéreos no tripulados, incluyendo sus ventajas con respecto de las aeronaves tripuladas. Teniendo en cuenta los riesgos inherentes asociados a los UAV, Estados Unidos invitó al CPA y a la RCTA a considerar el potencial de expansión del uso de aeronaves no tripuladas en la Antártida y a establecer la mejor manera de garantizar la seguridad del personal, la infraestructura, la vida silvestre y el medio ambiente.

(168) La Reunión agradeció a Estados Unidos por su documento y destacó el exhaustivo debate de sus aspectos medioambientales realizado por el CPA junto con el documento WP 5. El Reino Unido y la Federación de Rusia destacaron la importancia de analizar también los asuntos operacionales relativos al uso de los UAV en la zona del Tratado Antártico, incluidas las implicancias para la seguridad con respecto a los demás vehículos. En este sentido, señalaron que debe fortalecerse el intercambio de información acerca de la operación de los UAV.

(169) Algunas Partes expresaron su opinión en cuanto a que el uso de esta tecnología facilitaba las operaciones en la Antártida, incluida la recolección

de datos. El Reino Unido se refirió a la Resolución 2 (2004), *Directrices sobre la operación de aeronaves cerca de concentraciones de aves* como una útil plantilla para los futuros debates sobre la materia. La Federación de Rusia recomendó que el COMNAP produzca un anexo especial sobre los UAV para el Manual de Información sobre Vuelos Antárticos (AFIM).

(170) Francia recalcó las ventajas que podrían aportar los UAV en comparación con los medios tradicionales de recolección de datos, y a la vez que agradecía los comentarios formulados por la Federación de Rusia sobre los asuntos operacionales relativos al uso de UAV, planteó la inquietud sobre si era necesario normar su uso en la zona del Tratado Antártico sin una evaluación previa del fenómeno. Australia demostró su acuerdo con los comentarios formulados por la Federación de Rusia y el Reino Unido y respaldó la realización de futuros debates sobre este asunto.

(171) La IAATO informó que estaba compilando las directrices existentes proporcionadas por sus miembros sobre el uso de UAV, señalando que podría compartir dicha información. El COMNAP afirmó que, junto al SCAR, se complacería en realizar una revisión más amplia de los riesgos y beneficios del uso de UAV en la Antártida, y que prepararía los términos de referencia para tal revisión. Dependiendo de los resultados de la revisión, los cuales podrían presentarse a la RCTA/CPA en el próximo año, se podría considerar elaborar directrices, y también si sería apropiado que en el futuro se incluyese en el AFIM información específica de las estaciones sobre el uso de UAV en torno a ellas.

(172) Estados Unidos presentó el documento WP 53, *Búsqueda y salvamento antárticos: Comprensión de las hipótesis sobre planificación,* que resultó de la labor realizada por el Grupo de Trabajo Especial sobre SAR sostenido durante la XXXVI RCTA. El documento se centró en las dificultades y consideraciones prácticas sobre las que deliberó el Grupo de Trabajo Especial, así como también aquellas surgidas de los últimos eventos ocurridos en la zona del Tratado Antártico. Estados Unidos señaló que las iniciativas de búsqueda y rescate podían tener un impacto en la investigación científica, los programas nacionales y el personal, y señaló la necesidad de realizar hipótesis de planificación y evaluación de riesgos con objeto de reducir a un mínimo los impactos colaterales sobre los programas nacionales. Instó al COMNAP a tomar medidas para mejorar la conexión con los Centros de Coordinación de Salvamento (RCC, por sus siglas en inglés), y a utilizar las actuales redes de coordinación para intercambiar hipótesis de gestión de riesgos y finalmente, para reducir riesgos. Estados Unidos fue enfático

en señalar que la seguridad para la vida siempre se mantendría como una prioridad principal.

(173) La Reunión acogió el documento y agradeció a Estados Unidos por la coordinación y seguimiento del Grupo de Trabajo Especial sobre SAR en la XXXVI RCTA. Agradeció la aclaración de Estados Unidos en cuanto a que su propuesta de mejorar la coordinación y la evaluación de riesgos no se había concebido para revisar el actual marco de los RCC o la demora en el tiempo de respuesta del SAR. La Reunión estuvo de acuerdo en que, cuanta mayor cantidad de información estuviese a disposición de los RCC, mejores serían sus resultados de SAR.

(174) Nueva Zelandia reiteró la necesidad de prestar más atención a un enfoque proactivo hacia la seguridad. Señaló que las respuestas de SAR desviaban los recursos de los Programas antárticos nacionales y de otros operadores, y que las opciones en cuanto a recursos de respuesta solían ser muy limitadas. En su opinión, los deberes de los RCC tendrían que ver con coordinar la respuesta de SAR, y no estaría dentro de sus responsabilidades la de evaluar otros factores. Sin embargo, si los operadores consideraran que la misión del recurso era esencial para proteger las vidas del personal del Programa nacional antártico, ellos podrían negarse a responder a las solicitudes de SAR.

(175) Francia señaló que si bien los programas antárticos nacionales con frecuencia eran el único recurso disponible para suministrar SAR, y que por lo tanto, sobre estos recaía la responsabilidad principal de las operaciones de SAR, esto se complicaba tanto por la necesidad de garantizar la seguridad del personal del programa como por los efectos colaterales de estas operaciones sobre los programas nacionales de investigación. Respaldó la noción de que los RCC debían comprender los riesgos e impactos supuestos por las operaciones SAR por medio de una evaluación de riesgos de todas las actividades, y recordó los requisitos de la Medida 4 (2004) en términos de planes de contingencia.

(176) Noruega señaló que era importante compartir la información, y que una falta de comunicación entre los RCC podría ser en sí un factor de riesgo. Por otro lado, señaló que esto no debería modificar las responsabilidades formales ni la eficacia de los RCC y de los programas nacionales.

(177) Chile recordó a las Partes que existían procedimientos operativos internacionales normalizados y consensuados en el Convenio de SAR de 1979 y en los Manuales Internacionales de los Servicios Marítimos de Búsqueda y Salvamento (IAMSAR). Chile expresó asimismo su inquietud

en cuanto a la recomendación de que el COMNAP tomase medidas para preparar mejor a los RCC.

(178) El COMNAP también agradeció a Estados Unidos por la aclaración, y señaló que los grupos regionales de Programas antárticos nacionales habían desarrollado una muy buena relación de trabajo con los RCC relevantes. El COMNAP observó que no se contaba entre sus funciones la de interferir con los procedimientos de los RCC. El COMNAP sugirió que pueden utilizarse las actuales herramientas, como por ejemplo el sitio web de los servicios SAR y los talleres regulares sobre SAR, para intercambiar hipótesis de gestión de riesgos subyacentes a las operaciones.

(179) La Reunión acordó que pueden utilizarse las actuales herramientas del COMNAP para facilitar las siguientes actividades:

• Aumentar las oportunidades de intercambio de información de manera de producir una comprensión más integral acerca de los impactos para la seguridad y la protección de los Programas antárticos nacionales a los que se pueda llamar en respuesta a las emergencias que requieran búsqueda y salvamento; y

• Utilizar las actuales redes de coordinación regional para compartir las hipótesis de gestión de riesgos subyacentes a las operaciones, en conjunto con la revisión regular de las actividades de búsqueda y salvamento y el desarrollo de prácticas recomendadas para reducir el nivel de riesgo, cuando sea necesario.

(180) La Reunión acordó también alentar a las Partes a través de sus Programas antárticos nacionales a que actualicen con regularidad el sitio web de servicios SAR con la información relevante, y a participar en los talleres.

(181) Sudáfrica presentó el documento IP 1, *Joint SANAP / MRCC SAR Exercise*. El documento describe las actividades emprendidas por el Programa Antártico Nacional Sudafricano (SANAP) en línea con las recientes recomendaciones del Tratado Antártico en cuanto a que cinco países con responsabilidades de búsqueda y salvamento del Convenio Internacional para la Seguridad de la Vida Humana en el Mar (SOLAS) en aguas antárticas alentaran una cooperación más estrecha y regular con sus organismos de SAR locales. Asimismo, el documento presenta información y las lecciones aprendidas a partir de su primer ejercicio conjunto de búsqueda y salvamento (SAREX).

(182) Brasil presentó el documento IP 5, *Antarctic Operation (OPERANTAR XXXII)*, en el que informó sobre las actividades de la OPERANTAR XXXII, que comenzó el 6 de octubre de 2013 y concluyó el 15 de abril de 2014.

El documento informó que 24 proyectos científicos centrados en diversos ámbitos de estudio recibieron respaldo durante la operación OPERANTAR XXXII. El proceso de remediación, emprendido por el Ministerio del Medioambiente, del área afectada por el incendio que destruyó la estación brasileña en 2012 fue una tarea de extrema importancia.

(183) Ecuador agradeció a Brasil por su apoyo en el mantenimiento de un refugio instalado en la bahía Almirantazgo (bahía Lasserre) y agradeció también a Chile y Argentina por el respaldo logístico ofrecido durante la última campaña antártica.

(184) Perú informó sobre sus operaciones antárticas durante la temporada 2013/2014 y agradeció a Brasil, Chile y Argentina por su respaldo logístico. Anunció que Perú se encontraba en proceso de adquirir un nuevo buque polar y ofreció a los países vecinos su apoyo en las futuras operaciones. También Bulgaria agradeció a Argentina, Brasil, Chile, España, la Federación de Rusia y la IAATO por su apoyo logístico y valiosa ayuda durante la temporada 2013/2014.

(185) El COMNAP presentó el documento IP 20, *COMNAP Icebreaker Workshop,* en el cual se describe el Taller abierto sobre rompehielos realizado por el COMNAP entre el 21 y 23 de octubre de 2013, señalando su agradecimiento formal al Programa Antártico Nacional Sudafricano por la organización del taller. El propósito de dicho taller era intercambiar planes, problemas que hubieran surgido, e innovaciones en el diseño y uso de rompehielos.

(186) Chile presentó el documento IP 21, *Traslado de bases Parodi y Huneeus al glaciar Unión.* El documento informó a la Reunión que las instalaciones chilenas emplazadas en los cerros Patriot se habían trasladado a la zona del glaciar Unión con el fin de comenzar a operar como una Estación Polar Científica ensamblada. Las operaciones en los cerros Patriot se habían vuelto difíciles debido a los fuertes y frecuentes vientos en la zona. Por ello se decidió el traslado de la totalidad de la infraestructura chilena existente al área del glaciar Unión en las inmediaciones de la pista de hielo, para posibilitar un apoyo más seguro a sus operaciones científicas nacionales.

(187) El COMNAP presentó el documento IP 31, *Antarctic Flight Information Manual (AFIM) – An update on the status of the reformatting,* que ofrecía una actualización sobre la migración del AFIM a un formato completamente electrónico. El uso del formato electrónico no solo se consideraba más conveniente, sino que además resultaba más sencillo para aplicar revisiones, con el fin de mantener actualizada y relevante la información del AFIM.

(188) El COMNAP presentó el documento IP 32, *Update on Search and Rescue (SAR) Website*, que se desarrolló en respuesta a la Resolución 4 (2013) de la RCTA, *Mejora de la colaboración en Búsqueda y Salvamento (SAR) en la Antártida*. El COMNAP alentó a las Partes a informar acerca de este sitio web a sus Programas antárticos nacionales y autoridades de SAR con responsabilidades de coordinación de SAR. Asimismo, informó que brindarían regularmente información, documentos y retroalimentación sobre el sitio web.

(189) El Reino Unido presentó el documento IP 91, *An update on the Antarctic Polar View sea ice information service,* en el que entregó información actualizada a partir de imágenes satelitales del hielo marino. El documento concluía que: (1) desde 2005, el programa Polar View Antarctic proporcionaba acceso fiable a la información sobre hielo marino y que el nuevo proyecto European Polar Ice aportaría mejoras; (2) el nuevo satélite European Sentinel-1 brindaría un acceso mejorado a las imágenes satelitales de radar para navegación en el hielo marino del Océano Austral; y (3) el Grupo de Trabajo Internacional de Cartografía de Hielos (IICWG) se centraría en mejorar la coordinación de las actividades de cartografía de hielos. Los Miembros fueron alentados a participar en la Reunión anual del IICWG de 2014 en Punta Arenas. El Reino Unido señaló además que esta información sobre hielos era valiosa en el contexto de proporcionar información que sea de ayuda en la coordinación de los esfuerzos de salvamento durante incidentes marítimos.

(190) Alemania presentó el documento IP 50, *Operational Ice Information around Antarctica.* El documento destaca la importancia de contar con información fiable y actualizada sobre el hielo marino para dar seguridad al transporte marítimo en las aguas antárticas cubiertas por hielos, en especial considerando el reciente incidente protagonizado por el *Akademik Shokalskiy*. Con el fin de mejorar la seguridad naviera en torno a la Antártida, el documento alienta a los participantes en actividades en la Antártida a proporcionar información al Grupo de Trabajo Internacional de Cartografía de Hielos sobre necesidades específicas en relación con información operacional sobre hielos, así como también información y procedimientos requeridos para responder ante emergencias. El documento señala además una serie de servicios en línea que proveen información sobre las condiciones actuales del hielo marino en torno a la Antártida, la cual sería de utilidad en caso de respuestas de SAR. Entre estos se incluyen servicios de hielo en el mundo (véase la publicación 574 de la OMM en *http://wdc.aari.ru/wmo/docs/WMO574.pdf*), y el portal de Logística del hielo de la JCOMM (Comisión Técnica Mixta sobre Oceanografía y Meteorología Marina), a cuyo sitio web se accede desde *http://www.bsis-ice.de/IcePortal/*.

(191) La Federación de Rusia presentó el documento IP 65, *Ice incident with the Russian vessel "Akademik Shokalskiy" in the season 2013-2014*. El documento describe un incidente con la participación del buque de bandera rusa que quedó atrapado en el hielo durante dos semanas a partir del 24 de diciembre de 2013 mientras operaba para la Expedición Antártica no gubernamental Australo-asiática 2013/2014 con 40 participantes a bordo, todos los cuales fueron evacuados el 2 de enero de 2014. La Federación de Rusia expresó su gratitud y aprecio a los programas antárticos nacionales de Australia, Francia, China y Estados Unidos por su disposición a brindar su apoyo al buque ruso atrapado en el hielo y por los costos financieros en los que debieron incurrir durante la operación de rescate. Rusia se propuso instruir a los buques registrados en dicho país en cuanto a incorporar en sus acuerdos de fletes una disposición sobre información adecuada sobre hielos.

(192) Australia presentó el documento IP 95, *Akademik Shokalskiy incident,* y señaló que el incidente dio como resultado una respuesta de SAR marítimo. El documento brinda información acerca de la participación de Australia en la coordinación de la respuesta ante el incidente, de su contribución a la respuesta SAR por medio del buque perteneciente al Programa Antártico Nacional de Australia, *Aurora Australis*, y del otorgamiento de la autorización medioambiental para la expedición. Australia reconoció los esfuerzos de todas las Partes que participaron (en especial a China, Francia y EE.UU.), como así también de los programas antárticos nacionales, los operadores de buques, las organizaciones y las personas que intervinieron en la respuesta ante este incidente.

(193) China ofreció algunos detalles del intento de salvamento por medio de un helicóptero chino y reconoció la importancia de haber coordinado todas las actividades desde el RCC australiano. El país expresó su total respaldo a todas las medidas que puedan mejorar la colaboración entre las Partes en tales eventos y reconoció el valor de las evaluaciones de riesgo para estas complejas actividades.

(194) La IAATO agradeció a Australia y a la Federación de Rusia por proporcionar información complementaria sobre el incidente sufrido por el *Akademik Shokalskiy* habida cuenta del interés de la organización en conocer todas las lecciones que pudieran aprenderse con respecto de este tipo de incidentes. La IAATO respaldó los comentarios formulados por la Federación de Rusia demandando información adicional sobre los hielos, y señaló que ésta podría estar en línea con los requisitos previstos en el Manual de Operaciones en Aguas Polares (PWOM, por sus siglas en inglés) del Código Polar de la OMI,

que exigiría a los operadores el considerar dichas medidas de mitigación con objeto de reducir riesgos.

(195) La Federación de Rusia presentó el documento IP 66, *On rendering urgent medical aid by doctors of Russian Antarctic stations to personnel of foreign Antarctic expeditions and ship crews*. En el documento presenta ejemplos de casos en los que médicos rusos habían proporcionado asistencia médica a participantes extranjeros de expediciones antárticas, turistas y miembros de la tripulación de buques extranjeros. Propuso que la Reunión analizara esta situación, bajo el supuesto de que también podría ser una inquietud compartida por los demás programas antárticos nacionales.

(196) La IAATO y el COMNAP agradecieron a la Federación de Rusia por su documento, y reiteraron su respaldo a un debate permanente sobre estos asuntos. El COMNAP tomó nota de la solicitud planteada al Consejo por la Federación de Rusia de considerar el tratamiento de dichos asuntos, e informó a la Reunión que había presentado el documento al Grupo de Expertos sobre Biología Humana y Medicina del SCAR/COMNAP para su consideración durante su reunión del presente año.

(197) Australia presentó el documento IP 75, *Amery Ice Shelf helicopter incident*. El documento informa sobre la respuesta de Australia a un incidente protagonizado por un helicóptero en la plataforma de hielo Amery en la Antártida Oriental, en donde un helicóptero alquilado por la División Antártica Australiana (AAD) se vio implicado en un accidente el 1 de diciembre de 2013. El accidente tuvo como resultado a tres personas heridas y daños irreparables a la aeronave. Australia informó que, tras completar exitosamente la operación de respuesta a la emergencia apuntada a proporcionar atención médica y a evacuar a las personas heridas de regreso a ese país, la AAD estaba considerando las opciones disponibles para retirar los restos de la aeronave de ese lejano lugar, y estaba en proceso de evaluar los daños medioambientales. Australia se propone suministrar un informe sobre el incidente en ocasión de la reunión del COMNAP.

(198) Argentina presentó el documento IP 79, *SAR Ejercicio de comunicaciones SAR: Argentina – IAATO,* preparado conjuntamente con la IAATO. El documento informa sobre el ejercicio de comunicaciones SAR realizado entre el Centro de Coordinación Marítima de Búsqueda y Salvamento de Ushuaia (MRCC Ushuaia), dos operadores turísticos (Aurora Expeditions y Oceanwide Expeditions) y un buque de la Armada Argentina. Argentina agradeció a la IAATO su colaboración en este ejercicio. Asimismo, informó que el ejercicio se había llevado a cabo en línea con la Resolución 4 (2013) y

que había cumplido con los objetivos de establecer una comunicación rápida, fiable y segura con el fin de entregar la asistencia requerida, garantizando una óptima colaboración entre los propietarios, operadores turísticos, sus buques, el MRCC Ushuaia y las unidades de apoyo SAR situadas en la Antártida.

(199) Chile presentó el documento IP 92, *Casos de Búsqueda y Rescate en el área de la Península Antártica Periodo 2013 / 2014. MRCC Chile.* El documento informó sobre emergencias marítimas, incidentes de SAR y evacuaciones médicas ocurridas en la zona de la Península Antártica bajo la supervisión del MRCC Chile durante la temporada 2013/14.

(200) Chile presentó además el documento IP 99, *Contribución de la Patrulla Antártica Naval Combinada a las operaciones marítimas y de protección del medio ambiente en el área antártica,* preparado conjuntamente con Argentina, donde se proporcionó información acerca de las actividades de la Patrulla Antártica Naval Combinada, PANC, de Argentina y Chile. Además de sus actividades SAR, el documento presentó también información sobre los servicios meteorológicos, médicos y de apoyo logístico proporcionados a las expediciones y bases de investigación.

(201) Señalando que la XXXVI RCTA había invitado a la CCRVMA a considerar la puesta a disposición de los datos de su sistema de observación de buques (VMS) para los RCC para los fines de SAR, la CCRVMA anunció que había aprobado el desarrollo de un memorando de entendimiento entre la CCRVMA y los cinco MRCC con responsabilidades de búsqueda y salvamento. Actualmente se encuentran encaminados los debates para continuar desarrollando un acuerdo para el intercambio de los datos de VMS en el evento de un incidente SAR y se espera que el resultado de dichos debates sea considerado por la CCRVMA durante los próximos meses.

(202) En relación con este tema del programa se presentaron también los siguientes documentos:

- Documento IP 15, *Informe de la Organización Hidrográfica Internacional (OHI). Estado de los Levantamientos Hidrográficos y la Cartografía en Aguas Antárticas* (OHI)
- Documento IP 70, *Management of Vessels in the Antarctic Treaty Area* (ASOC)
- Documento SP 8, *Plan de trabajo estratégico plurianual de la RCTA: Recopilación de las recomendaciones de la RCTA existentes sobre cuestiones de seguridad* (STA)
- Documento BP 16, *Compilación de la producción cartográfica antártica española* (España)

Tema 11. Turismo y actividades no gubernamentales en la zona del Tratado Antártico

Revisión de las políticas sobre turismo: turismo terrestre y de aventura

(203) La Secretaría presentó el documento SP 9, *Plan de trabajo estratégico plurianual de la RCTA: Resumen de los debates y decisiones de la RCTA sobre turismo terrestre y de aventura,* que analiza y resume los debates de la RCTA, así como las medidas adoptadas en relación con el turismo terrestre y de aventura desde 2004 hasta el presente. El documento incluye: los asuntos surgidos durante los debates; las posibles medidas consideradas por las Partes durante el período; y un resumen de las medidas aprobadas por la RCTA asociadas directa o indirectamente con el turismo terrestre y de aventura en la Antártida. La Secretaría hizo notar que el documento no contenía ningún análisis o interpretación.

(204) Las Partes agradecieron a la Secretaría por el documento SP 9. El Reino Unido señaló que las Medidas, Decisiones y Resoluciones resumidas en el documento solamente serían eficaces en la gestión de todas las actividades turísticas y no gubernamentales realizadas en la Antártida si se implementaban y ponían en vigor internacionalmente. El Reino Unido planteó la necesidad de que se sostuvieran debates entre las autoridades competentes que autorizan el turismo en la Antártida, para debatir su experiencia en la implementación de los acuerdos existentes y para identificar dónde se producían vacíos.

(205) Francia y Estados Unidos respaldaron la propuesta del Reino Unido de reunir a las autoridades competentes para identificar los posibles vacíos en el marco jurídico. Francia puso de relieve los riesgos asociados al ingreso de turistas en la Antártida en términos del impacto ambiental y la seguridad de dichas personas. Estados Unidos señaló que Noruega había abordado el asunto en el documento WP 32, en donde había formulado propuestas concretas para acciones futuras.

(206) Estados Unidos presentó el documento WP 13, *Actividades de campamento costero realizadas por las organizaciones no gubernamentales*, preparado conjuntamente con Noruega. El documento resume la información recopilada sobre dichas experiencias y las respuestas de las autoridades competentes sobre las metodologías empleadas para abordar asuntos relacionados con actividades no gubernamentales de campamento costero. Destaca además que la mayoría de las autoridades competentes habían recibido pocas o ninguna solicitud para realizar actividades de campamento costero, y que

eran diversas las metodologías que se utilizaban para abordar dichos asuntos. Estados Unidos comentó que la tendencia en aumento de las actividades de campamento costero, tanto en su frecuencia como en su intensidad, sugería que el fenómeno puede ameritar un debate más profundo.

(207) Varias Partes agradecieron a Estados Unidos y Noruega por tomar el liderazgo en un tema tan importante. Algunas de ellas señalaron su participación en el estudio y reiteraron su respaldo para continuar trabajando en la materia. Noruega señaló además que algunos de sus operadores turísticos habían comenzado a realizar actividades de campamento en la Antártida, y que dichas actividades podían incrementarse en el futuro.

(208) En respuesta a una pregunta formulada por Francia, Estados Unidos informó sobre los debates generales sostenidos en el CPA sobre el documento WP 13. El país afirmó que muchos Miembros habían respaldado el intercambio de información sobre las actividades de campamento costero en la Antártida, en particular con el fin de armonizar los diferentes abordajes empleados por las Partes. Agradeció el acuerdo del SCAR de incluir los campamentos costeros en su consideración de las distancias apropiadas que debían mantenerse respecto de la vida silvestre.

(209) En respuesta a la pregunta formulada por Francia en cuanto a si había información disponible sobre la cantidad total de turistas que realizaban campamentos en la Antártida, Estados Unidos señaló que durante la XXXVI RCTA, la IAATO había presentado información acerca de la cantidad de turistas que sus miembros habían llevado en sus actividades de campamento costero. La IAATO aclaró además que, desafortunadamente, las estadísticas no diferenciaban entre las diversas formas en que se realizaban las actividades de campamento costero, entre las que se contaban las "pernoctaciones cortas" y las que consistían en "campamentos costeros de varias noches", aunque informó que dichas actividades habían sido autorizadas y que incluían la gestión de los residuos.

(210) Noruega presentó el documento WP 32, *Marco para los futuros debates sobre experiencias y desafíos identificados por las autoridades competentes asociados a los diversos tipos de turismo y a las actividades no gubernamentales.* El documento identifica futuras áreas de trabajo, recomendando que estos debates continúen durante la XXXVIII RCTA, por ejemplo, bajo la forma de un taller en el marco de la RCTA, similar al taller sobre SAR realizado durante la XXXVI RCTA. Noruega indicó que, de ser necesario, se encontraba dispuesta a conducir un trabajo intersesional para continuar desarrollando el proyecto de marco.

(211) Muchas Partes felicitaron a Noruega por su trabajo y expresaron su respaldo a las propuestas contenidas en el documento WP 32.

(212) Sin dejar de estar de acuerdo con la idea de sostener un taller, varias Partes plantearon algunas inquietudes de índole práctica. Francia recordó a las Partes que en esta Reunión ya se había acordado realizar un taller sobre educación y difusión durante la XXXVIII RCTA. En caso de tener que optar por alguno, Francia escogería el taller propuesto por Noruega. El Reino Unido señaló que, al programar el debate de las autoridades competentes, sería importante garantizar que éste no interfiriera con el trabajo del CPA, al cual asistirían muchos de los expertos de las autoridades competentes. Uruguay señaló que había limitaciones en la cantidad de sesiones a las que podían asistir simultáneamente las delegaciones con menos participantes, y llamó la atención de la Reunión sobre el hecho de que ya se habían planificado diversas actividades para la XXXVIII RCTA.

(213) Estados Unidos sugirió que era importante limitar el programa en relación con la disponibilidad de tiempo. Argentina indicó que los talleres incidían en los presupuestos, y que posiblemente sería una buena idea la de incluir dicho taller en el programa del Grupo de Trabajo sobre Turismo. Sin dejar de reconocer que la lista de temas propuestos por Noruega era exhaustiva, los Países Bajos recomendaron incluir los asuntos relativos a cumplimiento y supervisión.

(214) Varias Partes expresaron su deseo de participar en un GCI destinado a continuar desarrollando el proyecto de marco presentado en el documento WP 32.

(215) La Reunión concordó en que debía establecerse un Grupo de Trabajo Especial durante la XXXVIII RCTA centrado en el debate sobre los asuntos de las autoridades competentes relacionados con el turismo y las actividades no gubernamentales en la Antártida, en una sesión de un día de duración. El Grupo de Trabajo Especial sesionaría el día lunes de la segunda semana de la RCTA. Se instó a las Partes a incluir en sus delegaciones a representantes de sus autoridades competentes con el fin de que asistan a dichos debates.

(216) La Reunión estuvo de acuerdo en establecer un GCI para preparar la sesión del Grupo de Trabajo Especial sobre los asuntos de las autoridades competentes relativos a las actividades turísticas y no gubernamentales en la Antártida con el objetivo de:

1. Identificar y priorizar los temas de debate utilizando como punto de partida los asuntos presentados en el documento WP 32;

2. Preparar un programa de un día de duración durante la XXXVIII RCTA; y

3. Presentar el proyecto de programa para esta sesión a la Secretaría del país anfitrión con 100 días de antelación al comienzo de la Reunión.

Asimismo, se acordó que:

- los observadores y expertos que participan en la RCTA fuesen invitados a entregar sus contribuciones;

- el Secretario Ejecutivo abriría el foro de la RCTA para el GCI y le proporcionaría apoyo; y que

- Noruega sería el país coordinador.

(217) Estados Unidos presentó el documento WP 44, *Hacia el desarrollo de una evaluación de las actividades turísticas en función del riesgo,* en el cual proponía a las Partes a considerar el uso de un marco de evaluación basado en el riesgo al momento de evaluar actividades en la Antártida. El documento incluye ejemplos de los principios rectores que sirven de fundamento para considerar los criterios que definen el riesgo. Estados Unidos fue enfático en señalar que este Documento de Trabajo apuntaba a contribuir al debate sobre turismo terrestre y de aventura, el cual, según el Plan de trabajo estratégico plurianual de la RCTA, constituiría el centro del debate en torno al turismo durante la presente Reunión. El documento contiene un proyecto de resolución acerca de la importancia de considerar los riesgos que debían tener en cuenta los operadores turísticos y los gobiernos al momento de realizar la gestión de dichas actividades.

(218) Estados Unidos afirmó que el documento se centraba principalmente en los riesgos asociados a la seguridad de los participantes y los posibles efectos sobre las actividades científicas de las Partes más que en los limitados impactos medioambientales que puede presentar ese tipo de actividades. Señaló, sin embargo, que el marco presentado en este documento podía aplicarse a cuestiones ambientales.

(219) La Reunión agradeció a Estados Unidos, recibió favorablemente su documento WP 44, y reconoció que la evaluación de riesgos era una herramienta importante y valiosa para la gestión de las actividades de turismo en la Antártida.

(220) Sin restar su apoyo al documento WP 44, India y los Países Bajos expresaron sus inquietudes en cuanto a que la seguridad de los turistas llegara a considerarse como el centro exclusivo del debate, cuando también era necesario considerar cuestiones ambientales. Dichas Partes cuestionaron

además el que el turismo terrestre y de aventura no presentara un impacto importante sobre el medioambiente. La ASOC expresó inquietudes de naturaleza similar.

(221) El Reino Unido agradeció el documento de Estados Unidos sobre la realización de análisis de riesgos, y reiteró que muchas de las herramientas necesarias para que las Partes evaluaran y mitigaran los riesgos ya se encontraban disponibles en el STA. Mencionó la utilidad del marco que brinda la implementación de la Medida 4 (2004) para la autorización de propuestas sobre actividades nuevas y poco habituales.

(222) Francia agradeció a Estados Unidos por su preparación del documento WP 44, y planteó algunas preguntas específicas relacionadas con los criterios aplicables al riesgo. Identificó problemas que tenían que ver con la legitimidad de autorizar una actividad que supone un riesgo específico que no puede mitigarse; y la responsabilidad legal de las Partes y de las autoridades competentes en la autorización de dichas actividades de alto riesgo. Por consiguiente, Francia instó a adoptar un enfoque cautelar en la autorización de actividades que impliquen un riesgo en particular. Francia anunció que implementaría esta metodología en función del riesgo por medio de sus reglamentos nacionales en un futuro bastante próximo. La Federación de Rusia señaló que su autoridad competente exigía que los operadores turísticos contaran con un seguro antes de autorizar sus actividades, y afirmó que, una vez autorizadas, la ley de dicho país considera responsables a los operadores.

(223) El Reino Unido declaró que la evaluación de riesgos ya formaba parte del sistema británico de expedición de permisos. Sugirió que la redacción del proyecto de resolución debía reconocer la existencia de los diversos sistemas de evaluación de riesgos, así como también el hecho que la evaluación de riesgos debía aplicarse no solo al turismo terrestre y de aventura, sino a todas las actividades que se realizaban en la Antártida. Argentina también indicó que la variedad de reglamentos nacionales dificultan la estandarización de los sistemas de evaluación de riesgos entre las Partes.

(224) La IAATO alentó a las Partes a incluir en el proyecto de resolución la mención de las actividades no gubernamentales, así como las turísticas, puesto que ciertas expediciones no se clasificaban a sí mismas como turísticas, pero que aun así debían ser incluidas en el proceso de evaluación de riesgos. Señaló asimismo que la evaluación de riesgos no era un proceso aislado y que debía llevarse a cabo junto con los demás procesos existentes.

(225) La Federación de Rusia destacó que no todos los países cuentan con normativas claras para las actividades de turismo y no gubernamentales en la Antártida, y que sus ciudadanos, al no poder obtener los permisos en sus propios países, bien podían valerse del recurso de operar a través de banderas de terceros. Señalando que algunas partes contaban con pocas o ninguna normativa, instó a todas las Partes a aplicar normas claras y específicas que regularan el turismo y las actividades turísticas y no gubernamentales.

(226) Bélgica recomendó que el lenguaje que se utilice en el proyecto de resolución considerase el marco actual para normar las actividades turísticas y no gubernamentales, señalando que éste no era un tema de debate nuevo.

(227) En su respuesta a un punto planteado por Noruega, Estados Unidos concordó en que quienes proponen realizar actividades de turismo terrestre y de aventura deben asumir la responsabilidad principal de evaluar los riesgos de sus operaciones. Estados Unidos aclaró además que la propuesta no proponía excluir de la evaluación de riesgos a los asuntos medioambientales, y reconoció la importancia de aplicar la evaluación de riesgos no solo al turismo terrestre y de aventura, lo cual constituía el foco del Plan de Trabajo estratégico plurianual, sino también a todas las actividades que se realizaran en la Antártida.

(228) La Reunión aprobó la Resolución 6 (2014), *Hacia el desarrollo de una evaluación de las actividades turísticas y no gubernamentales en función del riesgo.*

(229) Chile presentó el documento WP 50, *Continuación del Grupo de Contacto Intersesional sobre Maratones y Eventos deportivos masivos en la Antártica.* El documento actualizaba la información presentada en el documento WP 65 de la XXXIII RCTA sobre maratones y otras actividades deportivas a gran escala realizadas en la Antártida. Dado el gran interés expresado por las Partes en el desarrollo de mejores controles para las actividades y eventos deportivos a gran escala realizados en la Antártida, y su sostenido aumento durante los últimos años, el documento recomendaba la reanudación del trabajo en esta materia, en lo posible, con la participación de un mayor número de Partes.

(230) Varias Partes agradecieron a Chile por el trabajo del GCI y reconocieron la importancia de este asunto. Canadá informó a la Reunión que tenía experiencia en la autorización de maratones y eventos deportivos a gran escala en la Antártida y respaldó la renovación del GCI. Argentina indicó haber recibido en el pasado solicitudes para realizar maratones en las

cercanías de las instalaciones de dicho país, pero que las había rechazado tomando en cuenta los debates iniciados por Chile, y que por consiguiente, respaldaba también la renovación del GCI.

(231) Recordando que la Reunión ya había establecido varios GCI para este año, Estados Unidos puso en duda que este GCI fuera la mejor manera de avanzar. Recomendó que las Partes analizaran el asunto de las maratones y eventos deportivos a gran escala durante las sesiones del Grupo de Trabajo Especial sobre asuntos de las autoridades competentes en relación con las actividades turísticas y no gubernamentales, cuya realización se había planificado ahora para la XXXVIII RCTA. Recomendó que, en caso de que la Reunión decidiera seguir adelante con la renovación del GCI, debían examinarse detenidamente los términos de referencia anteriores. En su respuesta, Chile manifestó que había diversas maneras de abordar este asunto y enfatizó la necesidad de debatir con independencia del mecanismo.

(232) En respuesta a una consulta formulada por Alemania en relación con la posibilidad de ampliar el alcance de la recomendación propuesta de incluir los deportes aventura en menor escala, Chile expresó sus dudas y afirmó que en su opinión esta categoría de deportes no interfería con la operación de las estaciones ni con su trabajo científico.

(233) Chile, la Federación de Rusia, Uruguay y China estuvieron de acuerdo en continuar las consultas sobre el asunto de las maratones realizadas en la isla Rey Jorge / isla 25 de Mayo, y señalaron que la maratón anual afectaba principalmente a la infraestructura y al personal de sus estaciones. Expresaron su acuerdo en presentar un Documento de trabajo sobre los resultados de los debates informales en la próxima Reunión.

(234) La IAATO presentó el documento IP 78, *Adventure Tourism: Activities undertaken by IAATO Members* y el documento IP 77, *Management of tourism in Antarctica – an IAATO perspective.* La IAATO informó que el documento IP 78 resumía tanto las actividades de turismo de aventura como de turismo terrestre dentro de parámetros definidos, y entregaba una descripción general de las tendencias durante la última década en lo que respecta a sus miembros. La IAATO expresó que el documento IP 77, brindaba su perspectiva en cuanto a los desafíos y oportunidades para la gestión del turismo en la Antártida. La IAATO destacó la importancia de la Recomendación XVIII-1, que incluía *Recomendaciones para aquellos que organizan y llevan a cabo actividades turísticas y no gubernamentales en la Antártida* cuya actualización podría considerarse.

(235) El Presidente del Grupo de Trabajo sobre turismo (GTT) recordó que el mandato aprobado en la Decisión 5 (2013), *Plan de trabajo estratégico plurianual para la Reunión Consultiva del Tratado Antártico,* solicitaba la realización de debates específicos en la XXXVII RCTA tomando en cuenta los asuntos planteados anteriormente en el GTT y en los GCI sobre turismo, además de aquellos planteados en los documentos presentados en la Reunión del presente año.

(236) Los Países Bajos señalaron que la tendencia general de la RCTA en la reglamentación del turismo antártico era de índole reactiva. Señalaron asimismo la aparente incapacidad de las Partes para prohibir o restringir las actividades ya establecidas, y pusieron de relieve los riesgos de los impactos acumulativos ocasionados por dichas actividades sobre el medioambiente. Por consiguiente, los Países Bajos recomendaron un enfoque más proactivo mediante la identificación del aumento de las actividades y del impacto acumulativo, antes de que se produzcan.

(237) India elogió el enfoque de los Países Bajos, y señaló que las operaciones SAR pueden enfrentar dificultades asociadas al turismo de aventura en zonas remotas. India señaló además la importancia de pasar de Resoluciones a Medidas, a fin de poner en vigencia los cimientos a partir de los cuales abordar los riesgos planteados por actividades futuras.

(238) El Presidente del GTT mencionó el documento IP 78 de la IAATO sobre el tema del turismo de aventura, y la conveniente definición sugerida en dicho documento. Asimismo, se refirió a un aparente aumento del turismo de aventura y preguntó si existía una inquietud generalizada sobre los tipos de turismo en "zonas remotas" que ingresan en áreas de la Antártida a las que previamente no habían ingresado turistas.

(239) Estados Unidos identificó las dificultades para definir el turismo terrestre y de aventura, y recordó su documento WP 44, que describía un modelo de evaluación de riesgos, que se refería a los riesgos inherentes a cada actividad propuesta, y que además incluía la evaluación acerca de si los riesgos habían sido evaluados y mitigados de forma adecuada.

(240) La Federación de Rusia recordó a la Reunión que el asunto de regular las actividades en la Antártida ya había sido planteado por la Federación de Rusia durante muchos años, y enfatizó las ventajas de los sistemas de expedición de permisos de muchos países. Indicó que su definición del turismo de aventura era la de actividades que implicaban "logros" obtenidos mediante la superación de limitaciones naturales o físicas.

(241) El Presidente del GTT agradeció a la Federación de Rusia por su introducción de concepto de "logro" en relación con las actividades de aventura y señaló el aumento del turismo basado en actividades en comparación con el turismo tradicional, basado en sitios.

(242) La ASOC señaló que "logro" era un término útil para definir algunas formas de turismo de aventura, que el aumento de las actividades en zonas remotas eran motivo de preocupación, y que era importante considerar la mitigación del riesgo planteado por las actividades y abordar el asunto del riesgo en forma previa a que nuevas actividades tengan lugar. La ASOC consideró que el turismo de aventura no siempre debía distinguirse del turismo en general.

(243) Australia señaló que todas las actividades, incluidas las actividades de los programas antárticos nacionales y las de los operadores turísticos y no gubernamentales, tenían el potencial de afectar a importantes valores de la Antártida, incluyéndose aquellas que pueden asociarse a lugares prístinos. Identificó la dificultad en abordar estos riesgos en forma aislada de otras actividades realizadas en la zona de la Antártida, y recomendó un enfoque colectivo en el contexto del CPA.

(244) Nueva Zelandia se refirió a la Decisión 5 (2013) y al tema prioritario conforme al Plan de Trabajo estratégico plurianual, que demanda a la RCTA "Revisar y evaluar la necesidad de adoptar medidas adicionales con respecto a la gestión de áreas e infraestructura permanente relacionadas con el turismo, así como las cuestiones relacionadas con el turismo terrestre y de aventura y atender las recomendaciones del estudio sobre turismo del CPA". Señaló que éste era un mandato permanente, el cual era abordado por la RCTA a través de Medidas, Resoluciones, Documentos de Trabajo y trabajo intersesional, como por ejemplo, el GCI referido a los asuntos sobre autoridades competentes relativos a las actividades turísticas y no gubernamentales en la Antártida, establecido durante la presente RCTA.

(245) Señalando que el turismo en la Antártida está experimentando un rápido cambio en la diversidad de sus actividades y en el espectro de sus participantes, Nueva Zelandia preguntó si las Partes Consultivas y el STA estaban en posición adecuada como para lidiar con los desafíos planteados por estos cambios. Nueva Zelandia sugirió que se debería considerar un enfoque cautelar en relación a la gestión de actividades turísticas y no gubernamentales en la Antártida, que fuera más limitado en lo espacial y centrado en lo regional. Nueva Zelandia preguntó si la RCTA podría encargar al CPA la realización de una evaluación científica estratégica para considerar interrogantes tales como:¿cuáles son las zonas de la Antártida

que el CPA considera con mayor o menor riesgo medioambiental para el acceso del turismo?; si existen diferentes categorías para dichos riesgos; y ¿qué herramientas, nuevas o ya existentes, podrían utilizarse de forma óptima en la gestión de dichos riesgos?.

(246) En respaldo a Nueva Zelandia, India expresó que las Partes deberían mejorar el diálogo sobre la implementación y aplicación de la normativa en materia de turismo antártico. India instó a las Partes a considerar la puesta en práctica de medidas regulatorias basadas en modelos, teniendo en cuenta asimismo los vínculos existentes entre diversos asuntos.

(247) Los Países Bajos elogiaron las iniciativas dedicadas al turismo terrestre y de aventura presentadas en los documentos WP 13, WP 32, WP 44 y WP 50. Alentaron la inclusión de directivas más estratégicas en el Plan de Trabajo Estratégico Plurianual, como por ejemplo las opciones de políticas de largo plazo relativas al turismo, señalando que les complacería examinar más detenidamente el tema propuesto por Nueva Zelandia.

(248) La Federación de Rusia se refirió a la continuación de los debates sobre regulación de actividades gubernamentales, y señaló la necesidad de avanzar en la regulación de dichas actividades. Observó que cualquier iniciativa de regular actividades no gubernamentales debía considerar las diferencias existentes entre los sistemas regulatorios de las Partes.

(249) Noruega respaldó los comentarios formulados por Nueva Zelandia que alentaban a las Partes a participar en un debate más estratégico y concluyente sobre el turismo en la Antártida, y puso de relieve la importancia de señalar las diferencias entre diversos enfoques culturales. El Reino Unido recordó su documento de 2009 sobre una visión estratégica del turismo antártico para la próxima década (documento WP 10 de la XXXII RCTA), y también recalcó la necesidad de establecer normas y directrices claras en relación con el turismo, indicando que la Recomendación XVIII-1, relativa a las Orientaciones para aquellos que organizan y llevan a cabo actividades turísticas y no gubernamentales en la Antártida, aún no había entrado en vigor internacionalmente, puesto que aún requería la aprobación de una de las Partes. La ASOC intentó persuadir a las Partes para que abandonaran los actuales debates, reactivos y con frecuencia inconducentes, y señaló que el documento WP 32 presentado por Noruega proponía un camino en esa dirección.

(250) Al tiempo que apoyaba firmemente la realización de debates estratégicos, y señalando el trabajo realizado por el CPA, la IAATO y varias otras Partes para orientar la evaluación y gestión de las actividades turísticas, el Reino

Unido señaló que el CPA ya estaba llevando a cabo una gran cantidad de trabajo sustantivo y recalcó la importancia de que todas las solicitudes adicionales que se plantearan al CPA estuvieran claramente articuladas.

(251) Si bien la Reunión estuvo de acuerdo en que la RCTA necesitaba de un enfoque más estratégico hacia las actividades turísticas y no gubernamentales, algunas Partes se manifestaron reticentes a aumentar la carga de trabajo del CPA.

(252) En su respuesta a una solicitud sobre asuntos estratégicos para trabajo futuro, Estados Unidos sugirió que los posibles tópicos para discutir en profundidad durante la XXXVIII RCTA podrían incluir los debates sobre autoridades competentes en materia de turismo, los impactos acumulativos en las zonas que reciben visitas frecuentes y las directrices para sitios.

(253) Nueva Zelandia aclaró que el asesoramiento que querría que el CPA ofreciera sería una extensión del trabajo que había estado llevando a cabo como resultado de la Recomendación 3 (mejorar la gestión específica de sitios con una base de datos centralizada de la RCTA de sitios turísticos) y la Recomendación 6 (considerar el establecimiento de un programa de observación *in situ* aprobado por la RCTA) del Estudio de Turismo del CPA.

Otros asuntos relacionados con las políticas

(254) Francia presentó el documento WP 48, *Entrada en vigor de la Medida 4 (2004),* preparado conjuntamente por el Reino Unido, Chile, Finlandia, los Países Bajos, Nueva Zelandia y Sudáfrica. A la luz del aumento del turismo aventura y del turismo terrestre en zonas remotas, el documento recomienda a todas las Partes que aprueben la Medida tan pronto como sea posible, lleven a cabo las acciones necesarias para su entrada en vigor a nivel nacional, y consideren la aplicación de la medida a nivel nacional, siempre que resulte apropiado, en forma previa a su completa entrada en vigor a nivel internacional.

(255) Francia agradeció a los copatrocinadores por su trabajo en este documento. Señaló la observación planteada por la IAATO en cuanto a que sus miembros ya habían implementado la Medida 4 (2004) como proceso estándar.

(256) Varias Partes agradecieron el trabajo de Francia y de los copatrocinadores, estuvieron de acuerdo en la importancia del estado de preparación y la planificación de contingencias con respecto al turismo, y expresaron su respaldo a las recomendaciones formuladas en el documento. Algunas Partes informaron acerca de sus esfuerzos por aprobar y dar efecto a la Medida

4 (2004), e instaron a las demás Partes a implementar dicha Medida a la brevedad. Nueva Zelandia, el Reino Unido y Australia se ofrecieron para dialogar con todas las Partes interesadas en conocer su experiencia en la implementación de la Medida 4 (2004).

(257) Sudáfrica relató su experiencia en la aplicación de la Medida 4 (2004) en el periodo provisional previo a que sus normativas sobre la Antártida fueran revisadas con objeto de darle efecto pleno. Describió el proceso de análisis de dos expediciones privadas a la Antártida, incluido el examen de las opciones para expedir sus permisos. Sudáfrica explicó que había remitido la autorización de dichas expediciones a la autoridad chilena a cargo de la expedición de permisos, ya que ese país era el último puerto de escala antes del ingreso a la Antártida de los buques, y agradeció a Chile por su rol en este proceso.

(258) La IAATO y la ASOC agradecieron a Francia y a los copatrocinadores del documento WP 48. La IAATO felicitó a Sudáfrica por los progresos en la implementación de la Medida 4 (2004). La ASOC señaló que ésta era una de las apenas dos medidas jurídicamente vinculantes del STA con aplicación al turismo, y alentó a las Partes que aún no lo hubieran hecho a aprobar y aplicar dicha medida.

(259) Brasil, si bien agradeció a Francia y a los copatrocinadores, expresó no obstante su inquietud en cuanto a que la implementación de la Medida a nivel nacional podría considerarse como una manera de eludir los procesos jurídicos nacionales de las Partes. En respuesta, Francia dijo que su intención era alentar a las Partes a dar efecto a la Medida 4 (2004) a nivel nacional siempre que resultara apropiado hacerlo, y en la medida de lo posible, de conformidad con sus sistemas jurídicos.

(260) La Reunión estuvo de acuerdo en instar a todas las Partes que aún no hubieran aprobado la Medida 4 (2004) a completar sus procedimientos internos para aprobarla a fin de que entrara en vigor. Además alentó a las Partes Consultivas que ya aprobaron la Medida 4 (2004) a tomar las acciones necesarias a nivel nacional a fin de darle efecto jurídico interno.

(261) La Reunión aprobó la Resolución 7 (2014), *Entrada en vigor de la medida 4 (2004)*.

(262) Francia presentó el documento WP 49, *Sobre el asunto de los cruceros de turismo comercial que navegan bajo bandera de terceros en la zona abarcada por el Tratado Antártico*. Recordó a las Partes la tendencia al aumento y el probable impacto de la cantidad cada vez mayor de buques

de gran capacidad que operan bajo bandera de terceros en la Antártida y expresó su deseo de llamar la atención de la Reunión en cuanto al tema de la responsabilidad de los estados de las banderas en caso de accidentes. Según datos del SEII, 63% de los cruceros turísticos comerciales que transportan a más de 50 pasajeros operaron bajo bandera de terceros. Francia propuso la creación de un GCI para debatir este asunto y reflexionar acerca de la responsabilidad de los estados de las banderas en los casos donde los accidentes navieros tuvieran como resultado la pérdida de vidas humanas o daños al medioambiente. Francia propuso además una mejora del SEII a fin de tener una perspectiva más clara de la nacionalidad de los buques autorizados.

(263) La Reunión agradeció a Francia por su documento. Algunas Partes señalaron que el documento parecía implicar que los buques que navegan con bandera de terceros eran menos seguros que aquellos con bandera de las Partes, y solicitaron mayor claridad sobre los aspectos de esta actividad que generaban más preocupación. Dichas Partes recalcaron que, en su opinión, las expediciones no autorizadas causaban una preocupación mayor que los buques que navegan con bandera de terceros, y que existía una serie de formas para abordar las inquietudes en materia jurídica y de seguridad en estas circunstancias, lo que queda demostrado por los requisitos para el otorgamiento de permisos para las empresas que operan buques con bandera de terceros. Por otro lado, reiteraron que el registro de buques era una responsabilidad de la OMI y que el Código Polar, que en la actualidad estaba siendo examinado por la OMI, mejoraría la seguridad de los buques en la zona abarcada por el Tratado Antártico.

(264) La Reunión concordó en que resultaría muy conveniente una modificación del SEII que permitiera una rápida y regular correlación y síntesis de los datos, específicamente de los datos relativos a la presencia de buques que operan con bandera de terceros. Estuvo de acuerdo también en que esto se debatiría en el marco de la revisión de los requisitos de intercambio de información, la cual ya había sido acordada y estaba en curso.

(265) En respuesta a una sugerencia de que la cuestión de las banderas de terceros se debatiría en el GCI sobre experiencias y dificultades enfrentadas por las autoridades competentes en relación con los diversos tipos de actividades turísticas y no gubernamentales, Estados Unidos y Ecuador señalaron que este asunto implicaba complejas cuestiones jurídicas y que trascendía el ámbito de su implementación nacional, en el que se centraban normalmente las autoridades competentes. Indicaron que tal debate necesitaría abordar

temas jurídicos amplios, como por ejemplo la Convención de las Naciones Unidas sobre Derechos del Mar y las reglamentaciones de la OMI, así como también el asunto de la jurisdicción en virtud del Tratado Antártico.

(266) La Reunión aceptó la propuesta de Ecuador de conducir, junto a Francia, debates informales intersesionales sobre buques que navegan con bandera de terceros. El resultado de dichos debates se informaría durante la XXXVIII RCTA.

(267) Francia presentó el documento IP 16, *Sentencia del Tribunal regional de París, con fecha 6 de febrero de 2014 en relación con la realización de actividades no informadas y no autorizadas en la Zona del Tratado, y daños ocasionados a la casa Wordie (SMH N° 62)*. El documento informó acerca de la primera sentencia dictada en Francia (y según la información del SEII, la primera dictada para la totalidad de las Partes) a una persona que realizó actividades en la Antártida sin contar con la autorización previa otorgada por una autoridad nacional competente. El Tribunal Regional de París multó al capitán del yate *L`Esprit d'equipe* al pago de €10,000 por realizar una actividad en la Antártida sin contar con autorización. El informe señaló además que seguían en marcha los procedimientos en relación con los daños intencionales ocasionados al SMH. Francia tiene la intención de registrar este hecho en el SEII, con una traducción al inglés de la sentencia. Francia comentó que el juicio sentaría un precedente para cualquier otro incidente de naturaleza similar que pudiera ocurrir en el futuro. Francia agradeció a la IAATO y a las autoridades británicas por su cooperación, y alentó a las Partes a mantenerse atentas en relación con las actividades turísticas que se llevaran a cabo sin autorización.

(268) El Reino Unido, Nueva Zelandia y la IAATO felicitaron a Francia por esta acción legal. Las Partes enfatizaron la necesidad de enviar un enérgico mensaje sobre la importancia de respetar los procedimientos legales cuando se realizan actividades en la Antártida.

Trabajo intersesional del CPA sobre las Recomendaciones 3 y 6 (sensibilidad en el sitio, metodología y supervisión)

(269) El Dr. Frenot informó a la Reunión que durante los debates de la XVII Reunión del CPA, el Comité había expresado su respaldo por el trabajo sostenido en relación con las metodologías de evaluación de la sensibilidad de sitios y de vigilancia de sitios, y una serie de Partes recomendaron que podría ser necesario precisar el término "sensibilidad". Asimismo se refirió al documento IP 82

de Noruega sobre la metodología de análisis de sensibilidad utilizado en el contexto de Svalbard y señaló su relevancia para este asunto. Afirmó además que Noruega informaría en la XVIII Reunión del CPA sobre los resultados de un simposio sobre vulnerabilidad en las zonas polares, el cual se realizaría en Tromsø, en noviembre de 2014. Se refirió a otros tres documentos examinados por el CPA, los cuales podrían ser de interés para la Reunión. Estos eran: documento WP 5, *Los UAV y sus posibles impactos ambientales,* presentado por Alemania y Polonia; documento WP 46, *Prueba de la herramienta de planificación para la conservación RACER, Evaluación rápida de la resiliencia del ecosistema que rodea al Ártico del WWF en la Antártida,* presentado por el Reino Unido, Alemania, Noruega y España; y el documento WP 13, *Actividades de campamento costero realizadas por las organizaciones no gubernamentales,* presentado por Estados Unidos y Noruega.

(270) Alemania presentó el documento WP 4, *Informe sobre el debate informal sobre turismo y sobre el riesgo de introducir organismos no autóctonos.* El informe promovía medidas para evitar la introducción de especies no autóctonas, específicamente por medio del lavado de botas. El documento alentaba a las Partes a optimizar el cumplimiento del Manual sobre especies no autóctonas, y de las demás directrices elaboradas por el SCAR y el COMNAP, y a otorgar una mayor protección a microhábitats específicos. Alentaba asimismo a la IAATO a optimizar el cumplimiento de sus miembros con las directrices sobre lavado de botas de dicha asociación y promovía una restricción a las zonas que puedan ser visitadas por turistas. En su conclusión, Alemania destacó que el CPA ya había reconocido que aún quedaba trabajo por realizar en esta materia, y que se requería su decisión en cuanto a continuar los debates y deliberaciones.

(271) El Reino Unido presentó el documento IP 59, *National Antarctic Programme use of locations with Visitor Site Guidelines in 2013-14,* preparado conjuntamente con Estados Unidos, Argentina y Australia. El documento proporcionó una descripción general de la información proporcionada por las Partes sobre las visitas recreativas realizadas por el personal de sus programas antárticos nacionales a los lugares en los que aplican las Directrices de sitios de la RCTA durante la temporada 2013-2014. El documento informó que 13 miembros habían brindado información sobre visitas realizadas por sus programas antárticos nacionales durante el periodo intersesional, señalando que seis de las visitas a sitios donde se aplican las Directrices habían sido informadas, en tanto que siete de los consultados no habían informado visitas. El Reino Unido alentó a los 22 Miembros restantes del CPA a brindar información similar, destacando la importancia de compilar el panorama

completo para permitir la consideración del impacto total generado por el ser humano en los sitios más visitados y una evaluación de la eficacia de las Directrices para sitios. Señaló que el documento se había centrado en el impacto antropogénico y que por lo tanto no había sido necesario distinguir las razones específicas de las visitas.

(272) La ASOC agradeció a los autores del documento y reconoció su gran valor. La ASOC expresó que sería conveniente que la información que se proporcionara distinguiera las diferentes fuentes de impacto, es decir, provocado por el turismo o por otras actividades, ya que eso podría permitir una mejor gestión. La ASOC alentó a todas las Partes a que en la próxima RCTA aportaran información sobre las visitas realizadas por su personal.

(273) La IAATO también agradeció a los autores y señaló que, aunque el documento IP 59 no era exhaustivo, constituía un importante primer paso.

(274) Argentina presentó el documento IP 87, *Áreas de interés turístico en la región de la Península Antártica e Islas Orcadas del Sur. Temporada estival austral 2013/2014*. El documento informó sobre la distribución de las visitas realizadas por turistas conforme a los viajes emprendidos por buques que operaron a través del puerto de Ushuaia en la temporada estival 2013/2014. Se identificaron diferentes áreas de interés y se mencionó un total de 82 lugares en los planes de los viajes, 29 de los cuales ya contaban con Directrices para Sitios que reciben visitas.

(275) Estados Unidos presentó el documento IP 27 rev. 1, *Antarctic Site Inventory: 1994-2014*, el que ofrecía una actualización sobre las conclusiones del Inventario de sitios antárticos hasta febrero de 2014. La IAATO agradeció el documento IP 27 rev. 1 y señaló el valor del trabajo que se estaba realizando por medio del Inventario de sitios antárticos.

Actividades de yates y otras actividades en la Antártida

(276) Nueva Zelandia presentó el documento IP 48, *The* SV Infinity, *Ross Sea February 2014,* que presenta un recuento de los hechos en los que participó la expedición no autorizada del *SV Infinity* en el Mar de Ross. El *SV Infinity* ingresó a la ZAEP 159 (cabaña Borchgrevink) sin presentar una notificación por adelantado a una autoridad competente ni completar la EIA requerida para la expedición que se había propuesto. El buque había salido desde Auckland, Nueva Zelandia, el 30 de enero de 2014 mencionando que su siguiente destino sería Puerto Natales, Chile; navegaba bajo bandera alemana; y su lista de pasajeros incluía a 16 personas provenientes de Canadá (3), Francia (4), Estados

Unidos (2), Italia (1), Reino Unido (2), Alemania (2), Australia (1) y Suecia (1). El capitán del buque era de nacionalidad alemana. Nueva Zelandia señaló que el incidente había provocado preocupación acerca de las expediciones no autorizadas en el área abarcada por el Tratado y que consideraría nuevas opciones sobre la forma de tratar este tipo de situaciones.

(277) En respuesta a una pregunta formulada por Francia acerca de si Nueva Zelandia se proponía emprender acciones legales, Nueva Zelandia declaró que se estaban considerando acciones tanto administrativas como legales, si bien indicó que se trataba de un asunto complejo. Considerando que el buque no se proponía regresar a Nueva Zelandia, y que el capitán y los pasajeros no eran ciudadanos neozelandeses, dicho país alentó a las demás Partes a explorar también opciones jurídicas y administrativas a su disposición. Nueva Zelandia señaló que, como mínimo, debía emitirse una advertencia para el organizador del viaje. Nueva Zelandia observó que era importante desalentar en el futuro este tipo de viajes mediante la aplicación de medidas efectivas, particularmente cuando los comentarios acerca del viaje publicados en medios sociales eran positivos e indicaban interés en emprender viajes similares.

(278) Chile expresó su gratitud a Nueva Zelandia e informó a la Reunión que Nueva Zelandia le había notificado sobre la intención del *SV Infinity* de viajar a Puerto Natales. Chile declaró que había realizado un seguimiento de las actividades del buque de manera cautelar con respecto de su posible ingreso sin autorización a la Península Antártica, y secundó las inquietudes planteadas por Nueva Zelandia en cuanto a que es necesario seguir de cerca este tipo de situaciones. El Reino Unido añadió que examinaría sus opciones de emprender acciones en contra de los ciudadanos británicos a bordo del *SV Infinity*.

(279) La IAATO agradeció a Nueva Zelandia por su documento, y expresó su aprecio por la seriedad con que actuaban las Partes. Señaló su gran interés en que las Partes consideren otras medidas y expresó que prestaría gran atención al asunto.

(280) El Reino Unido presentó el documento IP 55, *Data Collection and Reporting on Yachting Activity in Antarctica in 2013-14*, preparado conjuntamente con la IAATO. Los datos fueron obtenidos a partir de los desembarcos informados por el equipo apostado en Puerto Lockroy y proporcionados por los avistamientos registrados por otros buques y por los miembros de la IAATO. El Reino Unido y la IAATO alentaron a las Partes a seguir intercambiando información acerca de los yates autorizados por éstas, incluso por ejemplo, a través del SEII en su aplicación sobre Información de pretemporada, y a través de los informes posteriores a visitas a sitios antárticos, de conformidad con la Resolución 5 (2005).

(281) Argentina presentó el documento IP 88, *Embarcaciones de placer y/o deportivas no comerciales que realizaron viajes a la Antártida a través de Ushuaia durante la temporada 2013/2014*, recordando el debate sostenido durante la XXXVI RCTA en relación con la importancia de recopilar información relacionada con los yates y veleros que visitan la zona del Tratado Antártico.

Información general del Turismo Antártico en la temporada 2013/2014

(282) La IAATO presentó el documento IP 45 rev. 1, *IAATO overview of Antarctic Tourism: 2013-14 Season and Preliminary Estimates for 2014-15 Season*. La IAATO informó a la Reunión que, si bien aún no ha concluido el análisis estadístico, los cálculos preliminares y el procesamiento de los informes presentados luego de las visitas correspondientes a la temporada 2013/2014 indicaban que no habría diferencias importantes en las estadísticas sobre turismo en comparación con las obtenidas en la temporada 2012/2013. El turismo marítimo mantuvo su predominio en la Península Antártica y no se registró participación de pasajeros en sobrevuelos de operadores de la IAATO sobre el continente antártico. La IAATO informó a la Reunión que en junio de 2014 pondrían a disposición información más pormenorizada.

(283) Bulgaria agradeció el documento presentado por la IAATO y agradeció también el transporte de 15 científicos búlgaros a la isla Rey Jorge / isla 25 de Mayo durante la temporada estival correspondiente a 2013/2014, señalando que contar con el aporte de la IAATO en las operaciones logísticas compartidas en la región había resultado muy provechoso y había permitido una mayor flexibilidad durante la temporada estival de investigación. Bulgaria señaló además que esta práctica había permitido a los científicos a bordo el intercambio de información y de sus experiencias con los turistas. Chile agradeció a la IAATO por su documento y señaló el valor de este tipo de información estadística que proporcionaba a las Partes.

(284) La ASOC agradeció a la IAATO por la entrega de tan valiosa información, pero expresó su desacuerdo con la idea de que el turismo no ha cambiado en forma significativa durante los últimos años. La ASOC se refirió en particular a la diversificación de las actividades turísticas, incluida la entrada al mercado de embarcaciones de gran tamaño, el aumento en la cantidad de actividades terrestres con ingreso al interior de la Antártida, y el aumento de las visitas de los turistas al Polo Sur. La ASOC alentó a las Partes a continuar los debates acerca de la diversificación del turismo.

(285) Argentina presentó el documento IP 84, *Informe preliminar sobre flujos de visitantes y de buques de turismo antártico que operaron en el puerto de Ushuaia durante la temporada 2013/2014.* Como resultado del estudio, se informó que un total de 37.164 visitantes, a bordo de 29 buques ingresaron a la Antártida a través de Ushuaia. El documento se había concebido para complementar otras fuentes de datos disponibles en la actualidad para la evaluación del turismo marítimo en la región de la Península Antártica, con un énfasis en la totalidad de buques que operaron a través del puerto del Ushuaia.

(286) Argentina también presentó el documento IP 89, *Actividades opcionales ofrecidas por las operadoras turísticas antárticas que operaron a través del puerto de Ushuaia durante la temporada 2013-2014.*

Tema 12. Inspecciones en virtud del Tratado Antártico y el Protocolo sobre Protección del Medio Ambiente

(287) El Reino Unido presentó el documento WP 2, *Recomendaciones temáticas claves de 10 años de Informes de inspección del Tratado Antártico*, preparado conjuntamente con Australia, Francia, Alemania, los Países Bajos, la Federación de Rusia, Sudáfrica, España y Suecia. Los proponentes del documento realizaron una revisión de todos los Informes de inspección del Tratado Antártico entre 2003 y 2013, identificando cinco temas importantes: (a) gestión del medioambiente; (b) logística e infraestructura; (c) colaboración científica; (d) turismo; y (e) comunicaciones.

(288) El documento describe las recomendaciones generales surgidas de los informes de inspección y formulaba propuestas acerca de la forma en que la RCTA podría ponerlas en práctica de mejor manera, como por ejemplo, mediante la difusión de prácticas recomendables y/o el desarrollo de orientaciones adicionales sobre asuntos específicos. Este documento también propone un enfoque más estructurado para el registro de los Informes de inspección y de cualquier documento presentado por las Partes en respuesta a dichos informes. Por otro lado, presenta propuestas de mejoras al sitio web de la STA (y/o el SEII, según corresponda) con el fin de ofrecer filtros de búsqueda de: (a) informes de inspección por estación u otro tipo de instalaciones inspeccionadas y (b) cualquier documento pertinente de la RCTA que se haya presentado con posterioridad a dichas inspecciones.

(289) La Reunión agradeció a los autores del documento y reiteró la importancia de las inspecciones como componente esencial y singular del Sistema del Tratado Antártico.

(290) Algunas Partes señalaron que, debido a los costos asociados a las inspecciones, resultaba desafortunado que las recomendaciones no siempre pudieran tener un correlato en acciones. Otras Partes enfatizaron además la conveniencia y el valor de las inspecciones realizadas de manera conjunta, lo cual constituía una excelente expresión de los ideales del Tratado Antártico y una ayuda para algunas Partes menos capacitadas para permitirse por sí solas los gastos que implica la realización de una inspección. Algunas Partes sugirieron incluir las inspecciones como uno de los temas en el Plan de Trabajo estratégico plurianual.

(291) La Federación de Rusia propuso que las Partes sujetas a una inspección deberían proporcionar a la RCTA, en un plazo no superior a 3 años luego de realizada la inspección, un documento de información reseñando las medidas adoptadas, si las hubiese, para abordar las recomendaciones emanadas de la inspección.

(292) Varias Partes enfatizaron que las recomendaciones formuladas por los equipos de inspección tenían únicamente carácter de asesoramiento y que no exigían a la Parte una reacción ante los asuntos planteados por el equipo de inspección ni la toma de medidas en respuesta a sus recomendaciones. Estas Partes señalaron que el debate sobre realizar un seguimiento de las recomendaciones, o sobre informar a la RCTA implicaría la alteración de la naturaleza voluntaria de dichas recomendaciones.

(293) Varias Partes señalaron que era importante que los equipos de inspección contaran con intérpretes para el personal de la estación que no hablara el mismo idioma que el equipo de inspección.

(294) Algunas Partes señalaron la conveniencia de seguir desarrollando el sitio web de la STA con el fin de incluir una sección de archivo de los informes de inspección con filtros de búsqueda de las estaciones inspeccionadas, y cualquier documento de trabajo o de información que las Partes pudieran desear presentar, junto con las referencias a los Informes Finales en los cuales estos documentos se debatieron. La Reunión solicitó a la Secretaría que realizara este trabajo durante el periodo intersesional.

(295) El COMNAP indicó que, si bien tenía siempre la mejor disposición en cuanto a intercambiar prácticas recomendables, muchos de los asuntos identificados entre las recomendaciones claves del documento requerían de una respuesta colectiva, y que la decisión de implementar algunas de las medidas en respuesta a las recomendaciones emanadas de las inspecciones dependía en definitiva de los programas antárticos nacionales. El COMNAP señaló que los temas y las recomendaciones claves formuladas en el documento

WP 2 no solo cubrían la inspección de las estaciones, sino también la de los buques, los SMH, las ZAEP y las ZAEA.

(296) Las Partes manifestaron su acuerdo respecto de la conveniencia de seguir considerando los asuntos relacionados con las inspecciones. Estas consideraciones pueden incluir la forma en que las lecciones aprendidas pueden aprovecharse en forma general, para hacer que las actividades antárticas resulten más eficaces, seguras, efectivas y ecológicas.

Tema 13. Asuntos científicos, cooperación y facilitación científica

(297) Los Países Bajos presentaron el documento WP 41, *Prioridades científicas estratégicas de investigación antártica de los Países Bajos*, que describe la investigación científica llevada a cabo por este país bajo cuatro temas científicos fundamentales: a) hielo, clima y nivel del mar; b) océanos polares; c) ecosistemas polares; y d) ciencias humanas y cambios en las áreas polares. El documento enfatizó que la realización de investigación polar es necesaria a fin de adquirir conocimientos fundamentales acerca de la Antártida y de los ecosistemas polares, y acerca de los efectos en el medioambiente producidos por los cambios ocurridos en la Antártida. Además de la investigación científica, los Países Bajos reconocieron la necesidad de que la investigación específica puesta al servicio de las políticas sea financiada por su programa polar. Los Países Bajos recomendaron que se sinteticen las prioridades científicas estratégicas de las Partes del Tratado Antártico a fin de identificar y buscar las oportunidades de colaboración y de desarrollo de capacidades científicas como parte de la implementación del Plan de Trabajo estratégico plurianual de la RCTA. Varias Partes mostraron su acuerdo con la recomendación de los Países Bajos.

(298) Brasil presentó el documento IP 9, *An action plan for the Brazilian Antarctic science over the next 10 years*. El documento proporcionó un panorama general de los programas de investigación brasileños. Brasil planificó el desarrollo de nuevos programas para abordar las actuales lagunas en el conocimiento sobre los procesos polares que afectan a dicho país. Todos los programas se concibieron con el fin de investigar las conexiones entre la Antártida y los medioambientes sudamericanos.

(299) El SCAR presentó el documento IP 14, *Report on the 2013-2014 activities of the Southern Ocean Observing System (SOOS)*, que destaca los logros del sistema de observación SOOS durante el periodo 2013/2014 así como sus

futuras prioridades. El SCAR informó que el SOOS había trabajado con el Directorio Maestro sobre Cambio Global (GCMD, por sus siglas en inglés) de la NASA, el cual había aceptado respaldar el desarrollo de un portal de metadatos SOOS basándose en la infraestructura del GCMD.

(300) Australia agradeció el documento IP 14, y reconoció con gratitud los esfuerzos del SCAR en lograr avances con su trabajo en la iniciativa SOOS. Australia tuvo la satisfacción de ayudar en la coordinación de un taller SOOS/COMNAP en Corea, que se llevó a cabo en julio de 2013, y alentó a las Partes y a sus instituciones y Programas Antárticos Nacionales a prestar su apoyo a esta importante iniciativa.

(301) Australia presentó el documento IP 33, *Australia's Antarctic Strategic Science Priorities*. El documento reseña el marco de la investigación antártica australiana, que apunta a centrarse en la investigación de la Antártida y del Océano Austral de modo que pueda entregar el máximo de beneficios a Australia y a la comunidad internacional en los ámbitos de: (a) los procesos y cambios climáticos; (b) los ecosistemas terrestres y costeros: cambios y conservación del medioambiente; (c) ecosistemas del Océano Austral: cambios y conservación del medioambiente; y (d) ciencia de vanguardia. La cooperación internacional fue un aspecto fundamental del Programa de ciencias antárticas de Australia, que realizó más de 60 proyectos con la participación de investigadores de 70 instituciones internacionales durante los últimos dos años. Australia agradeció la presentación de documentos sobre prioridades científicas por parte de una serie de Partes y alentó a dichas Partes, al SCAR y a otros Observadores a continuar dichas contribuciones. Australia expresó su esperanza de que la RCTA pueda avanzar hacia un proceso de compilación y comparación más completo de las prioridades científicas con el propósito de identificar las prioridades en común y trabajar hacia una mejor cooperación en las prioridades fundamentales.

(302) La República Checa presentó el documento IP 96, *Overview of Czech Research Activities in Antarctica in 2013-2014*, que informó que la mayor parte de las actividades de investigación desarrolladas por la comunidad científica checa se relacionaba con el procesamiento de datos y muestras. Haciendo especial mención a la investigación realizada en la isla James Ross, el informe detalló sobre las actividades científicas antárticas en los ámbitos de la geología y geomorfología, glaciología y permafrost, microbiología, climatología, biología vegetal, biología animal, parasitología ictiológica e investigación médica.

(303) Japón presentó el documento IP 34, *Japan's Antarctic Research Highlights 2012-2013*, que ilustró tres temas de investigación emprendida por la Expedición

científica antártica japonesa: 1) un proyecto a gran escala internacionalmente aprobado sobre la atmósfera inferior a superior, denominado PANSY, y su actualización y observaciones LIDAR de la mesósfera antártica sobre la estación Syowa; 2) observación del hielo marino a bordo del *Shirase* y en el hielo fijo en las cercanías de la estación Syowa; y 3) un estudio geofísico realizado en la estación Princesa Isabel y en la estación Asuka para detectar el ajuste isostático glacial y los cambios provocados por el cambio climático mundial en la masa de la plataforma de hielo. Japón expresó su sincero agradecimiento a la Expedición de Investigación Antártica Belga por su generoso respaldo y hospitalidad durante las observaciones.

(304) El COMNAP presentó el documento IP 47, *International Scientific and Logistic Collaboration in Antarctic*, que constituía una actualización del documento IP 92 presentado en la XXVI RCTA, en el que se proveen los resultados de un estudio realizado en enero de 2014. El documento indica que todos los miembros del COMNAP habían participado o habían ofrecido su apoyo a la cooperación científica internacional en la Antártida y en sus instituciones nacionales. Desde el primer estudio realizado por el COMNAP en 1997, se ha experimentado un aumento promedio de 30 por ciento en la cooperación internacional a lo largo de todos los programas antárticos nacionales del COMNAP. El documento señala que apenas uno de los 29 miembros del COMNAP habían respondido que "no" a la pregunta: "En los pasados 10 años, ¿ha participado su programa nacional antártico en actividades de colaboración, asociación o investigación científica conjunta?" Esto implica que el 96 por ciento de los miembros del COMNAP ha participado en iniciativas de colaboración científica internacional. El documento señala asimismo que tan solo dos de los 29 miembros del COMNAP habían respondido "no" a la pregunta: "En los pasados 10 años, ¿su programa nacional antártico compartió las instalaciones con algún otro programa nacional antártico?" Esto quiere decir que un 93 por ciento ha compartido logística.

(305) Los resultados del estudio destacan el hecho que ha habido un abanico de formas en las que los programas antárticos nacionales cooperaron entre sí, tanto en la Antártida como en sus instituciones nacionales. Los resultados del estudio revelaron que los programas antárticos nacionales esperaban que la cooperación aumentase en el futuro.

(306) Australia, Francia y el Reino Unido agradecieron al COMNAP por su provechosa información, señalando que era de amplio interés, y además sugirieron que podía constituir una línea de base de referencia para futuros estudios de similar naturaleza.

(307) Malasia presentó el documento IP 76, *Malaysia's Activities and Achievements in Antarctic Research and Diplomacy*, que analiza las prioridades definidas y las actividades realizadas por el grupo de tareas del Programa Malayo de Investigación Antártica (MARP). Estas incluyeron investigaciones geológicas, geociencias, teledetección, microbiología polar y ecología. Malasia informó de la captura de dos embarcaciones que habían sido descubiertas en actividades de pesca ilegal en aguas del área de la CCRVMA, y señaló que emprendería acciones legales en contra de dichas embarcaciones.

(308) Australia, Estados Unidos y el Reino Unido acogieron y felicitaron calurosamente a Malasia por su reciente acción de detener e investigar a las embarcaciones implicadas en pesca ilegal, no informada y no regulada, en el Área de la CCRVMA.

(309) Noruega presentó el documento IP 81, *Norwegian Antarctic research*, que resume las áreas prioritarias de investigación de Noruega. Su área temática prioritaria era "Un clima cambiante y un medioambiente bajo presión" y sus áreas prioritarias transversales eran las siguientes: a) cooperación en investigación internacional; b) infraestructura científica; c) reclutamiento; y d) comunicaciones y difusión.

(310) El Reino Unido agradeció a las Partes que presentaron documentos de información relacionados con sus prioridades científicas y mencionó que el British Antarctic Survey se encontraba trabajando en una estrategia científica revisada. El Reino Unido informó además a la Reunión sobre un reciente anuncio relativo a que se habían identificado fondos para un nuevo buque de investigación polar.

(311) En relación con este tema del programa se presentaron también los siguientes documentos:

- Documento IP 6, *Reconstruction Project of the Brazilian Antarctic Station* (Brasil)
- Documento IP 11, *Antarctic Conservation Strategy: Scoping Workshop on Practical Solutions* (COMNAP, preparado conjuntamente con el SCAR)
- Documento IP 73, *New Antarctic stations: Are they justified?* (ASOC)
- Documento IP 90, *Scientific activities in Terra Nova Bay: a brief overview of the Italian National Antarctic Program* (Italia)
- Documento BP 1, *Brazilian automatic remote modules in the West Antarctic Ice Sheet* (Brasil)
- Documento BP 2, *Scientific advances of the Brazilian oceanographic research in the Southern Ocean and its vicinity* (Brasil)

- Documento BP 3, *The geological record of the transition from greenhouse to icehouse (Eocene to Oligocene) in Western Antártida* (Brasil)

- Documento BP 4, *National Institute of Science and Technology of the Cryosphere* (Brasil)

- Documento BP 5, *National Institute for Science and Technology – Antarctic Environmental Research (INCT-APA): Five-Year Highlights* (Brasil)

- Documento BP 6, *Conferencia del SCAR: "De vuelta al futuro: Los pasados climas antárticos y la historia de la capa de hielo y su relevancia para comprender las futuras tendencias"* (SCAR)

- Documento BP 8, *Scientific & Science-related Collaborations with Other Parties During 2013-2014* (República de Corea)

- Documento BP 12, *New Zealand Antarctic and Southern Ocean Science: Directions and Priorities 2010-2020* (Nueva Zelandia)

- Documento BP 15, *Digital upgrade of SuperDARN radar at SANAE IV 2013/2014* (Sudáfrica)

- Documento BP 16, *Compilación de la producción cartográfica antártica española* (España)

- Documento BP 19, *Vigésima Segunda Expedición Científica del Perú a la Antártida – ANTAR XXII* (Perú)

- Documento BP 20, *Agenda Nacional de Investigación científica Antártica 2014-2016 – ANTARPERU* (Perú)

Tema 14. Implicaciones del cambio climático para la gestión del Área del Tratado Antártico

(312) Estados Unidos presentó el documento WP 40, *Impulso al seguimiento coordinado del cambio climático en la Antártida,* preparado en conjunto con el Reino Unido y Noruega. Para promover una mejor comprensión del cambio climático, y para reconocer las implicancias operacionales y de gestión de dichos cambios, Estados Unidos recomendó que las Partes centraran sus esfuerzos en respaldar los sistemas de observación de la Antártida y del Océano Austral. Recomendó que esto se lograra: (i) fortaleciendo la coordinación de las prioridades de investigación sobre el clima con el fin de obtener el máximo de beneficios de los proyectos de investigación; y (ii) continuando el respaldo a la cooperación entre el CPA y el CC-CRVMA en las áreas comunes de interés, incluyendo la vigilancia del ecosistema y del medioambiente por medio de la realización de talleres conjuntos.

(313) La Reunión agradeció a Estados Unidos, Noruega y al Reino Unido y expresó su decidido respaldo a las recomendaciones contenidas en el documento. El SCAR destacó que también estaba en desarrollo un sistema de observación antártica que apuntaba a ofrecer una versión terrestre del SOOS. Informó además sobre la Iniciativa Internacional en materia de Cooperación Polar encabezada por la OMM destinada a mejorar la coordinación científica entre las organizaciones polares, aun cuando esta actividad continúa discutiéndose.

(314) Las Partes destacaron la importancia del estudio de los efectos del cambio climático en la Antártida y la necesidad de seguir ampliando la comprensión y la colaboración en esta materia.

(315) Australia señaló que el documento WP 40 era congruente con varias de las recomendaciones formuladas por la RETA de 2010 sobre cambio climático y estaba alineado con los objetivos del CPA. Australia consideró que las recomendaciones de la RETA de 2010 sobre cambio climático constituían la mejor base para los actuales debates de la RCTA en relación con las implicancias del cambio climático para la gestión de la zona abarcada por el Tratado Antártico. Durante la XXXV RCTA, Australia había presentado el documento IP 12, que sugería que el Plan de trabajo estratégico plurianual sería un mecanismo apropiado para ayudar a la RCTA a lograr progresos sistemáticamente en materia de las recomendaciones de la RETA. Australia quedó a la espera del debate acerca de las prioridades científicas estratégicas comunes, y consideró que esto podría tener un abanico de posibles beneficios, tales como la identificación de oportunidades para una mejor cooperación internacional en materia de investigación y observación del cambio climático.

(316) El Reino Unido y Nueva Zelandia alentaron al SCAR a continuar su trabajo en esta materia y a mantener actualizadas a las Partes durante las futuras reuniones. Nueva Zelandia agradeció el trabajo del CPA en el desarrollo de un programa de trabajo de respuesta para el cambio climático. Nueva Zelandia llamó la atención de las Partes hacia el desarrollo del Portal de medioambientes antárticos, el cual podría constituir una conveniente herramienta para la transferencia de conocimientos científicos a fin de permitir una mejor interfaz científico-política. Noruega señaló que las recomendaciones contenidas en el documento WP 40 ofrecían un buen resumen de los actuales debates sobre cambio climático en la Antártida. Francia sugirió que también sería conveniente un sistema de observación para alertar a las autoridades del planeta y para crear conciencia acerca de los efectos del cambio climático en la Antártida. La OMM reseñó su actual trabajo en este tema.

(317) Brasil recalcó que el trabajo sobre cambio climático realizado en el Sistema del Tratado Antártico debía respetar los principios del régimen internacional sobre cambio climático en el contexto de la CMNUCC y el Protocolo de Kioto.

(318) La ASOC afirmó que el cambio climático era el mayor desafío de la Antártida e instó a las Partes a responsabilizarse y ayudar a reducir las emisiones de carbono en el mundo.

(319) La Reunión reconoció las recomendaciones contenidas en el documento WP 40 y mostró su acuerdo en continuar los debates acerca de los efectos del cambio climático en la Antártida durante las futuras reuniones.

(320) El SCAR presentó el documento IP 39, *SCAR engagement with the United Nations Framework Convention on Climate Change (UNFCCC)*, que brinda una descripción de la participación del SCAR en las actividades de la CMNUCC durante 2013, junto a las futuras actividades previstas. El SCAR presentó además el documento IP 60, *Antarctic Climate Change and the Environment – 2014 Update*, que actualiza el Informe sobre cambio climático y medio ambiente en la Antártida (ACCE) (Turner *et al.* 2009) publicado por el SCAR en 2009. El documento destacaba algunos notables progresos obtenidos en las ciencias del clima antártico durante los últimos dos años.

(321) Australia agradeció la participación del SCAR en la CMNUCC, señalando que ésta era congruente con las Recomendaciones 1, 2 y 3 de la RETA de 2010 sobre cambio climático, y agradeció a Noruega por el respaldo entregado para facilitar la participación del SCAR. Dichas acciones fueron congruentes con las Recomendaciones 1 – 3 de la RETA de 2010 sobre cambio climático, y también eran congruentes con la opinión de Australia en relación con los beneficios de aumentar el compromiso de la RCTA con la CMNUCC. Por consiguiente, Australia agradecería la participación permanente del SCAR en los futuros eventos organizados por la CMNUCC, entre otros, la Conferencia de las Partes en 2015 en caso de haber recursos disponibles, y los esfuerzos por mantener a la RCTA informada sobre la mencionada participación.

(322) En relación con este tema del programa se presentaron también los siguientes documentos:

- Documento IP 68, *Antarctic Climate Change Report Card 2014* (ASOC)
- Documento IP 72, *Near-term Antarctic Impacts of Black Carbon and Short-lived Climate Pollutant Mitigation* (ASOC)
- Documento IP 74, *The West Antarctic Ice Sheet in the Fifth Assessment Report of the Intergovernmental Panel on Climate Change (IPCC): a key threat, a key uncertainty* (ASOC)

Tema 15. Temas educacionales

(323) Brasil presentó el documento WP 9, *Actividades de educación y difusión asociadas a las Reuniones Consultivas del Tratado Antártico (RCTA)*, preparado conjuntamente con Bélgica, Bulgaria, Portugal y el Reino Unido. El documento recomendaba a las Partes que refrendaran la organización de un taller que se realizaría en el contexto de la XXXVIII RCTA. Dicho taller facilitaría el análisis de las actividades de educación y difusión para transmitir el trabajo del Tratado Antártico hacia un público más amplio, en especial, de aquellas actividades que se realizaron en relación con las RCTA. Brasil enfatizó el interés de los proponentes de promover una participación lo más amplia posible de los miembros en el taller.

(324) Bulgaria agradeció a sus coautores y se ofreció como anfitriona del taller sobre educación y difusión antártica en ocasión de la XXXVIII RCTA.

(325) Varias Partes agradecieron la iniciativa y destacaron la importancia de promover la toma de conciencia y difundir conocimientos sobre la Antártida. Estas Partes expresaron su pleno respaldo al taller que se realizará durante la próxima RCTA, reconociendo al mismo tiempo la importancia de reunir a los científicos, educadores, comunicadores y autoridades en el debate acerca de los asuntos de la educación y la difusión.

(326) Portugal señaló que el taller sería una oportuna plataforma para orientar a los países menos activos en la Antártida. Chile realizó una presentación sobre las actividades de educación y difusión realizadas por su Programa Nacional Antártico como ejemplo de un trabajo realizado de manera regular por los programas antárticos nacionales en dichas áreas. Sugirió además que las Partes deben coordinar sus esfuerzos por lograr una mayor sinergia en términos de educación y difusión dentro de sus programas antárticos nacionales.

(327) El SCAR, la IAATO y el COMNAP ofrecieron su pleno respaldo al taller, y expresaron su interés en participar, reiterando que la educación y la difusión eran parte importante de su trabajo.

(328) La Reunión estuvo de acuerdo en que se realice un taller sobre educación y difusión antártica en la XXXVIII RCTA en Bulgaria.

(329) Portugal presentó el documento IP 2, *The mission and objectives of the recently established Polar Educators International (PEI)*, preparado en forma conjunta con Bélgica, Brasil y Bulgaria. La organización, creada durante el último Año Polar Internacional, fue refrendada por el SCAR y el

Comité Científico Internacional del Ártico (IASC, por su sigla en inglés), y cuenta con más de 600 miembros provenientes de 39 países.

(330) Estados Unidos presentó el documento IP 41, *Joint Chile and United States Antarctic Educational Expedition for High School Students and Teachers: a Pilot Program,* preparado conjuntamente con Chile. El documento informa sobre la fortalecida asociación entre los dos programas nacionales antárticos y su trabajo en la construcción de relaciones entre las futuras generaciones de científicos, el cual desarrolla al mismo tiempo la toma de conciencia entre los participantes sobre los problemas científicos globales.

(331) El COMNAP presentó el documento IP 46, *COMNAP Practical Training Modules: Module 1 – Environmental Protocol.* Este documento presenta un módulo de capacitación (versión 1.0) desarrollado por el Grupo de Expertos en Capacitación del COMNAP. La información era una combinación de presentaciones sobre capacitación de los programas nacionales antárticos de Argentina, Australia, Francia y España y estaba disponible en los cuatro idiomas oficiales del Tratado.

(332) El Reino Unido y el COMNAP señalaron que si bien este módulo de capacitación no se había creado con el fin específico de abordar las recomendaciones contenidas en los informes de inspección, era un conveniente ejemplo de la forma en que pueden abordarse los problemas en común.

(333) Otro documento presentado en este tema del programa:

- Documento IP 93, *Proyecto A: Residencias artísticas en la Antártica* (Chile)

Tema 16. Intercambio de información

(334) La Secretaría presentó el documento SP 7, *Plan de trabajo estratégico plurianual de la RCTA: Informe de la Secretaría sobre los requisitos de Intercambio de información y el Sistema electrónico de intercambio de información.*

(335) La Reunión agradeció a la Secretaría por su exhaustivo y completo informe, el cual había resultado muy provechoso para su sostenido trabajo sobre la revisión completa de los actuales requisitos de intercambio de información y del funcionamiento del SEII, y para la identificación de requisitos adicionales.

(336) Australia presentó el documento WP 55, *Revisión de los requisitos de intercambio de información. Plan de trabajo estratégico plurianual de la*

RCTA. Advirtiendo que la Decisión 5 (2013) identificaba los requisitos de intercambio de información y el funcionamiento del SEII como un tema de debate prioritario durante la XXXVII RCTA, este documento propuso un proceso para estructurar el debate.

(337) La Reunión agradeció a Australia por su trabajo hacia una revisión completa de los actuales requisitos para el intercambio de información y el funcionamiento del Sistema Electrónico de Intercambio de Información, y para la identificación de cualquier requisito adicional.

(338) Luego del debate, Australia se ofreció para coordinar un GCI que analizara la revisión completa de los actuales requisitos para el intercambio de información y el funcionamiento del Sistema Electrónico de Intercambio de Información, y para identificar cualquier requisito adicional, conforme a un esquema con dos etapas. Como primer paso, las Partes debatirían acerca de los requisitos de información que desearían ver incluidos, así como la información que se consideraría obligatoria y la que se consideraría complementaria. Como segundo paso, las Partes revisarían la información que se intercambiaría, solicitando la asesoría del CPA en materia del intercambio de información relacionado con los asuntos medioambientales. Las Partes explorarían entonces la forma en que el SEII necesitaría reconfigurarse para proveer de la mejor manera un intercambio de información adecuado. Australia señaló que sería necesario considerar algunas rectificaciones en la Resolución 6 (2001) como resultado del primer paso de este proceso.

(339) La Reunión estuvo de acuerdo con este esquema y con el establecimiento de un GCI sobre la revisión completa de los actuales requisitos para el intercambio de información y para identificar cualquier requisito adicional, con el fin de:

- Revisar la información que actualmente se requiere intercambiar;
- Considerar si continúa siendo valioso que las Partes intercambien información sobre cada uno de los asuntos y si algunos de estos necesitan modificarse, actualizarse, describirse de manera diferente, hacerse obligatorios (allí donde actualmente se definan como voluntarios), o eliminarse;
- Considerar los asuntos pendientes relacionados con el intercambio de información enumerados por la Secretaría en su Documento de la Secretaría SP 7;
- Considerar si otros mecanismos de intercambio de información (por ejemplo, aquellos con los que trabaja el COMNAP) pueden superponerse con los requisitos actuales de la RCTA;

- Considerar el calendario del intercambio de información, incluyendo qué información desearían las Partes intercambiar de manera continua o anual; y

- Considerar la forma en que cada uno de los asuntos se ajusta de mejor manera a las categorías de información de pretemporada, anual, y permanente.

(340) Se acordó también que:

- Los Observadores y Expertos que participan en la RCTA fuesen invitados a brindar sus aportes.

- El Secretario Ejecutivo abriría el foro de la RCTA para el GCI y le proporcionaría apoyo; y

- Australia se desempeñaría como coordinador e informaría ante la próxima RCTA sobre el progreso obtenido por el GCI.

(341) La Reunión solicitó al CPA que proporcione su asesoría sobre el intercambio de información en relación con los asuntos medioambientales, y que informe ante la RCTA XXXVIII.

(342) Francia presentó el documento WP 49, *Sobre el asunto de los cruceros de turismo comercial que navegan bajo bandera de terceros en la zona abarcada por el Tratado Antártico*. El documento fue elaborado para concientizar a las Partes respecto de la tendencia al aumento y probable impacto de la presencia cada vez mayor de cruceros comerciales que operan bajo bandera de un Estado que no es Parte al Tratado Antártico. Francia propuso que se perfeccione el SEII a fin de poner a disposición de las Partes con mayor facilidad la información acerca del Estado de bandera de cada buque.

Tema 17. Prospección biológica en la Antártida

(343) Bélgica presentó el documento WP 12, *Evaluación de la bioprospección en la Antártida,* que proponía una doble implementación de la Resolución 6 (2013) sobre prospección biológica en la Antártida. En primer lugar, el documento recomendaba que las Partes acordaran una definición operativa de la prospección biológica con el único propósito de implementar las recomendaciones contenidas en la Resolución 6 (2013). En segundo lugar, Bélgica propuso alentar a las Partes Consultivas a incluir como nuevo requisito en sus procedimientos nacionales para el otorgamiento de permisos y en el marco de la evaluación de impacto ambiental, una declaración

de prospección biológica como uno de los propósitos de la misión o actividad.

(344) Algunas Partes concluyeron que la definición operativa propuesta por Bélgica era demasiado amplia y poco factible con respecto a sus actividades de investigación científica, en tanto que otras lo consideraron demasiado estrecho con respecto de lo que podría constituir la investigación con posibles aplicaciones comerciales. Por otro lado, varias Partes solicitaron que se aclarasen los asuntos técnicos y otros términos utilizados en la definición.

(345) Varias Partes señalaron los debates en curso dentro del marco del Convenio sobre Diversidad Biológica, en particular el Protocolo de Nagoya al Convenio relativo al acceso a los recursos genéticos y la participación justa y equitativa en los beneficios derivados de su utilización, y la Asamblea General de las Naciones Unidas, en particular su grupo de trabajo abierto informal para estudiar los asuntos asociados a la conservación y uso sostenible de la diversidad biológica más allá de las áreas de jurisdicción nacional, sobre el acceso a los recursos genéticos y la participación justa y equitativa en los beneficios derivados de su utilización. Las Partes recomendaron que dichos debates podrían ser relevantes para el trabajo de la RCTA sobre prospección biológica. Varias Partes consideraron que la prospección biológica en la Antártida se gestiona mejor dentro del marco del Sistema del Tratado Antártico, tal como lo establece la Resolución 9 (2009), y según se reafirma en la Resolución 6 (2013).

(346) Las Partes consideraron opciones para continuar el debate sobre prospección biológica. Varias Partes recomendaron que la RCTA estableciera un GCI o que se realizaran debates informales intersesionales para abordar una definición operativa de la prospección biológica y el procedimiento propuesto de declaración. Otras Partes prefirieron que los temas más amplios se abordasen en la próxima RCTA.

(347) Se sugirió además que la Secretaría podría preparar un documento acerca de los regímenes sobre el acceso y la distribución de beneficios relativos a la utilización de los recursos genéticos en otros foros internacionales, sin embargo algunas Partes señalaron que, habida cuenta de la naturaleza de la prospección biológica, ésta podría resultar una tarea compleja para la Secretaría.

(348) En respuesta a una sugerencia del Presidente alentando a las Partes a elaborar documentos de trabajo y de información para la siguiente RCTA con el fin de estimular a proseguir el debate sobre prospección biológica, el PNUMA se ofreció a actualizar el documento de información sobre

prospección biológica en la Antártida y el reciente desarrollo de políticas a nivel internacional presentado por el PNUMA a la XXXV RCTA en conjunto con los Países Bajos, Bélgica y Suecia.

(349) La Reunión estuvo de acuerdo en que el asunto de la prospección biológica se mantuviera como tema del programa en la XXXVIII RCTA. Debido a que no se llegó a un consenso acerca de la creación de un GCI o la aprobación de una resolución, la Reunión alentó la realización de consultas informales entre las Partes durante el periodo intersesional.

Tema 18. Preparativos para la 38ª Reunión

a. Fecha y lugar

(350) La Reunión agradeció la amable invitación extendida por el gobierno de Bulgaria de organizar la XXXVIII RCTA en Sofía, Bulgaria, teniendo como fecha tentativa entre el 1 y el 10 de junio de 2015.

(351) Para la planificación futura, la Reunión tomó nota del siguiente cronograma posible de las próximas RCTA:
- 2016 Chile
- 2017 China

b. Invitación a las organizaciones internacionales y no gubernamentales

(352) Conforme a la práctica establecida, la Reunión acordó que las siguientes organizaciones con intereses científicos o técnicos en la Antártida sean invitadas a enviar a sus expertos para asistir a la XXXVIII RCTA: ACAP, ASOC, COI, IAATO, OHI, OMI, IPCC, PNUMA, OMM, OMT y la UICN.

c. Preparación del Programa de la XXXVIII RCTA

(353) La Reunión aprobó el Programa Preliminar para la XXXVIII RCTA.

d. Organización de la XXXVIII RCTA

(354) Conforme a la Regla 11, la Reunión decidió, como cuestión preliminar, proponer los mismos Grupos de Trabajo de esta Reunión para la XXXVIII RCTA, además de un Grupo de Trabajo Especial sobre Asuntos de las Autoridades Competentes en relación con las actividades turísticas y no gubernamentales.

(355) La Reunión acordó que el país anfitrión, junto con la Secretaría, deberían informar por adelantado a las Partes de la XXXVIII RCTA de cualquier vacante al cargo de Presidente de los Grupos de Trabajo, recolectar dichas nominaciones y circularlas entre las Partes.

e. La Conferencia del SCAR

(356) Teniendo en cuenta la valiosa serie de conferencias entregadas por el SCAR en diversas RCTA, la Reunión decidió invitar al SCAR a brindar otra conferencia sobre asuntos científicos relevantes para la XXXVIII RCTA.

Tema 19. Otros asuntos

(357) En cuanto a las referencias incorrectas al estado territorial de las Islas Malvinas, Georgias del Sur y Sandwich del Sur formuladas en documentos relacionados con esta Reunión Consultiva del Tratado Antártico, Argentina rechazó cualquier referencia a estas islas como una entidad separada de su territorio nacional, atribuyéndoles un estatus internacional que no tienen, y afirmó que las Islas Malvinas, Georgias del Sur y Sandwich del Sur y los espacios marítimos circundantes son parte integrante del territorio nacional argentino. Por otra parte, Argentina rechazó que se otorgue a los barcos banderas ilegales de las Islas Malvinas por las supuestas autoridades británicas y también rechazó el uso de puertos de matrícula en dichos archipiélagos, y cualquier otro acto unilateral realizado por las autoridades coloniales, que no son reconocidas y son rechazadas por Argentina. Las islas Malvinas, Georgias del Sur y Sandwich del Sur, y los espacios marítimos circundantes, son parte integrante del territorio nacional argentino, están bajo ocupación británica ilegal y son objeto de una disputa reconocida por las Naciones Unidas sobre soberanía entre la República Argentina y el Reino Unido de Gran Bretaña e Irlanda del Norte.

(358) En respuesta, el Reino Unido manifestó que no tenía duda alguna respecto de su soberanía sobre las islas Falkland, Georgias del Sur y Sandwich del Sur y sobre sus zonas marítimas circundantes, como es de conocimiento de todos los delegados. En ese sentido, el Reino Unido no posee ninguna duda acerca del derecho del gobierno de las islas Falkland de llevar un registro de buques que operan con bandera del Reino Unido y de Falkland.

(359) Argentina rechazó la declaración británica y reafirmó su bien conocida posición legal.

Tema 20. Aprobación del Informe Final

(360) La Reunión aprobó el Informe Final de la 37° Reunión Consultiva del Tratado Antártico. El Presidente de la Reunión, Embajador José Antonio Marcondes de Carvalho, pronunció las palabras de cierre.

Tema 21. Clausura de la reunión

(361) La Reunión se clausuró el miércoles 7 de mayo a las 14:20 horas.

2. Informe de la XVII Reunión del CPA

Informe del Comité para la Protección del Medio Ambiente (XVII Reunión del CPA)

Brasilia, 28 Abril – 2 de mayo de 2014

Tema 1. Apertura de la Reunión

(1)   El Dr. Yves Frenot (Francia), Presidente del CPA, declaró abierta la reunión el lunes 28 de abril de 2014, agradeciendo a Brasil por organizar la reunión en la ciudad de Brasilia y por ser su país anfitrión.

(2)   El Comité observó que no había nuevos miembros, y que el CPA estaba compuesto por 35 Miembros.

(3)   El Presidente resumió la labor realizada durante el período entre sesiones (Documento de información IP 97, XVII Reunión del CPA, CEP XVII *Work done during the intersessional period*), señalando que se habían realizado todas las labores planificadas que se acordaron al final de la XVI Reunión del CPA.

Tema 2. Aprobación del programa

(4)   El Comité aprobó el siguiente programa y confirmó la asignación de 43 Documentos de trabajo, 52 Documentos de Información, 4 Documentos de secretaría y 8 Documentos de Antecedentes a los temas del programa:

1.   Apertura de la reunión

2.   Aprobación del programa

3.   Deliberaciones estratégicas sobre el trabajo futuro del CPA

4.   Funcionamiento del CPA

5.   Cooperación con otras organizaciones

6.   Reparación y remediación del daño al medioambiente

7.   Implicaciones del cambio climático para el medio ambiente: enfoque estratégico

8. Evaluación del impacto ambiental

   a. Proyectos de evaluación medioambiental global

   b. Otros asuntos relacionados con la evaluación del impacto ambiental

9. Protección de zonas y planes de gestión

   a. Planes de gestión

   b. Sitios y monumentos históricos

   c. Directrices para sitios

   d. La huella humana y los valores de vida silvestre

   e. Protección y gestión del espacio marino

   f. Otros asuntos relacionados con el Anexo V

10. Conservación de la flora y fauna antárticas

    a. Cuarentena y especies no autóctonas

    b. Especies especialmente protegidas

    c. Otros asuntos relacionados con el Anexo II

11. Vigilancia ambiental e informes sobre el estado del medio ambiente

12. Informes de inspecciones

13. Asuntos generales

14. Elección de autoridades

15. Preparativos para la próxima reunión

16. Aprobación del informe

17. Clausura de la reunión

Tema 3. Deliberaciones estratégicas sobre el trabajo futuro del CPA

(5) Nueva Zelandia presentó el Documento de trabajo WP 10 *Portal de ambientes antárticos: Informe de progreso*, preparado conjuntamente por Australia, Bélgica, Noruega y el SCAR, que informaba sobre la evolución del Portal. Nueva Zelandia señaló que el Portal está dirigido a apoyar la labor del Comité, proporcionando información actualizada con base científica sobre los temas prioritarios tratados por el Comité. Nueva Zelandia hizo hincapié en dos aspectos

principales del Portal: la página web en sí, que incluye resúmenes informativos sobre cuestiones clave disponibles en los cuatro idiomas del Tratado, un servicio de búsqueda, un mapa interactivo y una sección sobre "asuntos emergentes"; y el proceso editorial de apoyo, mediante el cual se genera y se administra el contenido del Portal. Nueva Zelandia destacó los próximos pasos previstos en el desarrollo del Portal, incluyendo la búsqueda de financiamiento para apoyar el alojamiento a largo plazo del sitio web; la contratación de un editor para supervisar el desarrollo y la gestión de los contenidos del Portal y la finalización de la evolución técnica en sí. Para apoyar este trabajo adicional y garantizar que el Portal satisfaga las necesidades del CPA, Nueva Zelandia señaló su intención de establecer un Grupo de referencia a los efectos de intercambiar ideas y de procurar un proceso de retroalimentación.

(6)   Muchas Partes expresaron su apoyo a la iniciativa del Portal y su reconocimiento por el grado en que Nueva Zelandia ha respondido a las observaciones formuladas en la XVI Reunión del CPA.

(7)   El SCAR reiteró su pleno respaldo a la iniciativa del Portal y al potencial que ofrece para apoyar la función de asesoramiento del SCAR al Sistema del Tratado Antártico. En este sentido, el SCAR destacó la importancia que otorgaba a garantizar la fiabilidad y la independencia de los contenidos del Portal.

(8)   Al debatir sobre el futuro desarrollo del Portal, varios Miembros recomendaron que se considere la posibilidad de garantizar una composición equilibrada del Comité editorial propuesto y que se desarrollen términos de referencia claros para el Comité editorial con el fin de garantizar que el contenido del Portal sea apolítico y se base en investigaciones publicadas y revisadas por pares.

(9)   Argentina sugirió que el Comité editorial debería incluir miembros del CPA y expresó su interés en unirse a aquel, ofreciendo su ayuda para traducir al español los contenidos del Portal, a fin de reducir costos.

(10)   El Reino Unido concedió relieve a la necesidad de maximizar la utilización del Portal y de integrar la información que proporcionaría a los futuros debates del CPA.

(11)   En respuesta a una sugerencia de Francia, el SCAR señaló que sus limitados recursos no le permitirían estar en condiciones de asumir la responsabilidad de la gestión y mantenimiento del Portal, pero que sí jugaría un papel activo en el apoyo al proyecto y en la elaboración y revisión del contenido.

(12) Japón señaló su apoyo al Portal y a su riguroso proceso editorial, y comentó que si la Secretaría participa en la gestión del Portal en el futuro, entonces tendría que hacerlo de forma que los costos fuesen neutros.

(13) En respuesta a una pregunta de los Estados Unidos acerca de cómo se priorizaría la información en el Portal, Nueva Zelandia explicó que éste ha sido desarrollado sobre la base de los temas prioritarios establecidos en el plan de trabajo quinquenal del CPA, y que esto evolucionaría con el tiempo, junto con los cambios en las prioridades del CPA.

(14) En respuesta a una pregunta de Alemania en relación con el proceso de revisión por pares, Nueva Zelandia aclaró que se utilizaron revisiones secundarias realizadas por pares con el objeto de garantizar que los resúmenes informativos disponibles a través del Portal representasen una perspectiva equilibrada de la literatura especializada existente.

(15) Chile afirmó que es importante establecer términos de referencia claros que garanticen el contenido científico de la información del Portal para evitar problemas políticos e interpretaciones controversiales de datos que pudieran pasar por alto los procedimientos prescritos.

(16) Brasil también hizo hincapié en la importancia de contar con una representación equilibrada en el Comité editorial y de la literatura revisada.

(17) El Comité y la ASOC felicitaron calurosamente a Nueva Zelandia, Australia, Bélgica, Noruega y al SCAR por el progreso logrado en el Portal, respaldaron las recomendaciones contenidas en el Documento de trabajo, y alentaron a los patrocinadores del proyecto a completar el desarrollo del Portal antes de la XVIII Reunión del CPA.

(18) Argentina presentó el documento WP 47 rev.1 *Actividades de difusión con motivo del 25 aniversario de la firma del Protocolo al Tratado Antártico sobre Protección del Medio Ambiente*, preparado conjuntamente con Chile. Sugirió que, habida cuenta del próximo aniversario del Protocolo, los miembros deberían comenzar a desarrollar actividades de difusión a fin de generar conciencia acerca del Comité y de sus logros. Estas labores de difusión deberían orientarse hacia la comunidad internacional en general, y en particular, a la comunidad de los Estados Partes al Protocolo de Madrid, quienes han respaldado este trabajo. En particular, Argentina sugirió que se considere la posibilidad de preparar una publicación en línea, escrita en un

lenguaje sencillo para la comunidad en general, que pueda ser distribuida entre diversas instituciones gubernamentales y no gubernamentales, académicas y educativas, entre otras. Recomendó que el CPA: reconozca la importancia de difundir al público el trabajo del Comité; aliente el intercambio de ideas sobre actividades de difusión factibles, como por ejemplo, una publicación en línea; y consulte con la Secretaría del Tratado Antártico sobre la forma en que ésta podría respaldar esta propuesta.

(19) El Comité agradeció a Argentina y a Chile, y expresó su respaldo a dicha iniciativa. Varios miembros destacaron la necesidad de que el CPA considere el aniversario por adelantado y que piense en formas innovadoras de aumentar la visibilidad del Comité y de su trabajo.

(20) Algunos miembros plantearon sus inquietudes en cuanto a la publicación en línea propuesta, incluyendo la naturaleza de su contenido y la forma en que éste podría prepararse en forma oportuna. Noruega señaló que, no obstante su incertidumbre en cuanto a la función del Comité en actividades de divulgación habida cuenta de su papel como órgano de asesoramiento a la RCTA, el CPA, sin embargo, sería el órgano más indicado para difundir los logros del Comité. Australia informó que había trabajado en una lista de logros del CPA, la cual podía ser una referencia útil para el debate. Por otro lado, recordó al Comité que toda comunicación debía aprobarse mediante consenso, y sugirió que debía ser sucinta y basada en hechos. Brasil y Bélgica señalaron la pertinencia del documento WP 9 respecto de este tema. No obstante el Reino Unido reconoce la importancia de conmemorar los logros del CPA, se refirió a su deseo de que toda publicación debía ser honesta y con apego a la realidad en relación con los desafíos que debían afrontarse en el futuro. La ASOC afirmó que el 25° aniversario de la firma del Protocolo era la oportunidad para evaluar los éxitos y desafíos de implementar este instrumento.

(21) Noruega sugirió que el 25° aniversario sería una coyuntura adecuada para evaluar la eficacia de la dinámica entre el CPA como órgano asesor y la RCTA, incluyendo posiblemente un simposio, y señaló que analizaría la planificación de dicho evento en mayor profundidad con otros miembros interesados. En respuesta a la sugerencia de Noruega, Chile señaló su interés en respaldar un simposio que se realizaría en 2016, en forma previa a la XXXIX RCTA, con el objeto de concluir estos debates y de coordinar las actividades de difusión propuestas.

(22) En respuesta a las inquietudes planteadas, Argentina señaló que la propuesta no se trataba simplemente de destacar los éxitos alcanzados, sino también de cumplir con el deber de informar a la comunidad sobre las acciones realizadas para implementar las disposiciones del Protocolo de Madrid. Señaló que la propuesta se había planteado con dos años de antelación con el objeto de iniciar un debate y hacer que su implementación fuese factible. Agradeció a Australia por su valiosa contribución y por la puesta a disposición de la lista preliminar de los logros.

(23) El Comité acordó que la redacción de toda publicación debe ser convenida por consenso y, por lo tanto, deberá ser además sucinta y basada en hechos. Asimismo, acordó que, además de destacar los logros realizados, es vital considerar los desafíos actuales y aquellos que comienzan a presentarse en el medioambiente antártico, tales como los identificados en el plan de trabajo quinquenal del CPA. Además destacó el trabajo realizado por Australia en la elaboración de una lista de logros del CPA, la cual puede ser una referencia útil para el debate.

(24) El Comité convino en continuar con los debates informales en esta materia durante el periodo entre sesiones.

(25) El Comité revisó y actualizó su Plan de trabajo quinquenal (ver Apéndice 1).

Tema 4. Funcionamiento del CPA

(26) La Secretaría presentó el Documento de Secretaría SP 7 *Plan de trabajo estratégico plurianual de la RCTA: Informe de la Secretaría sobre los requisitos de Intercambio de información y el Sistema electrónico de intercambio de información.* El documento presenta un examen de los actuales requisitos de intercambio de información y su evolución, un resumen de los resultados de los debates informales sobre la materia tanto en el seno de la RCTA como del CPA, una lista de los asuntos pendientes y un informe del funcionamiento del Sistema Electrónico de Intercambio de Información (SEII). La Secretaría señaló que el documento se analizaría en profundidad durante la RCTA.

(27) Varios miembros elogiaron a la Secretaría por el eficiente desarrollo del SEII y reiteraron que el intercambio de información era fundamental para el funcionamiento del Tratado. Nueva Zelandia se refirió al documento WP 55 *Revisión de los requisitos de intercambio de información,* presentado a

la RCTA por Australia, y observó que podría darse la oportunidad de que el Comité asesore a la RCTA en su consideración del sistema de intercambio de información. Australia señaló que había presentado a la RCTA el documento WP 55 en virtud de la prioridad identificada en el plan de trabajo estratégico plurianual de la RCTA relativa a realizar una revisión completa de los requisitos de intercambio de información. Varios miembros convinieron que el CPA debería proporcionar asesoramiento en cuanto a los requisitos para la presentación de informes relacionados con el medioambiente, en caso de que la RCTA decidiera llevar a cabo una revisión, y señalaron que esta sugerencia había sido presentada en el documento WP 55.

(28) Alemania respaldó plenamente una revisión completa del SEII y la creación de un GCI sobre esta materia. Sin embargo, Alemania señaló que hay tres niveles del SEII que necesitan de desarrollo: (1) el contenido, (2) la funcionalidad y (3) la presentación de informes confiables y completos en los plazos establecidos. Alemania señaló que el documento WP 55 se centraba en (1), en tanto en opinión de Alemania los principales problemas radican en (2) y (3), sobre los cuales se debería por lo tanto prestar atención.

(29) El Comité manifestó su acuerdo e interés en contribuir a los debates sobre los requisitos de intercambio de información medioambiental, así como en esperar las conclusiones de los debates de la RCTA sobre el documento WP 55.

(30) El siguiente documento se presentó también en este tema del programa:

- Documento de información IP 97 *CEP XVII – Work done during the intersession period* (Francia)

Tema 5. Cooperación con otras organizaciones

(31) El COMNAP presentó el documento IP 3 *Informe anual de 2013 del Consejo de Administradores de los Programas Antárticos Nacionales (COMNAP)* y puso de relieve el Taller sobre gestión de aguas residuales que se realizará en Christchurch en agosto de 2014. El documento señaló además que el COMNAP celebró su 25° aniversario con la publicación del libro *A Story of Antarctic Cooperation: 25 Years of the Council of Managers of National Antarctic Programs [Historia de la Cooperación Antártica: 25 Años del Consejo de Administradores de los Programas Antárticos Nacionales]*. Otros puntos destacados del año pasado incluyeron el otorgamiento de membresía

al Programa Nacional Antártico de la República Checa y el desarrollo de la página web de Búsqueda y Salvamento (SAR).

(32) El observador del CC-CRVMA presentó el documento IP 10 *Informe presentado por el Observador del CC-CRVMA a la Décimo Séptima Reunión del Comité para la Protección del Medio Ambiente*. Al igual que en años anteriores, el documento se centró en los cinco asuntos de interés común para el CPA y el CC-CRVMA de acuerdo a lo identificado en 2009 en su taller conjunto: a) Cambio climático y medioambiente marino de la Antártida; b) Biodiversidad y especies no autóctonas en el medioambiente marino de la Antártida; c) Especies antárticas que requieren protección especial; d) Gestión de espacios marinos y zonas protegidas; e) Vigilancia del ecosistema y el medio ambiente. El informe completo de la 32° Reunión de la CCRVMA está disponible en el sitio web de la CCRVMA, *http://www.ccamlr.org/en/meetings/27*.

(33) El Observador del CC-CRVMA llamó la atención del Comité sobre la naturaleza transversal de los efectos del cambio climático. Puso de relieve que resultaba altamente probable que el aumento del calentamiento y de la acidificación afectaran los ecosistemas marinos durante el presente siglo. Consecuentemente, informó al Comité que el cambio climático sería prioridad durante la XXXIII reunión del Comité Científico de la CCRVMA.

(34) El SCAR presentó el documento IP 13 *Informe anual del Comité Científico de Investigación Antártica (SCAR) para el período 2013/2014* y destacó diversos ejemplos de sus actividades. Estas incluyeron el inicio en 2013 de cinco nuevos Programas de investigación científica, específicamente, el Estado del ecosistema antártico (AntEco), Umbrales Antárticos: adaptación y resiliencia del ecosistema (AnT-ERA), y Cambio climático antártico en el siglo XXI (AntClim21). Varios de los demás grupos del SCAR también revisten interés para el trabajo del CPA, como por ejemplo, el grupo a cargo de la investigación sobre Acidificación del Océano Austral, el cual publicará un informe al respecto en agosto de 2014; el grupo involucrado con los Valores de Patrimonio Geológico; el grupo relacionado con la Contaminación medioambiental en la Antártida; y el grupo que trabaja con teledetección para la observación de poblaciones de aves y animales. Además, el SCAR publica una actualización anual del Informe sobre el cambio climático y el medioambiente antártico. El SCAR realizó una búsqueda sistemática de los horizontes científicos en Nueva Zelandia en abril de 2014, luego de haber procedido a una colaboración abierta entre casi 500 científicos nominados por

la comunidad del SCAR para responder a más de 850 preguntas científicas únicas. Los setenta participantes seleccionados identificaron una lista con las ochenta preguntas científicas más importantes que deben ser respondidas por medio de la investigación científica en la Antártida y en el Océano Austral más allá de los próximos veinte años. El SCAR, en colaboración con varios asociados, trabaja en el desarrollo de una estrategia llamada *Conservación de la Antártida en el siglo XXI*. Además, en septiembre de 2013 se realizó un Taller exploratorio sobre soluciones prácticas, y se llevará a cabo un simposio en agosto de 2014. La trigésimo tercera Reunión del SCAR y la Conferencia Abierta de Ciencias tendrán lugar en Auckland, Nueva Zelandia, desde el 22 de agosto hasta el 03 de septiembre de 2014.

(35)   El Comité estuvo de acuerdo en enviar a los observadores del CPA a los siguientes eventos: el Dr. Yves Frenot representaría al Comité en la próxima reunión del COMNAP en Christchurch, Nueva Zelandia, entre el 27 y el 29 de agosto próximo; la Dra. Polly Penhale representaría al CPA ante la XXXIII Reunión de la CCRVMA en Hobart, entre el 20 y el 31 de octubre; y la Sra. Verónica Vallejos representaría al CPA en las reuniones de la XXXIII Reunión del SCAR y la Conferencia Abierta de Ciencias, en Auckland, entre el 22 de agosto y el 3 de septiembre próximo.

(36)   En relación con este tema del programa se presentaron también los siguientes documentos:

- Documento de antecedentes BP 9 *The Scientific Committee on Antarctic Research (SCAR) Selected Science Highlights for 2013/14* (SCAR)

- Documento de antecedentes BP 14 *Antarctica New Zealand Membership of the International Union for Conservation of Nature (IUCN)* (Nueva Zelandia)

Tema 6. Reparación y remediación del daño al medioambiente

(37)   Australia presentó el documento WP 28 *Actividades de limpieza de la Antártida: Lista de verificación para la evaluación preliminar de sitios*, en el que se sugiere una lista de verificación para la evaluación de sitios. El documento recomienda la inclusión de la Lista de verificación para la Evaluación preliminar de sitios en la sección 3 del Manual sobre Limpieza del CPA, aprobado por medio de la Resolución 2 (2013), como un recurso a disposición de aquellos que planifiquen o emprendan actividades de limpieza

en la Antártida. La lista de verificación identifica de manera amplia categorías de información e información pormenorizada más específica, que puede ser utilizada para documentar el sitio y para informar etapas posteriores del proceso de limpieza.

(38) Luego de realizar las modificaciones menores sugeridas por Francia, Argentina y el Reino Unido, el Comité convino en incluir la lista de verificación en el Manual sobre Limpieza del CPA.

(39) Brasil presentó el documento IP 7 *Remediation Plan for the Brazilian Antarctic Station area [Plan de remediación para la zona de la Estación antártica de Brasil],* e informó sobre el progreso realizado respecto a la remediación del sitio donde la Estación Comandante Ferraz había sido destruida por el fuego. En virtud del Anexo III al Protocolo y del Manual sobre Limpieza, el Programa Antártico Brasileño inició el desarrollo de un plan de remediación para la zona en torno a la estación, con la finalidad de reducir a un mínimo el impacto sobre el medioambiente antártico. Brasil realizó una presentación informativa sobre las actividades que se llevan actualmente a cabo en el sitio.

(40) El Comité elogió a Brasil por su esfuerzo en la implementación de un plan de remediación. Australia agradeció a Brasil por informar al CPA sobre el progreso del proyecto e instó a dicho país a continuar la entrega de información sobre los métodos y la eficiencia de las actividades realizadas, con el objeto de promover el intercambio de experiencias sobre remediación.

(41) En respuesta a una pregunta formulada por Chile, Brasil explicó que la Marina brasileña encomendó la creación de un comité independiente de estudio para evaluar los impactos ambientales, el cual es también responsable de la aprobación de la reconstrucción de la base.

(42) El CPA agradeció a Brasil su información sobre el proyecto de remediación y expresó su interés en continuar recibiendo información actualizada al respecto.

(43) En relación con este tema del programa se presentó también el siguiente documento:

- Documento BP 18 *Tareas de Gestión Ambiental en la Base Belgrano II* (Argentina)

Tema 7. Implicaciones del cambio climático para el medioambiente: enfoque estratégico

(44) Noruega y el Reino Unido presentaron en conjunto el documento WP 8 *Informe del GCI sobre cambio climático*, que informa sobre los resultados de los debates entre sesiones de este GCI. Se recordó al Comité que el objetivo fundamental del GCI es el de desarrollar un Programa de trabajo de respuesta para el cambio climático (CCRWP) para el CPA. El GCI estuvo de acuerdo en una metodología gradual para el desarrollo de dicho Programa de trabajo de respuesta para el cambio climático. Durante el primer periodo entre sesiones, el GCI: (1) consideró la situación de las recomendaciones de la Reunión de Expertos del Tratado Antártico (RETA) sobre los impactos del cambio climático (2010) con relevancia para el CPA, (2) clasificó y sistematizó los temas/asuntos asociados al cambio climático incorporados en las recomendaciones de la RETA; (3) consideró e identificó las decisiones/medidas puestas en marcha o ya adoptadas por el CPA en relación con los asuntos y temas identificados; y (4) comenzó a reflexionar sobre cuáles eran las necesidades restantes y las acciones requeridas por el CPA, las cuales conformarían la base de la próxima ronda del CCRWP. Por otro lado, los coordinadores del GCI alentaron e invitaron a los miembros a participar activamente en el desarrollo de la fase final del proceso. Durante las deliberaciones, el GCI también señaló que podría ser útil debatir sobre si sería necesario establecer un objetivo general que proveyera orientación y definiera el alcance del plan para el CCRWP.

(45) Varios Miembros y Observadores elogiaron el trabajo del GCI y resaltaron la importancia de abordar los efectos del cambio climático en la Antártida. Nueva Zelandia señaló que el Portal de Medioambientes Antárticos sería una provechosa herramienta para informar los debates en torno a las respuestas de gestión apropiadas en esta materia.

(46) Sin dejar de reconocer la importancia de abordar tales efectos, Brasil y China expresaron su opinión en cuanto a que el programa de trabajo debería tener en cuenta los resultados de los debates en otros foros multilaterales, como la Convención Marco de las Naciones Unidas sobre Cambio Climático (CMNUCC) y su Protocolo de Kioto. Chile afirmó que el CPA debe tener en cuenta la preocupación mundial acerca del cambio climático y que las circunstancias al momento de la firma del Protocolo de Madrid habían cambiado debido al avance de la ciencia y de la tecnología. Argentina también destacó la importancia de limitar los debates relacionados con el

cambio climático a las consecuencias de éste sobre la Antártida. Además enfatizó que ninguna recomendación debería imponer responsabilidades que no respeten los principios del régimen internacional sobre el cambio climático, en particular, el principio de responsabilidades comunes pero diferenciadas.

(47) Nueva Zelandia y Australia se refirieron a la sugerencia del GCI de definir un objetivo general, y expresaron su acuerdo en cuanto a que éste proveería orientación y definiría el alcance del trabajo del GCI.

(48) El Comité reconoció el progreso del trabajo realizado por el GCI sobre cambio climático y expresó su acuerdo con que este grupo continúe su trabajo y complete las tareas relacionadas con la fase final del proceso a fin de cumplir con los requisitos pendientes de sus términos de referencia. Al refrendar el trabajo del GCI, el Comité demandó una mayor participación de todos los miembros en el proceso.

(49) El Comité acordó además solicitar a la Secretaría continuar con la actualización del resumen de las recomendaciones de la RETA (por el momento, la versión actualizada del Documento de la Secretaría SP 7 de la XXXVI RCTA), conforme a las recomendaciones de la XIV Reunión del CPA.

(50) Estados Unidos presentó el documento WP 40 *Impulso al seguimiento coordinado del cambio climático en la Antártida,* preparado en conjunto con el Reino Unido y Noruega. Dada la importancia de los problemas relacionados con el cambio climático y la constante atención que brindan la RCTA, el CPA y el CC-CRVMA a estos asuntos, en el documento propone que la RCTA continúe desarrollando nuevos sistemas de observación para una mejor comprensión de los procesos climáticos. En particular, recomendó que la RCTA promueva esfuerzos por (1) fortalecer la coordinación en el abordaje de las prioridades de investigación climática como medio para mejorar los actuales esfuerzos de observación y comprender mejor los requisitos de observación, en especial aquellos que conducirían a mejorar la comprensión de la Antártida a una escala sistémica integral; y (2) continuar el apoyo a la cooperación entre el CPA y el CC-CRVMA en las áreas de interés común, entre las que se incluye la vigilancia del ecosistema y el medioambiente, a través de la realización periódica de talleres.

(51) Los miembros agradecieron a los proponentes por llamar la atención acerca de la necesidad de aumentar los esfuerzos por coordinar la observación de los

impactos producidos por el cambio climático. El SCAR señaló las diversas iniciativas de observación a gran escala en progreso o ya implementadas, como por ejemplo, el Sistema de Observación del Océano Austral (SOOS) (documento IP 14, *Report on the 2013-2014 activities of the Southern Ocean Observing System (SOOS)*) y el Taller para el desarrollo de un Sistema de observación terrestre y del medio marino adyacente (ANTOS), y ofreció apoyo para contactar a los Miembros con los organismos del SCAR encargados de tratar este asunto. El COMNAP hizo hincapié en los costos relacionados con los programas de vigilancia, y destacó la observación de Estados Unidos en el documento WP 40, en relación con la necesidad de garantizar los apropiados recursos para tales programas. La CCRVMA además concordó en que el Comité y el CC-CRVMA compartían un interés común en la vigilancia del ecosistema y del medioambiente, específicamente en relación con el impacto del cambio climático sobre el medioambiente marino.

(52)   El CPA analizó la propuesta en el documento WP 40 sobre la conveniencia de un segundo taller conjunto del CPA y el CC-CRVMA, y en principio, se mostró favorable. El ámbito general de dicho taller podría consistir en identificar los efectos del cambio climático que se consideran con mayor probabilidad de generar un impacto en la conservación de la Antártida, e identificar las actuales y posibles fuentes de datos de investigación y seguimiento con relevancia para el CPA y el CC-CRVMA.

(53)   El CPA agradeció la oferta del Observador del CPA al CC-CRVMA (Dra. Penhale) de coordinar un grupo informal de debate para seguir desarrollando el marco general de un taller. Por otro lado, el CPA alentó a sus miembros a que consultaran con sus respectivos delegados del CC-CRVMA a fin de estar preparados para el análisis de este asunto durante la XXXIII Reunión del CC-CRVMA.

(54)   El CPA señaló que el lugar y momento en que se realice el taller debería facilitar la máxima participación del CPA y del Comité Científico de la CCRVMA, y consideró que la planificación de un taller para 2016 permitiría una colaboración adecuada dados los calendarios de las reuniones del CPA y del CC-CRVMA.

(55)   Chile señaló que sería el país organizador de la Reunión del CPA en 2016, y que dicho plazo le permitiría planificar el taller en conjunto con la organización de la XIX Reunión del CPA.

(56) El Reino Unido presentó el documento WP 46 *Prueba de la herramienta de planificación para la conservación RACER, Evaluación rápida de la resiliencia del ecosistema que rodea al Ártico del WWF en la Antártida*, preparado en conjunto con Alemania, Noruega y España, y el documento IP 94 rev. 1, *Antarctic trial of WWF's Rapid Assessment of Circum-Arctic Ecosystem Resilience (RACER) Conservation Planning Tool – methodology and trial outcomes*. RACER se centra en la identificación de fuentes de resiliencia en lugar de fuentes de vulnerabilidad; y en la función ecológica, en lugar de las especies individuales. La XV Reunión del CPA había refrendado un ensayo para poner a prueba la posibilidad de aplicar la metodología RACER en la Antártida terrestre. El ensayo, realizado por 17 especialistas provenientes de Australia, Chile, China, Alemania, la Federación de Rusia, España y el Reino Unido, se había concentrado en la Región biogeográfica de conservación de la Antártida (RBCA) 3 (Noroeste de la Península Antártica). Los primeros resultados del ensayo para esta parte de la Península Antártica terrestre relativamente productiva y diversa indicaron que la metodología y el concepto de RACER tenían valor en el contexto de la Antártida, si bien presentaban algunas limitaciones y dificultades. La prueba identificó una serie de zonas que se consideran importantes en términos de conservación sobre la base de su probable resiliencia al cambio climático. Algunas de esas zonas estaban ubicadas en ZAEP existentes, en tanto que otras aún no se encontraban protegidas en virtud del Anexo V.

(57) El Reino Unido señaló el potencial valor de esta herramienta para la planificación de la conservación como fuente de información para el desarrollo ulterior del Sistema de Zonas Antárticas Protegidas y para el seguimiento y revisión de las actuales ZAEP.

(58) Al señalar que la resiliencia debería ser un factor clave en la designación y revisión de las zonas protegidas, varios miembros felicitaron a los proponentes y expresaron su voluntad de contribuir en el desarrollo de la herramienta RACER para complementar las actuales medidas de protección medioambiental. En respuesta a un interrogante planteado por Chile, el Reino Unido indicó que continuaría el trabajo con RACER de manera ágil pero informal, y que acogería de buen grado a todos los miembros interesados en participar en el trabajo entre sesiones.

(59) España señaló que el uso de vehículos aéreos no tripulados (UAV) y teledetección, tal como se utilizan en el Ártico, resultaría útil en un enfoque ecosistémico que se centre en zonas remotas.

(60) Argentina señaló que la metodología alcanzaría su máximo potencial en lugares remotos, puesto que algunas ubicaciones ya cuentan con una gran cantidad de información de seguimiento *in situ* y ya han sido estudiadas.

(61) El Comité respaldó las recomendaciones contenidas en el documento WP 46, y:

- basándose en los resultados del ensayo con RACER, y considerando el acelerado cambio climático en la Península Antártica, alentó a las Partes a tomar en cuenta la resiliencia en la designación, gestión y revisión de las zonas protegidas;

- reconoció a RACER como una posible herramienta para determinar características clave con importancia para conferir resiliencia (teniendo en cuenta que puede adaptarse para su uso en partes más productivas y diversas de la Antártida), y a considerar que proteger zonas que son resilientes al cambio climático puede, en última instancia, ser de ayuda en la protección a largo plazo de la biodiversidad; y

- alentó un continuo respaldo a una mayor colaboración entre los expertos interesados en investigar la aplicabilidad de la metodología RACER en la Antártida.

(62) La Organización Meteorológica Mundial (OMM) presentó el documento IP 29 *WMO-led developments in Meteorological (and related) Polar Observations, Research and Services*, y llamó la atención del Comité con relación a los servicios, investigaciones y observaciones meteorológicas (y los aspectos relacionados) que resultaron de este trabajo. Esto incluía la Red de Observación Antártida, la Vigilancia de la Criósfera Global (VCG) de la OMM y su red de observación principal CryoNet, el Sistema Mundial Integrado de Predicciones Polares y el Marco Mundial para los Servicios Climáticos con sus Centros Meteorológicos Regionales y Foros Regionales Polares de Perspectivas Climáticas.

(63) El SCAR presentó el documento IP *39 SCAR engagement with the United Nations Framework Convention on Climate Change (UNFCCC)* y el documento IP 60, *Antarctic Climate Change and the Environment – 2014 Update*. El SCAR señaló haber asistido en 2013 a una reunión de la Convención Marco de las Naciones Unidas sobre Cambio Climático (CMNUCC) en Bonn y a la Conferencia de las Partes de la CMNUCC en Varsovia, en donde había difundido la actualización del Resumen ejecutivo

del Informe sobre el Cambio Climático y el Medioambiente en la Antártida (ACCE). También dio a conocer que el grupo del Informe ACCE iniciará en 2014 una versión "wiki" de dicho informe.

(64)   La ASOC presentó el documento IP 68 *Antarctic Climate Change Report Card 2014* y el documento IP 74 *The West Antarctic Ice Sheet in the Fifth Assessment Report of the Intergovernmental Panel on Climate Change (IPCC): a key threat, a key uncertainty*, sobre las conclusiones fundamentales de la investigación sobre cambio climático en la Antártida durante los últimos dos años.

(65)   La ASOC presentó el documento IP 72 *Near-term Antarctic Impacts of Black Carbon and Short-lived Climate Pollutant Mitigation.* El documento se refería al informe "On Thin Ice" (Sobre la delgada capa de hielo), publicado en conjunto con el Banco Mundial y la Iniciativa Internacional para el Clima de la Criósfera (ICCI, por sus siglas en inglés) en noviembre de 2013, que revelaba una sorprendente cantidad de beneficios climáticos en la Antártida producto de la reducción del carbono negro, en términos de una reducción del forzamiento radioactivo en la región antártica.

Tema 8. Evaluación del impacto ambiental (EIA)

8a) Proyectos de evaluación medioambiental global

(66)   China presentó el documento WP 16 *Proyecto de evaluación medioambiental global para la construcción y operación de la nueva estación de investigación china, en la Tierra de Victoria, en la Antártida,* el documento IP 37 *Proyecto de evaluación medioambiental global para la construcción y operación de la nueva estación de investigación china, en la Tierra de Victoria, en la Antártida,* y el documento IP 54 *The Initial Responses to the Comments on the Draft CEE for the construction and operation of the New Chinese Research Station, Victoria Land, Antarctica.* El proyecto de CEE proporciona información acerca de la construcción y operación de una nueva estación de investigación china en la isla Inexpressible, bahía de Terra Nova en el Mar de Ross, y se elaboró de conformidad con el Anexo I al Protocolo del Medio Ambiente y con los *Lineamientos para la Evaluación del impacto ambiental en la Antártida* (Resolución 4 (2005)). China agradeció a los miembros por sus comentarios iniciales sobre el proyecto de CEE y realizó una presentación informativa sobre la construcción propuesta.

(67) Estados Unidos presentó el documento WP 43 *Informe del Grupo de contacto intersesional abierto establecido para considerar el proyecto de CEE para la "Construcción y operación propuestas de una nueva estación de investigación china en Tierra de Victoria, en la Antártida"*. El GCI felicitó a China por sus esfuerzos por reducir a un mínimo el impacto medioambiental, incluidos sus planes de construcción de la estación utilizando módulos prefabricados con objeto de reducir los escombros producidos por la construcción en el lugar, el uso de tecnologías modernas para reducir el consumo energético y las emisiones a la atmósfera, el uso de energías renovables, y la reducción de la descarga de residuos. El GCI informó al Comité que, en general, el proyecto de CEE era claro, y estaba bien estructurado y bien presentado. Concordó en que la información contenida en el proyecto de CEE respaldaba la conclusión del proponente de que es probable que la construcción y operación de la nueva estación china tenga un impacto mayor que mínimo o transitorio sobre el medio ambiente. El GCI también señaló que, en el caso de que China decida proceder con la actividad propuesta, el CEE final debe abordar varios asuntos que se detallan en el informe.

(68) El Comité agradeció a China por su presentación, por hacer frente a muchas de las preocupaciones iniciales de los miembros y por la valiosa información proporcionada en el IP 54, en respuesta a las observaciones y preocupaciones planteadas en el debate entre sesiones. Agradeció además a Estados Unidos por su excelente trabajo como coordinador del GCI.

(69) Nueva Zelandia recordó que las disposiciones sobre EIA del Protocolo del Medio Ambiente requieren que la planificación de todas las actividades en la Antártida se realice siempre contando con la información suficiente para elaborar evaluaciones previas y juicios razonados sobre su posible impacto en el medio ambiente antártico. Agregó que era importante para los operadores nacionales establecer altos estándares sobre EIA y señaló que el proceso de revisión de la CEE fue una oportunidad para que los miembros se apoyasen mutuamente para alcanzar dichos estándares.

(70) Varios Miembros plantearon observaciones específicas sobre el proyecto de CEE de China, incluyendo la necesidad de: información más detallada sobre la justificación científica para el establecimiento de una nueva estación en esta zona; información de línea de base o "estado de referencia" del sitio elegido sustancialmente mejorada, en especial en lo que respecta a la fauna y flora del área, así como al medio ambiente marino cercano a la costa; una evaluación mejorada de los impactos acumulativos de la estación, dada su

proximidad a otras estaciones en la zona; y mayor información sobre la red de aviación prevista en el proyecto de CEE.

(71) En respuesta a un comentario formulado por Alemania en cuanto a que los métodos de gestión de residuos propuestos por China no cumplían con los requisitos de la mejor tecnología disponible, China señaló haber investigado en forma exhaustiva este asunto y haber comparado el método escogido contra métodos alternativos. China invitó a los expertos alemanes a participar en su investigación y puesta a prueba de métodos de gestión de residuos.

(72) Francia y la ASOC sugirieron que los miembros deberían explorar nuevas formas de colaboración, como por ejemplo, compartir la infraestructura o proporcionar asistencia en el desmantelamiento de estaciones sin planes de ser reactivadas.

(73) Italia pidió a China que facilite mayor información a las Partes del Tratado Antártico acerca de sus futuras actividades de investigación científica en el área de la Tierra de Victoria, e hizo hincapié en que la información relevante relacionada con la bibliografía, conforme a lo informado a la RCTA en el documento IP 90, *Scientific activities in Terra Nova Bay: a brief overview of the Italian National Antarctic Program [Actividades científicas en la bahía Terra Nova: breve descripción del programa antártico nacional italiano]*, se debería considerar debidamente en futuras actividades de investigación.

(74) Estados Unidos señaló que recibiría con agrado el contacto directo con China para discutir posibles instancias de cooperación y colaboración.

(75) La República de Corea expresó sus esperanzas de que el plan de China contribuya a la capacidad regional de investigación científica y que conduzca al fortalecimiento de la red de cooperación internacional. Corea recomendó que China dé lugar a la asesoría y sugerencias de las Partes, con miras a una estación ecológica que sirva como una plataforma científica bien diseñada, e indicó su disposición a prestar apoyo y asistencia a ese país.

(76) Como comentario general, Australia comentó que es muy conveniente para el debate del CPA sobre los proyectos de CEE el contar con un documento que presenta las respuestas iniciales del proponente a los comentarios surgidos durante el proceso de análisis durante el debate entre sesiones, como la información proporcionada por China en el IP 54.

(77)   En respuesta a estos comentarios, China reconoció la necesidad de ampliar la disponibilidad de las instalaciones en la Antártida a fin de respaldar las actividades de sus científicos. Señaló la importancia científica de la región del Mar de Ross, debido a su posible influencia en el clima de China, y expresó su deseo de fortalecer la cooperación internacional en la región del Mar de Ross. China aseguró al Comité que proporcionaría más información y detalles sobre todas las cuestiones pendientes en la versión final de la CEE, y agradeció los nuevos aportes de los Miembros.

Asesoramiento del CPA a la RCTA sobre el proyecto de CEE preparado por China para la Propuesta de construcción y operación de una nueva estación de investigación china, en Tierra de Victoria, Antártida

(78)   El Comité analizó en forma exhaustiva el proyecto de Evaluación medioambiental global (CEE) preparado por China para la *"Propuesta de construcción y operación de una nueva estación de investigación china, en Tierra de Victoria, Antártida"* (documento WP 16). El Comité examinó el informe de Estados Unidos del GCI (WP 43), establecido para examinar el proyecto de CEE de conformidad con los *Procedimientos para la consideración intersesional de proyectos de CEE,* y la información proporcionada por China en una primera respuesta a los comentarios del GCI (IP 54). El Comité analizó además la información proporcionada por China durante la Reunión en respuesta a los asuntos planteados durante el trabajo del GCI.

(79)   Habiendo considerado el proyecto de CEE en su totalidad, el Comité recomendó a la XXXVII RCTA lo siguiente:

1)   El proyecto de CEE cumple en forma general con los requisitos contenidos en el Artículo 3 del Anexo I al Protocolo al Tratado Antártico sobre Protección del Medioambiente.

2)   El proyecto de CEE, en general, es claro, bien estructurado y está bien presentado, si bien el CEE final mejoraría con la adición de mejor cartografía (en particular sobre las ubicaciones del edificio y de las instalaciones, en relación con la presencia de vida silvestre y SMH) y mejores imágenes a escala con rótulos y leyendas.

3)   La información contenida en el proyecto de CEE respalda la conclusión del proponente de que es probable que la construcción y operación de

la base china tenga un impacto mayor que mínimo o transitorio sobre el medioambiente.

4) Si China decide continuar con la actividad propuesta, hay ciertos aspectos para los que se debe proporcionar información o explicaciones adicionales en la CEE final requerida. En particular, se llama la atención de la RCTA sobre la recomendación de proporcionar más información acerca de:

- el programa científico planificado, especialmente en relación con los otros programas nacionales en la región de la bahía de Terra Nova y el mar de Ross;

- el estado de referencia medioambiental inicial, enfocado en la geología de la región, las comunidades de suelo y agua dulce y comunidades marinas cercanas a la costa, y la distribución y abundancia de las comunidades de flora y fauna;

- la descripción de los métodos utilizados para pronosticar los impactos de la actividad propuesta;

- las medidas de mitigación relacionadas con las especies no autóctonas, la gestión de combustible y producción de energía, y la perturbación e impacto potenciales sobre la flora, la fauna y los SMH cercanos;

- el posible impacto acumulativo de las actividades de investigación científica de los múltiples programas nacionales que operan en la región de la bahía de Terra Nova;

- mayor información acerca de la producción de energía eólica, debido a la condición de extrema variabilidad y velocidad del viento en la ubicación propuesta;

- la gestión de residuos, incluidas las alternativas al incinerador de pirólisis magnética propuesto;

- los planes de desmantelamiento de la estación;

- el programa de observación medioambiental previsto; y

- las oportunidades de sostener un diálogo sobre cooperación y colaboración con los otros programas nacionales en la región de la bahía de Terra Nova y el mar de Ross, así como también con otros programas nacionales.

(80) Belarús presentó el documento WP 22 *Construcción y operación de la estación de investigación antártica belarusa en Monte Vechernyaya, Tierra de Enderby: Proyecto de evaluación medioambiental global.* El proyecto de CEE proporciona los fundamentos para la construcción de la estación de investigación antártica belarusa en los montes Tala, Tierra de Enderby. Éste se elaboró en conformidad con el Anexo I al Protocolo del Medio Ambiente y los *Lineamientos para la Evaluación del Impacto Ambiental en la Antártida* (Resolución 4 (2005)). Belarús informó al Comité que la construcción de la primera etapa de las instalaciones de la estación se llevaría a cabo entre los años 2014 y 2018, y realizó una presentación de los pormenores del proyecto.

(81) Australia presentó el documento WP 27, *Informe del grupo de contacto intersesional abierto establecido para considerar el proyecto de Evaluación Medioambiental Global para la "Construcción y operación de la estación de investigación antártica belarusa en Monte Vechernyaya, Tierra de Enderby".* El documento señala que los participantes del GCI felicitaron a Belarús por sus planes de utilizar un diseño compacto para la estación utilizando energías renovables, de desarrollar la cooperación internacional, y de implementar un programa de observación y respuesta a los impactos producidos por la actividad propuesta. El GCI informó que, en general, el proyecto de CEE estaba claro, bien estructurado y bien presentado, y que, en términos generales, se ajustaba a los requisitos del Artículo 3 del Anexo I del Protocolo de Protección Ambiental. Informó además que la información contenida en el proyecto de CEE no respalda adecuadamente la conclusión de que los impactos de la actividad propuesta probablemente serán menores o transitorios. El GCI sugirió que en caso de que Belarús fuera a proceder con la actividad propuesta, habría una serie de aspectos sobre los cuales debería suministrarse mayor información en la CEE final.

(82) El Comité agradeció a Belarús por su presentación, destacando su respuesta a varias cuestiones planteadas durante los debates sostenidos en el período entre sesiones. El Comité también agradeció a Australia por la coordinación del GCI.

(83) La Federación de Rusia sostuvo que cooperaría con Belarús en varios aspectos de la iniciativa, incluidos los aspectos logísticos y de eliminación de residuos. Francia agradeció el retiro de residuos planificado por Belarús y la Federación de Rusia.

(84) Varios miembros plantearon observaciones específicas sobre el proyecto de CEE de Belarús, como por ejemplo, la necesidad de agregar más información acerca de las actividades de investigación previstas en la nueva estación,

una mayor consideración de lugares alternativos; una mejor descripción del estado inicial de referencia, incluyendo la de los lagos cercanos, y mayor información sobre los planes para el manejo de combustibles y residuos.

(85) Bélgica sugirió que las Partes que presenten proyectos de CEE podrían aplicar modernas técnicas moleculares para caracterizar la diversidad de la biodiversidad microbiana y de pequeño tamaño, a fin de evaluar mejor posibles impactos sobre microhábitats.

(86) Noruega, Nueva Zelandia, los Países Bajos y el Reino Unido recordaron al Comité que, según el Tratado Antártico, la construcción de una estación de investigación en la Antártida no era un requisito previo para alcanzar el estatus consultivo, en referencia a una declaración en el proyecto de CEE que implicaba tal requisito. Los Países Bajos mencionaron que, basada en su actividad científica en la zona comprendida por el Tratado Antártico, había sido una Parte Consultiva durante muchos años antes de la apertura de su instalación científica en 2013. El Reino Unido se refirió en términos positivos el haber acogido la instalación antártica holandesa y recibió con beneplácito el aumento de la cooperación entre los programas antárticos nacionales.

Asesoramiento del CPA a la RCTA sobre el proyecto de CEE preparado por Belarús para la *"Construcción y operación de una estación de investigación antártica belarusa en Monte Vechernyaya, Tierra de Enderby"*

(87) El Comité analizó en profundidad la Evaluación medioambiental global (CEE) preparada por Belarús para la *"Construcción y operación de una estación de investigación antártica belarusa en Monte Vechernyaya, Tierra de Enderby"* (documento WP 22). Analizó además el informe presentado por Australia acerca del GCI establecido para considerar el proyecto de CEE de conformidad con los *Procedimientos entre sesiones del CPA para considerar Proyectos de CEE* (documento WP 27), y la información adicional proporcionada por Belarús en su presentación durante la Reunión en respuesta a los inconvenientes planteados en el GCI.

(88) Habiendo considerado el proyecto de CEE en su totalidad, el Comité recomendó a la XXXVII RCTA lo siguiente:

1. El proyecto de CEE cumple en forma general con los requisitos contenidos en el Artículo 3 del Anexo I al Protocolo al Tratado Antártico sobre Protección del Medioambiente.

2. Si Belarús decide continuar con la actividad propuesta, hay ciertos aspectos para los que se debe proporcionar más información o aclaración en la CEE final requerida. En particular, se llama la atención de la RCTA sobre la recomendación de proporcionar mayor información acerca de:

- la descripción de la actividad propuesta, en particular las actividades científicas previstas, instalaciones científicas e infraestructura auxiliar, y planes de desmantelamiento de la estación;

- las posibles ubicaciones alternativas, especialmente la alternativa de ubicar nuevas instalaciones dentro de la zona ocupada por el campamento de base de Monte Vechernyaya;

- algunos aspectos del estado de referencia medioambiental inicial, especialmente la flora y fauna, el medioambiente marino cercano a la costa y la biota del lago;

- la descripción de la metodología utilizada para pronosticar los impactos de la actividad propuesta;

- los posibles impactos directos en la flora y fauna, el paisaje y los medioambientes lacustres, y los riesgos de introducir especies no autóctonas;

- las medidas de mitigación relacionadas con la gestión del combustible y de la energía, las especies no autóctonas, la gestión de residuos y aguas residuales, y las perturbaciones a la fauna silvestre como resultado de la operación de aeronaves;

- los impactos acumulados que pueden surgir a la luz de las actividades actuales y otras actividades planificadas conocidas en la zona;

- el programa de observación medioambiental previsto; y

- las oportunidades adicionales para la cooperación internacional.

3. La información proporcionada en el proyecto de CEE no respalda la conclusión de que los impactos de construir y operar la estación propuesta probablemente sean menores o transitorios.

4. El proyecto de CEE en general es claro, está bien estructurado y bien presentado, aunque se recomienda que se mejoren los mapas y las

figuras, y que se proporcione mayor información y aclaraciones para facilitar una evaluación integral de la actividad propuesta.

8b) Otros temas relacionados con la evaluación de impacto ambiental

(89) Alemania presentó el documento WP 5 *Los UAV y sus posibles impactos ambientales*, preparado conjuntamente con Polonia, y llamó la atención de los miembros hacia los posibles impactos medioambientales que podrían resultar del uso de vehículos aéreos no tripulados (UAV) habida cuenta del importante aumento que ha experimentado su uso en la Antártida tanto para fines científicos como para fines de otra índole. Alemania y Polonia alentaron a los miembros a: (1) reconocer el problema; (2) intercambiar información y compartir experiencias acerca del uso de UAV y los posibles impactos medioambientales asociados; (3) facilitar la investigación sobre los posibles impactos medioambientales provocados por los UAV, y; (4) establecer un GCI para debatir y desarrollar más la propuesta durante el periodo intersesional 2014/2015. Además, Alemania y Polonia sugirieron que dichas recomendaciones se combinaran con las recomendaciones contenidas en el documento WP 51.

(90) Estados Unidos presentó el documento WP 51, *Consideraciones sobre el uso de sistemas de navegación aérea no tripulados (UAS) para la investigación, seguimiento y observación en la Antártida*. Estados Unidos alentó al CPA y a la RCTA a: (1) tomar nota del potencial valor del uso de aeronaves no tripuladas para la investigación científica y la observación del medioambiente en la Antártida; (2) solicitar al SCAR que examine los riesgos planteados por la operación de los sistemas de aeronaves no tripuladas al medioambiente; (3) solicitar al COMNAP que examine los riesgos de la operación de los sistemas de aeronaves no tripuladas para las operaciones de otras aeronaves y de las estaciones; y (4) invitar al COMNAP, al SCAR y a especialistas externos a debatir sobre el posible establecimiento de directrices para el uso de este tipo de plataformas en la Antártida.

(91) El Comité le agradeció a Alemania, Polonia y a Estados Unidos por su contribución y señaló que el debate era oportuno debido al aumento en el uso de los UAV con fines científicos y no científicos en la Antártida. Varios miembros señalaron las posibles ventajas tanto científicas como medioambientales de estos dispositivos para la investigación y la observación del medioambiente, así como también los posibles riesgos para la seguridad, para el medioambiente y para las operaciones. Además expresaron la

conveniencia de desarrollar directrices adecuadas para el uso de dichos dispositivos en la zona abarcada por el Tratado Antártico.

(92) En relación con las ventajas que ofrece el uso de los UAV, España sostuvo que éstos eran particularmente convenientes para llegar a lugares remotos. Asimismo, estos dispositivos pueden complementar la información obtenida mediante teledetección y proporcionar confirmación *in situ* de los datos generados por satélites. Varios miembros destacaron que los UAV suelen generar un impacto menor en el medioambiente que cualquier otra alternativa utilizada en la observación medioambiental. La ASOC afirmó que era importante elaborar directrices y prácticas recomendables, y que su implementación estuviese sujeta a las EIA de conformidad con el Artículo 8 y el Anexo I al Protocolo.

(93) Australia, Canadá, el Reino Unido y Francia manifestaron tener cierta experiencia con el uso y la regulación de los vehículos aéreos no tripulados y/o robots terrestres, y que estaban dispuestos a compartirla. La IAATO estuvo de acuerdo en que el uso de los UAV estaba en aumento y señaló que varios de sus miembros tenían experiencia en su uso en la Antártida. La IAATO está elaborando directrices para el uso de los UAV en operaciones turísticas, tales como la prohibición del uso de UAV sobre concentraciones de vida silvestre, y afirmaron que estarían complacidos en compartir con las Partes dichas directrices y experiencia. Basándose en sus experiencias en el Ártico, Canadá y Noruega hicieron hincapié en la utilidad de considerar las sinergias entre ambos polos en la tarea de elaborar directrices para el uso de UAV.

(94) Los miembros señalaron además que había muchos tipos de diferentes vehículos autónomos no tripulados, incluyendo dispositivos tanto terrestres como marinos, utilizados ya sea con fines recreativos o con fines científicos. Dada la multiplicidad de dispositivos, Noruega, la IAATO y China estuvieron de acuerdo con la sugerencia de Polonia en cuanto a que las directrices debían ser suficientemente amplias como para ser utilizadas por un amplio abanico de operadores, aunque suficientemente complejas como para abarcar los distintos tipos de dispositivos, usos y ambientes.

(95) Argentina realizó algunas preguntas respecto al uso de estos equipos, especialmente en las cercanías de concentraciones de aves, como por ejemplo las alturas de vuelo apropiadas, la necesidad de considerar la concesión de permisos de "interferencia perjudicial" o la necesidad de analizar, en algunos casos, la pertinencia de aplicar las "Directrices para la operación

de aeronaves cerca de concentraciones de aves" (Resolución 2 (2004)). También, Argentina señaló las disposiciones que prohíben los sobrevuelos, establecidas en algunos planes de gestión de ZAEP o las posibles dificultades de recuperar este tipo de equipos en zonas alejadas donde se ha producido un accidente. Argentina indicó la necesidad de considerar por separado el uso de estos equipos con fines científicos y recreativos.

(96) Noruega sugirió que sería útil si quienes utilizan vehículos aéreos no tripulados en el futuro, en particular en el contexto de la investigación de fauna, pudieran, en la medida de lo posible, documentar la reacción que crea la presencia de los UAV durante su uso y poner dichos resultados a disposición a fin de contribuir a la mejora de las directrices.

(97) Con objeto de llevar a cabo un debate más exhaustivo acerca de los UAV durante la próxima reunión del CPA, el Comité solicitó la preparación de lo siguiente para la XVIII Reunión del CPA: informes elaborados por el SCAR y el COMNAP acerca de la utilidad y de los riesgos de la operación de UAV en la Antártida; un documento de la IAATO acerca de su experiencia y práctica actual relacionada con los UAV; y documentación adicional relativa a la experiencia de los miembros en esta materia. El Comité estuvo también de acuerdo en registrar en su Plan de trabajo quinquenal su intención de continuar debatiendo los aspectos relativos a los UAV.

(98) Estados Unidos presentó el documento WP 13 *Actividades de campamento costero realizadas por las organizaciones no gubernamentales*, preparado conjuntamente con Noruega. El documento resume la información recopilada acerca de la experiencia y respuesta de las autoridades competentes en relación con el tratamiento aplicado a las actividades de campamento realizadas por organizaciones no gubernamentales. Las conclusiones indicaron que, si bien algunas Partes consideraron suficientes las actuales directrices, otras preferirían incluir más aclaraciones con la posibilidad de desarrollar una guía adicional para las actividades de campamento costero. Habida cuenta del probable aumento tanto de la frecuencia como de la intensidad de las actividades de campamento costero en el futuro, los proponentes sugirieron que este tema podría necesitar un mayor debate.

(99) Al agradecer a Estados Unidos y a Noruega por presentar este asunto, varios miembros señalaron la necesidad de armonizar los procedimientos y normativas aplicables al otorgamiento de permisos para las actividades de campamento costero. La Federación de Rusia señaló que las diferencias en los sistemas

nacionales para autorizar actividades en la Antártida, en combinación con la no adopción del Anexo VI al Protocolo sobre Protección del Medio Ambiente originaba incertidumbres jurídicas relativas a ésta y otras actividades posiblemente dañinas, e instó a los miembros a considerar la forma de implementar un sistema integral para la autorización de actividades no gubernamentales. La ASOC señaló que las Directrices para visitantes a los sitios, las cuales se habían diseñado originalmente para el desembarco de expediciones en sitios particulares, ahora debían utilizarse para un rango de actividades, incluidos los campamentos. Con el fin de abordar las preocupaciones expresadas por Francia, la IAATO aclaró que las actividades de campamento costeras mencionadas implican pernoctaciones cortas donde los pasajeros desembarcan por la noche y regresan a la nave antes del desayuno. La IAATO presentó pautas para esta actividad en el documento IP 98, durante la XVI Reunión del CPA. En el contexto de las discusiones, Noruega puso de manifiesto la importancia de continuar trabajando para aumentar la comprensión de cuáles podrían ser los impactos ambientales específicos que pueden causar los campamentos en cada sitio, y cuál sería la mejor manera de considerarlos y regularlos.

(100) El Comité acogió de buen grado la oferta de Estados Unidos de sostener consultas informales intersesionales con los miembros interesados para debatir más el asunto y para decidir la mejor manera de proceder.

(101) Australia presentó el documento WP 29 *Examen de los Lineamientos para la Evaluación del Impacto Ambiental en la Antártida*. Recordando que los Lineamientos para EIA fueron aprobados por primera vez en 1999 y revisados por última vez en 2005, y que el CPA había programado una revisión de los Lineamientos para EIA a través de un GCI durante 2014/2015, Australia había examinado los anteriores debates y eventos del CPA, identificando una serie de asuntos que podrían ser considerados por ese GCI. Estos incluían la posible necesidad de abordar las cuestiones planteadas en los últimos debates del Comité sobre especies no autóctonas, la huella humana y los valores de la vida silvestre, el desmantelamiento de estaciones, los aspectos medioambientales del turismo antártico y el cambio climático. Además, las directrices sobre EIA podrían actualizarse para hacer referencia a los nuevos procedimientos y recursos de EIA pertinentes, y examinar las cuestiones planteadas con regularidad en la revisión del CPA de los proyectos de CEE.

(102) El Reino Unido presentó el documento WP 24 *Mejoras al proceso de Evaluación de impacto ambiental en la Antártida*. El documento alienta a los miembros a considerar si existen otros mecanismos, además de los

Lineamientos para EIA, que puedan mejorar el proceso de estas evaluaciones a fin de garantizar que se mantenga como una herramienta efectiva y práctica para reducir al mínimo el impacto ambiental. El Reino Unido expresó además su pleno respaldo al documento presentado por Australia, y puso de relieve la necesidad de dar a las EIA una prioridad más alta en el Plan de trabajo quinquenal. El Reino Unido sugirió el establecimiento de un GCI sobre EIA durante 2 años para examinar las cuestiones planteadas sobre EIA en el documento WP 29 y en el documento WP 24.

(103) El Comité felicitó a Australia y al Reino Unido por sus esfuerzos en promover un examen y mejora de los Lineamientos para EIA. Varios miembros señalaron la importancia de esta iniciativa a la luz de desafíos en desarrollo, como por ejemplo, el planteado por el cambio climático.

(104) Varios miembros plantearon una serie de cuestiones que pueden merecer consideración durante cualquier revisión de los Lineamientos para EIA. Algunos miembros señalaron que la consideración de las cuestiones sobre el cambio climático en el contexto del debate sobre EIA en la Antártida debe reflejar que la CMNUCC es el principal foro para la acción internacional sobre el cambio climático, si bien las Partes del Tratado tienen importantes responsabilidades para hacer frente a las consecuencias del cambio climático en la gobernanza y gestión de la zona del Tratado Antártico.

(105) Noruega señaló que la metodología y los principios globales de EIA se han desarrollado considerablemente desde la aprobación del Protocolo, y sugirió que podría ser útil realizar una evaluación de las disposiciones del Anexo I a la luz de esta evolución general, utilizándola como base para identificar los problemas que podrían merecen una mayor atención en el futuro.

(106) Brasil, Argentina y China pusieron de relieve la necesidad de tener en cuenta los principios del régimen internacional sobre el cambio climático, en particular el principio de responsabilidades comunes pero diferenciadas, y de centrarse en las consecuencias del cambio climático en la Antártida, en lugar de en las causas, cuando se habla de cambio climático. Argentina también indicó que sería necesario proseguir los debates sobre algunas de las cuestiones planteadas por el Reino Unido en el documento WP 24, tales como "mejor tecnología disponible", "auditoría" o el impacto de una actividad en el cambio climático, antes de ser consideradas en el proceso de revisión de los Lineamientos.

(107) Sin restar importancia a este principio, los Países Bajos indicaron que en relación con el carácter científico del CPA, el Comité debería evitar cualquier referencia a ese principio en su trabajo, para los que otros foros más relacionados con la política, como la Convención Marco de las Naciones Unidas, serían más adecuados.

(108) En respuesta a la observación formulada por los Países Bajos, Brasil hizo hincapié en que los principios establecidos para hacer frente al cambio climático se aplican a todos los debates sobre el asunto, con independencia del foro.

(109) La Federación de Rusia afirmó que la revisión debía realizarse en el marco de los nuevos Lineamientos para EIA, y que no debían implicar una revisión del Anexo I, señalando que varios de los miembros habían incorporado el Protocolo sobre Protección del Medio Ambiente en sus legislaciones nacionales. La ASOC estuvo de acuerdo en la importancia de adoptar un enfoque integral a largo plazo en la planificación de las actividades en la Antártida y sugirió, en cuanto al documento WP 24, que sería importante considerar un seguimiento de las EIA en la revisión de los Lineamientos para EIA.

(110) El Comité decidió establecer un GCI para examinar los Lineamientos para EIA, con los siguientes Términos de referencia:

1. Considerar si los *Lineamientos para la Evaluación de impacto ambiental* anexos a la Resolución 1 (2005) deben ser modificados para hacer frente a cuestiones como las identificadas en el documento WP 29 de la XXXVII RCTA, y, en su caso, sugerir modificaciones a dichos Lineamientos.

2. Registrar las cuestiones planteadas durante las discusiones bajo el TdR 1, que se refieren a políticas generales, o a otras cuestiones sobre la elaboración y remisión de EIA, y que pueden justificar una mayor discusión por el CPA, con miras a fortalecer la aplicación del Anexo I del Protocolo.

3. Proporcionar un informe inicial durante la XVIII Reunión del CPA.

(111) El Comité acordó que Australia y el Reino Unido coordinarán el GCI de manera conjunta.

(112) Francia presentó el documento WP 34 *EMI o EMG: ¿cuál elegir?* elaborado conjuntamente con Bélgica, que proporciona un análisis de cómo los Miembros

deciden entre presentar una EMI o EMG para diversas actividades. El documento señala que las interpretaciones atribuidas al concepto de "impacto menor o transitorio" diferían de manera importante entre una Parte y otra. Teniendo en cuenta el establecimiento de un GCI sobre la revisión de los lineamientos de EIA, Francia propuso incluir en los Términos de Referencia la continuación del análisis de EMI y EMG que se inicia en el documento WP 34 y la reflexión sobre la conveniencia de establecer una lista restringida de las actividades que deben ser consideradas sistemáticamente como de "impacto mayor que mínimo o transitorio" en el medio ambiente, y que por lo tanto requieren la aplicación sistemática de una EMG. El documento sostiene que un enfoque como ese podría ayudar a reducir algunas de las posibles diferencias entre los miembros para definir una serie de actividades y evaluar sus impactos ambientales.

(113) Si bien el Comité tomó nota de la iniciativa y reconoció su valor, varios miembros plantearon preguntas relacionadas principalmente con las dificultades asociadas con establecer una interpretación común de "impacto mínimo o transitorio", y con el riesgo de imponer rigidez al procedimiento mediante la prescripción de una lista.

(114) Alemania sugirió que el CPA debe llegar a un entendimiento común acerca de los términos "menor" y "transitorio" en el contexto del proceso de EIA.

(115) La Federación de Rusia recordó que los intentos anteriores por definir los términos habían fracasado en llegar a un consenso.

(116) España agradeció a Francia y Bélgica por el documento de trabajo y recordó al Comité que, de acuerdo con el Artículo 8 y el Anexo I al Protocolo, cada miembro puede evaluar el impacto ambiental de conformidad con sus procedimientos nacionales apropiados.

(117) Sudáfrica comentó que, si se desarrollara una lista, podrían descuidarse los impactos más amplios de las actividades.

(118) A este respecto, el Reino Unido señaló que era difícil prever todos los problemas que podrían surgir en el futuro, y que podrían dejarse inadvertidamente fuera de la lista propuesta. También señaló que era importante mantener la flexibilidad en el proceso de EIA. El Reino Unido reforzó la idea de evaluar los impactos en términos de consecuencias y resultados. China señaló que la existencia de diferentes interpretaciones era un problema general que había surgido en varias áreas del Protocolo.

(119) Reconociendo las preocupaciones de los Miembros, Bélgica explicó que la propuesta tenía por objeto promover la eficiencia y no la falta de flexibilidad, y alentó a continuar el debate sobre esta materia.

(120) Argentina indicó que la metodología en sí no permite determinar de antemano si una actividad debiera requerir la elaboración de una EMI o una EMG, antes de analizar los impactos. En respuesta, Francia se refirió a las diferencias en el grado de detalle y en el proceso de revisión entre las EMG y las EMI, y sugirió que el requisito de una consulta con el CPA para las EMG hacía que dicha categoría de evaluación impusiera un mayor desafío.

(121) El Comité agradeció a Francia y a Bélgica por sus esfuerzos por mejorar el proceso de EIA. Al no estar de acuerdo con el establecimiento de un GCI en este momento, el Comité decidió continuar deliberando sobre este asunto de manera informal. Por otro lado, señaló que los miembros habían desarrollado una serie de directrices de EIA, y que también podría resultar conveniente intercambiar dichas directrices.

(122) La Federación de Rusia presentó el documento IP 63 *Results of drilling operations for the study of the lower part of the glacier in deep bore hole at Vostok Station in the season 2013-14* y el documento IP 64 *Study of the water column of the Subglacial Lake Vostok*, que proporciona información acerca de la operación de perforación en la columna de agua del lago Vostok y suministra una EMI para su consideración por el Comité. El documento contiene una comparación del método ruso con el método alternativo para el estudio de los lagos subglaciales, propuesto por especialistas de Estados Unidos (la perforación del hielo fijo por medio de agua caliente y la puesta en marcha del complejo de medición a través de esta agua caliente para recoger muestras de agua de lagos subglaciales), y evaluaba las ventajas de la metodología de la mezcla de queroseno y freón.

(123) Francia agradeció a la Federación de Rusia por su documento, si bien señaló que algunos comentarios contenidos en este evocaban una serie de interrogantes relativos a la perforación en la estación Concordia, a los cuales Francia e Italia habían respondido en el documento IP 16 de la XXXVI RCTA. Francia reiteró las importantes diferencias entre los proyectos de perforación en la estación Concordia y en el lago Vostok. Considerando la próxima penetración en la columna de agua del lago y las incertidumbres relativas a la presión del agua en el fondo de la perforación, Francia aún mantenía algunas reservas importantes acerca del riesgo de contaminación

asociado a la naturaleza del fluido de perforación utilizado en la perforación Vostok. La Federación de Rusia respondió que había presentado información en reuniones anteriores del CPA y de la RCTA para ilustrar cómo se había realizado la penetración del lago sin generar contaminación.

(124) Italia presentó el documento IP 57 *Towards the realization of a gravel runway in Terra Nova Bay, Ross Sea, Antarctica*, donde proporciona información acerca de las nuevas investigaciones emprendidas.

(125) La ASOC presentó el documento IP 73 *New Antarctic stations: Are they justified?* advirtiendo que siguen construyéndose nuevas estaciones en la Antártida, frecuentemente en cercanías de zonas prístinas. El documento IP 73 se centra ,en el hecho de compartir las instalaciones como una alternativa al establecimiento de nuevas estaciones, más que en otras formas de cooperación científica,. El documento IP 73 describe los métodos utilizados y sus limitaciones. No se identificó ninguna relación de importancia entre la cantidad de estaciones y las publicaciones aparecidas en revistas científicas revisadas por pares expertos. Información más reciente, proveniente de informes de inspección oficiales correspondientes al periodo 2004-2014, parece corroborar la escasa actividad de investigación en algunas estaciones. Para mejorar la calidad de la investigación y mitigar los impactos evitables de las estaciones de investigación, la ASOC sugirió lo siguiente: que el Comité debería indicar que la construcción de una nueva estación no es un requisito para alcanzar la categoría Consultiva; que los miembros que ya operan estaciones antárticas deberían acordar evitar o continuar reduciendo la construcción de estaciones por parte de sus propios programas antárticos nacionales; y que los miembros deberían acordar la realización de revisiones periódicas de sus programas científicos a nivel individual, por parte de pares internacionales, y poner los resultados a disposición de los demás Miembros y del público. La ASOC agradeció la investigación científica que se lleva a cabo de acuerdo con altos estándares medioambientales y que encarna cooperación científica internacional.

(126) Al tiempo que agradecían el documento de la ASOC, varios miembros expresaron su preocupación en cuanto al método de análisis utilizado en el documento, señalando que éste no captaba el significado de los proyectos a largo plazo, y que tampoco cubría los últimos diez años en los que se había experimentado un aumento de la producción científica como resultado de la construcción de nuevas estaciones durante dicho periodo.

(127) La Federación de Rusia señaló que el desarrollo de redes de estaciones de investigación en la Antártida brindaba la posibilidad de obtener conocimientos acerca del medioambiente antártico. El compartir las estaciones puede ser un problema si los países que comparten las instalaciones son afectados de manera distinta por los cambios en su economía.

(128) El COMNAP expresó su acuerdo con el punto planteado por la Federación de Rusia, que recordaba al CPA la variedad de ejemplos de colaboración en materia de logística y ciencia en la comunidad antártica. El COMNAP se mostró en enérgico desacuerdo con la afirmación que la ASOC formuló en el párrafo de resumen de su documento IP 73, en el cual afirmaba que "…son pocas las iniciativas de cooperación internacional en cuanto a compartir las instalaciones…" y llamó la atención sobre el documento IP 47, que presenta los resultados de un estudio de los programas antárticos nacionales sobre colaboración científica y logística internacional en la Antártida, y que revela la existencia de un importante y elevado nivel de cooperación internacional entre los distintos programas. El COMNAP señaló además que la cantidad de documentos científicos sobre temas polares publicados se había cuadruplicado durante el período que va de 1981 a 2006, en comparación con los artículos científicos mundiales publicados, los que apenas habían llegado a duplicarse. Varios miembros mencionaron ejemplos concretos de cooperación y colaboración relacionados con sus propios programas antárticos nacionales.

(129) Argentina afirmó compartir la opinión del COMNAP en relación con la extensa cooperación internacional que existía entre las Partes. Las estaciones de investigación científica no pueden juzgarse por su cantidad de publicaciones, sino por la gran calidad de los datos generados por los diversos programas de investigación internacionales que trabajan en cooperación. Argentina señaló además que sostenía diversos programas de cooperación.

(130) La Federación de Rusia señaló las recomendaciones originales del Año Geofísico Internacional 1957-1958 en cuanto a la construcción de estaciones en zonas remotas, y la importancia de los datos científicos concretos recogidos en dichas zonas. Rusia identificó la necesidad de apoyo logístico para las estaciones de investigación como principal explicación para la cantidad de estaciones de investigación en ciertas zonas, y consideró que éstas solían tener un propósito científico específico. También se refirió a las dificultades que imponía el compartir las estaciones con respecto a distribuir las responsabilidades en relación con el Anexo VI del Protocolo del Medio

Ambiente y en épocas de crisis económica. China estuvo de acuerdo y señaló que la construcción de una estación constituía una inversión importante.

(131) Australia expresó su respaldo a varios de los principios destacados en el documento IP 73. En particular, destacó las ventajas de promover una mayor colaboración, la conveniencia de buscar reducir a un mínimo los impactos en el medioambiente al tiempo que se potencien al máximo los resultados científicos, dentro de las limitaciones prácticas, y la importancia de considerar las alternativas a la construcción de nuevas estaciones, lo cual es congruente con los requisitos del Protocolo del Medio Ambiente y de su Anexo I. Francia hizo hincapié en la importancia de que el análisis de costo-beneficio para la construcción de nuevas estaciones incorporase los impactos medioambientales, los costos económicos y los resultados científicos. Recalcó además que las alternativas que incluyen la cooperación y el compartir la infraestructura deberían ser cuidadosamente consideradas antes de proceder a construir nuevas estaciones.

(132) Mediante el documento IP 36 *Establishment and beginning of pilot operation of the 2nd Korean Antarctic Research Station "Jang Bogo" at Terra Nova Bay* la República de Corea informó sobre el establecimiento y comienzo de operaciones piloto de su segunda estación de investigación antártica. Corea adelantó que la estación Jang Bogo contribuiría de manera importante a la iniciativa global de proteger el medioambiente antártico al obtener progresos en los conocimientos científicos. La República de Corea expresó su especial agradecimiento a Italia y a Estados Unidos por su respaldo durante el periodo de construcción.

(133) En relación con este tema del programa se presentaron también los siguientes documentos:

- Documento IP 56 *Initial Environmental Evaluation for the realization of a new access road to Enigma Lake Twin Otter runway at Mario Zucchelli Station, Terra Nova Bay* (Italia)

- Documento de la Secretaría SP 5, *Lista anual de Evaluaciones Medioambientales Iniciales (EMI) y Evaluaciones medioambientales globales (EMG) preparadas entre el 1 de abril 2013 y el 31 de marzo de 2014*

Tema 9. Protección de zonas y planes de gestión

9a) Planes de gestión

i) Proyectos de Planes de gestión examinados por el Grupo Subsidiario de Planes de gestión

(134) Noruega presentó el documento WP 31 *Grupo Subsidiario sobre Planes de Gestión - Informe del Trabajo entre sesiones 2013/14*, a nombre del Grupo subsidiario (GSPG). El grupo examinó siete planes de gestión revisados para ZAEP y un plan de gestión revisado para una ZAEA, y recomienda la aprobación de cinco de ellos por parte del Comité.

(135) En cuanto a la ZAEP 141, valle Yukidori, Langhovde, bahía Lützow-Holm (Japón) y la ZAEP 128, Costa occidental de bahía Almirantazgo /.bahía Lasserre, isla Rey Jorge / isla 25 de Mayo, islas Shetland del Sur (Polonia y Estados Unidos), el GSPG recomendó al Comité que los planes de gestión revisados finales estaban bien redactados, eran de buena calidad y que abordaban en forma adecuada los puntos fundamentales planteados durante la revisión. Por consiguiente, el GSPG recomendó que el CPA aprobara dichos planes de gestión revisados.

(136) En cuanto a la propuesta actualizada de una nueva ZAEP en los Sitios geotérmicos a elevada altitud de la región del mar de Ross (Nueva Zelandia y Estados Unidos), el GSPG recomendó al Comité que el plan de gestión revisado estaba bien redactado, era de buena calidad y que abordaba en forma adecuada los puntos fundamentales planteados en su asesoramiento a los proponentes. Por consiguiente, el GSPG recomendó que el Comité aprobara el plan de gestión para esta nueva ZAEP.

(137) El GSPG recomendó además que el CPA proponga a la RCTA que, como consecuencia de aprobar esta nueva ZAEP para los sitios geotérmicos a elevada altitud de la región del Mar de Ross, debería revocarse la designación de las actuales ZAEP 118 (cima del monte Melbourne) y ZAEP 130 (cresta Tramway, monte Erebus) como zonas protegidas. Señaló además que el CPA podría desear prestar mayor atención a los debates sobre protección de comunidades microbianas en las áreas geotérmicas.

(138) Con respecto a una propuesta de una nueva ZAEP en Stornes, Colinas de Larsemann, Tierra de la Princesa Isabel (Australia, China, India y la Federación de Rusia), el GSPG recomendó al Comité que el plan de gestión

final revisado estaba bien redactado, era de buena calidad y que abordaba en forma adecuada los puntos fundamentales planteados en su asesoramiento a los proponentes. Por consiguiente, el GSPG recomendó que el Comité aprobara el plan de gestión para esta nueva ZAEP. Bélgica alentó a las Partes interesadas proteger también específicamente los valores biológicos en otros lugares de las Colinas de Larsemann mediante la designación de una ZAEP en Broknes y en Grovnes.

(139) Con respecto de la ZAEA 1, bahía Almirantazgo / bahía Lasserre, isla Rey Jorge / isla 25 de Mayo, islas Shetland del Sur (Brasil, Ecuador, Perú, Polonia y Estados Unidos), el GSPG recomendó al Comité que el plan de gestión revisado final estaba bien redactado, era de buena calidad y que abordaba en forma adecuada los puntos fundamentales planteados durante la revisión. Consiguientemente, el GSPG recomendó que el CPA aprobara el plan de gestión para esta ZAEA.

(140) Respondiendo a una pregunta formulada por la Federación de Rusia sobre si la propuesta de la ZAEA 1 incluía una evaluación del posible impacto medioambiental ocasionado por el incendio en la estación Comandante Ferraz, Brasil afirmó que en la Zona se estaban realizando actividades de observación desde que ocurrió el accidente y que el documento IP 7 presentaba información pormenorizada sobre la primera fase del plan de remediación para la zona de la estación. Polonia añadió que estaba abierta a cooperar en esta materia.

(141) Por otro lado, el GSPG informó al Comité que seguiría trabajando entre sesiones en los tres planes de gestión presentados para su revisión intersesional:

   a. ZAEP 144, "bahía Chile" (bahía Discovery), isla Greenwich, islas Shetland del Sur (Chile)

   b. ZAEP 145, Puerto Foster, isla Decepción, islas Shetland del Sur (Chile)

   c. ZAEP 146, bahía South, isla Doumer, archipiélago de Palmer (Chile)

(142) El Comité refrendó las recomendaciones del GSPG y convino en remitir a la RCTA, para su aprobación, los planes de gestión revisados para las ZAEP 141 y 128, la ZAEA 1, una nueva ZAEP en los Sitios geotérmicos a elevada altitud de la región del mar de Ross y una nueva ZAEP en Stornes, colinas de Larsemann, Tierra de la Princesa Isabel.

ii. Proyectos de planes de gestión revisados no examinados por el Grupo Subsidiario sobre Planes de Gestión

(143) El Comité consideró en esta categoría los planes de gestión revisados para diez ZAEP y una ZAEA, además de una propuesta de ampliar la actual ZAEP 162 y revocar la designación de la ZAEA 3:

    a. Documento WP 3, *Plan de gestión revisado de la Zona Antártica Especialmente Protegida N° 139, punta Biscoe, isla Anvers, archipiélago Palmer* (Estados Unidos)

    b. Documento WP 6, *Plan de gestión revisado para la Zona antártica especialmente protegida N° 113, isla Litchfield, Puerto Arthur, isla Anvers, archipiélago Palmer* (Estados Unidos)

    c. Documento WP 7, *Plan de gestión revisado para la Zona antártica especialmente protegida N° 121, cabo Royds, isla Ross* (Estados Unidos)

    d. Documento WP 26, *Plan de gestión revisado para la Zona antártica especialmente protegida N° 124, cabo Crozier, isla Ross* (Estados Unidos)

    e. Documento WP 18, *Revisión del plan de gestión de la Zona Antártica Especialmente Protegida (ZAEP) N° 169, bahía Amanda, Costa Ingrid Christensen, Tierra de la Princesa Isabel, Antártica Oriental* (Australia y China)

    f. Documento WP 19, *Revisión del plan de gestión de la Zona Antártica Especialmente Protegida (ZAEP) N° 136, península Clark, costa Budd, Tierra de Wilkes, Antártida Oriental* (Australia)

    g. Documento WP 30, *Propuesta para modificar las disposiciones en materia de gestión correspondientes a las Cabañas de Mawson y cabo Denison* (Australia)

    h. Documento WP 21, *Revisión del Plan de gestión para la Zona Antártica Especialmente Administrada (ZAEA) N° 6, Colinas de Larsemann, Antártida Oriental* (Australia, China, India y la Federación de Rusia)

    i. Documento WP 52, *Revisión del plan de gestión de la Zona Antártica Especialmente Protegida (ZAEP) N° 150, isla Ardley (península Ardley), bahía Maxwell, isla Rey Jorge (isla 25 de Mayo)* (Chile)

    j. Documento WP 54, *Revisión del plan de gestión de la Zona Antártica Especialmente Protegida (ZAEP) N° 125, península Fildes, isla Rey Jorge (isla 25 de Mayo)* (Chile)

k. WP 11 *Documento WP 11, Revisión de la Zona Antártica Especialmente Protegida (ZAEP) N° 142, Svarthamaren* (Noruega)

l. Documento WP 58 rev. 1, *Plan de gestión revisado para la Zona antártica especialmente protegida N° 171, punta Narębski, península Barton, isla Rey Jorge (isla 25 de Mayo)* (República de Corea)

(144) En relación con los Documentos de trabajo WP 3 (ZAEP 139), WP 6 (ZAEP 113) y WP 7 (ZAEP 121), Estados Unidos explicó que las revisiones eran menores y que tenían que ver básicamente con la actualización de la cartografía. En relación con el documento WP 26 (ZAEP 124), señaló que si bien las revisiones a los Planes de gestión para dichas zonas eran extensas e incluían cambios en los valores vegetales, todas las modificaciones ofrecían una mejor protección de la zona, por lo cual deberían aprobarse.

(145) Australia presentó el documento WP 18 (ZAEP 169) (también en nombre de China) y el documento WP 19 (ZAEP 136), y señaló que sólo se habían realizado revisiones menores a las descripciones de cada zona y a las disposiciones sobre gestión contenidas en los Planes de gestión. Igualmente, indicó que se designó la ZAEP 169 principalmente con la finalidad de proporcionar protección adicional a la colonia de pingüinos emperador de la bahía Amanda, y la ZAEP 136 con la finalidad de proteger el ecosistema terrestre mayormente prístino de la península Clark.

(146) En relación con el documento WP 30, Australia indicó que la propuesta de ampliar la ZAEP 162 y revocar la designación de la ZAEA 3 proporcionaría protección adicional al entorno, estructuras y artefactos históricos ubicados fuera de la actual ZAEP, y que también haría más sencilla la gestión del sitio, ya que quedaría sujeto a un único plan de gestión. Australia señaló además que, en consecuencia, sería necesario modificar las Directrices para visitantes a las Cabañas de Mawson y cabo Denison.

(147) En lo que respecta al documento WP 21, preparado conjuntamente por Australia, China, India y la Federación de Rusia, la Federación de Rusia se refirió a los cambios propuestos a la gestión de la ZAEA 6, que comprendieron: la inclusión de Stornes como ZAEP; una referencia a la ZAEP 169, bahía Amanda; una descripción actualizada de las actividades e instalaciones; la actualización de objetivos para proteger el medioambiente de la introducción de especies no autóctonas; como así también cartografía y referencias actualizadas.

(148) Al presentar el documento WP 11, Noruega se refirió a las revisiones menores efectuadas al Plan de gestión de la ZAEP 142, las que incluían: información actualizada sobre la población de aves marinas en la Zona, información revisada relativa a los límites, y una referencia a la clasificación como Región Biogeográfica de Conservación Antártica. Noruega recordó al Comité que esta Zona ofrece protección a la mayor colonia de petreles antárticos conocida en el interior de la Antártida, la cual ha registrado una importante disminución de su población en décadas recientes, e indicó que aún es demasiado pronto para ofrecer explicaciones contundentes para este fenómeno.

(149) Alemania felicitó a Noruega por el Plan de gestión revisado y por el seguimiento realizado a los petreles. Señaló también la disminución de la población de estas aves marinas, y solicitó a Noruega que proporcione más información, en cuanto esté disponible.

(150) Al presentar los documentos de trabajo WP 52 (ZAEP 150) y WP 54 (ZAEP 125), Chile explicó que todas las revisiones efectuadas a los planes de gestión eran menores y que se mantenían los objetivos de la gestión. Respecto a la ZAEP 150, se incluyó la referencia a las Directrices para Visitantes aprobadas para la playa noreste de la isla Ardley -fuera de la Zona- y las modificaciones en la infraestructura de la Zona. Los cambios aplicados a la ZAEP 125 incluían la eliminación de una mención de una especie que ya no se encuentra presente en la península Fildes.

(151) Además de agradecer a Chile por la preparación de los Planes de gestión revisados para estas dos zonas, Alemania observó que era necesaria una gran cantidad de modificaciones en los planes actualizados basándose en los resultados de investigaciones realizadas en la zona, y propuso remitirlos al GSPG.

(152) En cuanto al documento WP 58 rev. 1, la República de Corea explicó que la revisión de los primeros cinco años de la ZAEP 171 implicaba modificaciones menores al plan de gestión. Los cambios incluían la incorporación de nueva información sobre la fauna y flora, y la corrección de errores en la cartografía. Alemania propuso la actualización de antiguos datos de población, que datan de los años 1986/1987, por lo que la República de Corea incluyó los nuevos datos y la referencia en el plan de gestión.

(153) El Comité decidió remitir los planes de gestión revisados para las ZAEP 125 y 150 al GSPG para su revisión entre sesiones, y estuvo de acuerdo en remitir los demás planes de gestión revisados a la RCTA para su aprobación.

Asesoramiento del CPA a la RCTA

(154) El Comité convino en remitir los siguientes planes de gestión a la RCTA para su aprobación:

N°	Nombre
ZAEP 113,	isla Litchfield, Puerto Arthur, isla Anvers, archipiélago de Palmer
ZAEP 121,	cabo Royds, isla Ross
ZAEP 124,	cabo Crozier, isla Ross
ZAEP 128,	Costas occidentales de la bahía Almirantazgo / bahía Lasserre, isla Rey Jorge / isla 25 de Mayo, islas Shetland del Sur
ZAEP 136,	península Clark, costa Budd, Tierra de Wilkes, Antártida Oriental
ZAEP 139	Punta Biscoe, isla Anvers, archipiélago de Palmer
ZAEP 141,	valle Yukidori, Langhovde, bahía Lützow-Holm.
ZAEP 142,	Svarthamaren
ZAEP 162,	Cabañas de Mawson, cabo Denison, bahía Commonwealth, Tierra de Jorge V, Antártida Oriental
ZAEP 169,	bahía Amanda, Costa Ingrid Christensen, Tierra de la Princesa Isabel, Antártica Oriental
ZAEP 171,	Punta Narębski, península Barton, isla Rey Jorge / isla 25 de Mayo
NUEVA ZAEP	Sitios geotérmicos a elevada altitud de la región del Mar de Ross.
NUEVA ZAEP	Stornes, colinas de Larsemann, Tierra de la Princesa Isabel
ZAEA 1	1: Bahía Almirantazgo / bahía Lasserre, isla Rey Jorge / isla 25 de Mayo, islas Shetland del Sur
ZAEA 6	colinas de Larsemann, Antártida Oriental

(155) Como consecuencia de la ampliación de la ZAEP 162, el Comité aconseja la necesidad de suprimir la designación de la ZAEA 3, Cabo Denison, bahía Commonwealth, Tierra de Jorge V, Antártida Oriental.

(156) Puesto que la nueva ZAEP propuesta en los sitios geotérmicos a elevada altitud de la región del mar de Ross incorpora las antiguas ZAEP 118 y ZAEP 130, así como se pretende que el nuevo plan de gestión reemplace los dos planes de gestión actuales, el CPA aconseja a la RCTA la revocación de la designación de las actuales ZAEP 118 (cima del monte Melbourne) y ZAEP 130 (cresta Tramway, monte Erebus) como zonas protegidas, como consecuencia de la designación de la nueva ZAEP.

(157) Respecto al documento WP 31, Noruega, en su calidad de coordinador del GSPG, señaló que el plan de trabajo del GSPG para el período entre sesiones correspondiente a 2013-2014 no incluyó tareas específicas en relación con

sus Términos de referencia N°4 y 5. En relación con los debates sostenidos previamente en el CPA sobre la necesidad de elaborar material de orientación para la designación de ZAEA y para la preparación y revisión de planes de gestión para ZAEA, el GSPG sugirió que ahora resultaba oportuno comenzar a trabajar en estas tareas. El Comité destacó la importancia de este tema y convino en que el GSPG abordara esta tarea durante el período entre sesiones.

(158) El Comité acordó que el plan de trabajo para el GSPG durante el periodo intersesional 2014/2015 sería el siguiente:

Términos de referencia	Tareas sugeridas
TdR 1 a 3	Revisar proyectos de planes de gestión remitidos por el CPA para su revisión entre sesiones y proporcionar asesoramiento a los proponentes (incluyendo los tres planes pospuestos a partir del período entre sesiones 2013-2014)
TdR 4 y 5	Trabajar con las Partes relevantes a fin de garantizar el progreso en la revisión de los planes de gestión cuya revisión quinquenal se encuentra vencida
	Iniciar tareas para elaborar orientaciones para preparar y revisar planes de gestión de las ZAEA, a través del desarrollo, entre otros, de un plan de trabajo para dicho proceso.
	Revisar y actualizar el plan de trabajo del GSPG
Documentos de trabajo	Preparar el informe para la XVIII Reunión del CPA cotejándolo con los Términos de referencia 1 a 3 del GSPG
	Preparar informe para la XVIII Reunión del CPA cotejándolo con los Términos de referencia 4 y 5 del GSPG

iv) Otros asuntos relacionados con los planes de gestión de zonas protegidas y administradas

(159) China presentó el documento WP 15, *Informe sobre los debates informales acerca de la propuesta de una nueva Zona Antártica Especialmente Administrada en la estación antártica china Kunlun, Domo A*. En el documento se informó sobre los debates informales coordinados por China, durante el período entre sesiones, acerca de la propuesta de una nueva ZAEA. En su presentación durante la reunión, China entregó un resumen de las dos rondas de debates informales acerca de la propuesta, y agradeció a los participantes. China remarcó especialmente que, durante la segunda ronda, el debate se enfocó en algunos puntos específicos que en opinión de dicho país, son de importancia crucial, particularmente en lo relacionado con la forma en que las Partes utilizan el mecanismo internacional disponible en el Protocolo, así como con las diferencias encontradas en la redacción

de las distintas versiones del Anexo V y la forma en que las Partes pueden interpretarlo. Debido a que aún existen desacuerdos respecto a la propuesta de China, y a que China mantiene la esperanza de promover el valor de protección del Domo A por medio de su designación como ZAEA valiéndose de iniciativas de cooperación internacional, China propuso que los debates informales continúen durante otro período entre sesiones en el foro del CPA a fin de descubrir qué otros resultados pueden presentarse para su consideración en la reunión del CPA del próximo año.

(160) El Comité aceptó la oferta de China de dirigir nuevos debates informales sobre la ZAEA propuesta durante el periodo intersesional.

(161) El Reino Unido presentó el documento WP 25 *Estado de la Zona Antártica Especialmente Protegida N° 114 Isla Coronación del Norte, islas Orcadas del Sur,* en el cual se señala que los valores originales para la protección de este sitio están basados en gran medida en suposiciones que no pueden ser corroboradas debido al limitado número de datos de campo disponibles. De hecho, las importantes restricciones físicas al acceso al sitio dificultaron enormemente la recopilación de datos. En datos de teledetección recopilados recientemente, se descubrió escasa evidencia de un hábitat biológico terrestre de características excepcionales. Por consiguiente, el Reino Unido solicitó la opinión del Comité respecto a la continuación de la protección adicional proporcionada por la condición de ZAEP a la Zona.

(162) Secundando la intervención de Australia, según la cual la supresión de la designación de zonas no se debe efectuar a la ligera, Noruega señaló que el Comité podría considerar el establecimiento de directrices para el proceso de supresión de la designación de zonas. La ASOC expresó su beneplácito al documento WP 25 y señaló que constituía una demostración de la flexibilidad del Protocolo del Medio Ambiente para la designación de ZAEP y ZAEA, e instó a los miembros a identificar y otorgar protección adecuada a las zonas que no han sufrido interferencia humana en conformidad con los términos del Anexo V al Protocolo.

(163) El Comité acordó revocar la designación de la ZAEP 114 *Isla Coronación del Norte, islas Orcadas del Sur,* y al hacerlo, hizo hincapié en que el sitio se mantenía bajo la protección general conferida por el Protocolo del Medio Ambiente.

Asesoramiento del CPA a la RCTA

(164) Luego de considerar la evidencia presentada, el Comité recomendó la revocación de la designación de la ZAEP No. 114 *Isla Coronación del Norte de las islas Orcadas del Sur.*

(165) En relación con este tema del programa se presentó también el siguiente documento:

- Documento de antecedentes BP 11 *Initiation of a review of ASPA 104: Sabrina Island, Northern Ross Sea, Antarctica* (Nueva Zelandia)

9b) Sitios y monumentos históricos

(166) En relación con este tema del programa se presentaron los siguientes documentos:

- Documento IP 16 *Sentencia del Tribunal regional de París, con fecha 6 de febrero de 2014 en relación con la realización de actividades no informadas y no autorizadas en la Zona del Tratado, y daños ocasionados a la casa Wordie (SMH N° 62)* (Francia)

- Documento IP 25 *The 1912 ascent of Mount Erebus of the Terra Nova Expedition: the location of additional campsites and further information on HSM 89* (Reino Unido, Estados Unidos y Nueva Zelandia)

9c) Directrices para sitios

(167) El Reino Unido presentó el documento WP 23 *Directrices para los visitantes a isla Horseshoe, revisión propuesta,* en el cual se confirmó la presencia de materiales que contienen asbesto en el Sitio y Monumento Histórico (SMH) N° 63, Base Y, en isla Horseshoe. El Reino Unido recomendó que las Directrices para los visitantes a isla Horseshoe se actualicen para reflejar lo siguiente: (1) la presencia conocida de materiales con contenido de asbesto en el altillo; (2) que los visitantes no deberían hacer ingreso a dicho altillo; y (3) que los visitantes deberían informar a British Antarctic Survey de cualquier daño importante ocurrido al tejado.

(168) En respuesta a una pregunta de Alemania, el Reino Unido señaló que se encontraban en la etapa de planificación del mantenimiento de los sitios

históricos y que, si se decidía retirar el asbesto de la zona del Tratado Antártico, el material se desecharía de manera apropiada en el Reino Unido.

(169) El Comité acordó revisar las Directrices para visitantes al Sitio y Monumento Histórico N° 63, Base Y, en la isla Horseshoe, de acuerdo a las recomendaciones formuladas por el Reino Unido.

(170) Asimismo, el Comité aprobó la revisión de las Directrices para visitantes a Cabañas de Mawson y cabo Denison, presentada por Australia en el documento WP 30.

Asesoramiento del CPA a la RCTA

(171) El Comité convino remitir a la RCTA las siguientes Directrices para sitios revisadas para su aprobación:

- Isla Horseshoe

- Cabañas de Mawson y cabo Denison

---

(172) En relación con este tema del programa se presentaron también los siguientes documentos:

- Documento IP 18, *Site Guidelines: mapping update* (Reino Unido, Estados Unidos, Argentina y Australia)

- Documento IP 27 rev.1, *Antarctic Site Inventory: 1994-2014* (Estados Unidos)

- Documento IP 59, *National Antarctic Programme use of locations with Visitor Site Guidelines in 2013-14* (Reino Unido, Argentina, Australia y Estados Unidos)

- Documento IP 86, *Política de Gestión del Turismo para la Base Científica Carlini.* (Argentina)

9d) *La huella humana y los valores de vida silvestre*

(173) La ASOC presentó el documento IP 69 *Antarctica Resolution at the 10th World Wilderness Conference,* en el que se informó al Comité que los delegados que asistieron al Congreso Mundial de Vida Silvestre de 2013 aprobaron

una resolución para el área del Tratado Antártico. En conformidad con esta resolución, la ASOC instó a los miembros a tomar medidas específicas para proteger la vida silvestre antártica mediante: la continuación de proyectos para elaborar una cartografía de la vida silvestre, la implementación de las disposiciones sobre protección de zonas del Artículo 3 del Anexo V, la remediación de sitios afectados, la disminución del impacto humano por medio de, entre otros, la reducción de la navegación y de los viajes logísticos, y la educación pública acerca de los valores de vida silvestre.

(174) La ASOC presentó el documento IP 71 rev. 1 *Managing Human Footprint, Protecting Wilderness: A Way Forward*, en el que se revisa el trabajo realizado para abordar los problemas de la huella humana y los valores de vida silvestre en la Antártida. La ASOC alentó al CPA a: aprobar definiciones para huella humana y valores de vida silvestre a fin de mejorar los procedimientos para su evaluación y cartografía; emprender acciones para mejorar el intercambio de información entre programas sobre huella humana; e instar a los miembros a remitir EIA que incluyan análisis de las evaluaciones de impacto acumulativo y consideraciones sobre los valores de vida silvestre. Además, invitó a los Miembros a presentar propuestas de áreas protegidas para zonas prístinas o con vida silvestre a la XXXIX Reunión de la RCTA y XIX Reunión del CPA, en 2016, con la finalidad de asegurar una amplia representación de las regiones biogeográficas.

(175) Varios miembros agradecieron a la ASOC por la presentación de los documentos IP 69 e IP 71, debido a su contribución al desarrollo de los debates sobre vida silvestre, y expresaron su intención de participar en las iniciativas dirigidas a la protección de los valores antárticos de vida silvestre, incluido el GCI propuesto para la revisión de los Lineamientos para EIA.

(176) Nueva Zelandia destacó que es importante que el Comité se mantenga atento a la necesidad de conservar los valores de vida silvestre de la Antártida, incluyendo el problema de los impactos acumulativos. Asimismo , recolectar en forma consistente datos acerca del alcance y naturaleza de los impactos causados por las actividades de los programas nacionales permitirá que la consideración de esta materia en el futuro se base en información apropiada.

(177) Francia señaló la necesidad de diferenciar los conceptos de huella humana y valores de vida silvestre respecto del concepto de valores estéticos. Bélgica respaldó la designación de zonas protegidas en áreas prístinas con la finalidad de mantener zonas de referencia para la investigación relacionada con la

diversidad microbiana. Argentina recordó a los Miembros la falta de definiciones estandarizadas para los términos "huella humana" o "vida silvestre", y secundó el comentario de Estados Unidos en cuanto a que los miembros no deberían dedicar un esfuerzo excesivo a la discusión de tales definiciones.

(178) El Comité convino en la importancia de tener en cuenta los valores de vida silvestre en el desarrollo actual de varias iniciativas, incluida la revisión de los Lineamientos para EIA y los planes de gestión de zonas especialmente protegidas y administradas. Al respecto, los miembros agradecieron la inclusión de los valores de vida silvestre en el GCI sobre la revisión de los Lineamientos para EIA.

9e) *Protección y gestión del espacio marino*

(179) Bélgica presentó el documento WP 39, *El concepto de "valores sobresalientes" en el medioambiente marino bajo el Anexo V del Protocolo*, preparado en conjunto con Francia. El documento propone que los miembros desarrollen una metodología más consistente en la implementación del Artículo 3 del Anexo V, con el fin de poder responder al impacto producido por las actividades terrestres y su respaldo logístico asociado sobre el medioambiente marino. A pesar de reconocer que las Directrices para la aplicación del marco para zonas protegidas fijado en el Artículo 3, Anexo V del Protocolo al Tratado Antártico, Resolución 1 (2000) tienen la finalidad de facilitar la evaluación y designación sistemáticas de dichas áreas, Bélgica señaló que carecen de un enfoque para identificar zonas específicas que cumplan con los criterios que en ellas se establecen. Bélgica y Francia propusieron la creación de un GCI para debatir la implementación del Artículo 3 del Anexo V en lo que se refiere a cómo se aplica el concepto de "valores sobresalientes" a los ambientes marinos, en relación con las amenazas potenciales al medioambiente asociadas a las actividades enumeradas en el Artículo 3 (4) al Protocolo.

(180) Varios miembros señalaron la necesidad de tener en cuenta el impacto que tienen las actividades terrestres sobre el medioambiente marino y la escasa representación de los valores marinos en las ZAEP.

(181) Varios miembros hicieron hincapié en que debe mantenerse la claridad entre los mandatos y el trabajo del CPA y los de de la CCRVMA. En relación con las Áreas Marinas Protegidas (AMP), la Federación de Rusia enfatizó que sus límites no deberían extenderse hacia las áreas costeras y también indicó

que no se llevan a cabo actividades de pesca en estas áreas. Japón reiteró su visión en cuanto a que la pesca es la actividad que genera el mayor impacto medioambiental, y señaló que la CCRVMA debería ser el órgano en donde se debatan los temas vinculados al ámbito marino.

(182) China y la Federación de Rusia expresaron su preocupación respecto a la interferencia que la designación de ZAEP en las zonas costeras podría ocasionar con la navegación desde y hacia las estaciones antárticas. La Federación de Rusia también indicó que tales designaciones no deberían interferir con la investigación científica en la Antártida.

(183) Al tiempo de respaldar plenamente las recomendaciones presentadas en el documento WP 39, Alemania sugirió, como primer paso, debatir el concepto de "valores sobresalientes" en su aplicación al medioambiente marino dentro del ámbito de la RCTA y del CPA. Alemania afirmó además que existe una necesidad de ofrecer orientación complementaria sobre las ZAEP, lo cual debería ser el objetivo del próximo GCI, en el cual Alemania expresó su disposición para participar.

(184) Estados Unidos indicó que las ZAEP marinas o costeras no interferirían necesariamente con las labores de los programas antárticos nacionales. Estados Unidos se refirió a la Sección 7(ii) en el plan de gestión de las ZAEP marinas 152 y 153. En esta sección se enumeran las "Actividades que se llevan a cabo o que se pueden llevar a cabo dentro de la Zona, incluyendo las restricciones con respecto al momento o el lugar", las cuales comprenden a las "Operaciones esenciales de embarcaciones que no pongan en peligro los valores de la Zona, como el tránsito o el atraque en la Zona, para facilitar las actividades científicas o de otros tipos, incluido el turismo, o para llegar a lugares situados fuera de la Zona". Por lo tanto, los planes de gestión permitirían a los programas antárticos nacionales llevar a cabo actividades operativas o científicas dentro de estas ZAEP.

(185) Japón señaló que, si se creara un GCI acerca de esta materia, éste no debería tener el mandato para proponer agregados al Artículo 3 del Anexo V. Noruega alentó a que en los próximos debates sobre este asunto se utilice el trabajo que en temas relevantes se ha realizado en otros órganos, tales como el Convenio sobre la Diversidad Biológica y la Unión Internacional para la Conservación de la Naturaleza (UICN).

(186) El Comité acordó la creación de un GCI para debatir acerca de los "valores sobresalientes" en el medioambiente marino de la Antártida, bajo los siguientes términos de referencia:

1. Que se identifiquen los "valores sobresalientes" fundamentales en distintos contextos y ámbitos del ambiente marino y que se analice el impacto que sobre ellos tienen las actividades bajo la competencia del CPA que vinculan los ambientes terrestre y marino;

2. Que se identifiquen los criterios bajos los cuales se determinará que un área marina con "valores sobresalientes" requiere la protección otorgada por el instrumento ZAEP y que, de forma adecuada, se identifiquen actividades que puedan causar impactos en el ambiente marino y otros riesgos asociados que puedan ser gestionados o mitigados mediante alguna de las herramientas disponibles para el CPA, incluyendo los valores sobresalientes;

3. Que se comprenda el trabajo realizado por la CCRVMA en la planificación de la conservación sistemática, para evitar la repetición de esfuerzos, mantener funciones diferenciadas y complementar su labor, y que a la vez se utilicen las herramientas apropiadas que están disponibles para el CPA, a fin de implementar el Artículo 3 (2) del Anexo V al Protocolo;

4. Que, dentro del marco y herramientas actuales del Tratado y del Protocolo, se debatan las opciones disponibles para que el CPA incluya los "valores sobresalientes" del ambiente marino, al momento de designar o revisar ZAEP, en conformidad con el Artículo 3 del Anexo V al Protocolo; y

5. Que se presente un informe inicial en la XVIII Reunión del CPA.

(187) Los Países Bajos presentaron el documento IP 49 *The role of the Antarctic Treaty Consultative Meeting in protecting the marine environment through marine spatial protection*, en el que se analiza la responsabilidad de la RCTA respecto a la protección del espacio marino y los instrumentos legales relevantes disponibles para ello. El documento además identifica las interacciones entre la RCTA, el CPA y la CCRVMA en relación con la armonización de esfuerzos de protección del espacio marino; señala las limitantes y la lentitud del proceso de establecimiento de protección del espacio marino en la zona del Tratado Antártico y destaca la necesidad de realizar mayores esfuerzos para armonizar la labor de la RCTA, el CPA y la CCRVMA al respecto. Francia agradeció a los Países Bajos la presentación de su documento, el cual podría tener particular relevancia para el trabajo del GCI sobre protección del espacio marino.

9f) Otros asuntos relacionados con el Anexo V

(188) Noruega presentó el documento WP 33, *Antecedentes y reflexiones e interrogantes iniciales: necesidad de procedimientos relativos a la designación ZAEP y ZAEA y su elaboración*. Noruega recordó al Comité que, en función de los debates sostenidos en la XVI Reunión del CPA, había sugerido que el CPA debía revisar el proceso general de designación de ZAEP y ZAEA, y que muchos Miembros habían expresado su respaldo a esta sugerencia.

(189) Noruega observó que, en los Artículos 5 y 6 del Anexo V al Protocolo Ambiental, se indica que el proceso de designación de una ZAEP o ZAEA se inicia formalmente con la presentación de un proyecto de Plan de gestión, y que no existe, sin embargo, un protocolo establecido sobre cómo proceder antes del punto en que se presenta el Plan de gestión y se da inicio a la designación formal. Noruega recalcó que, en su opinión, crear un tiempo y espacio para debatir sobre los antecedentes de una zona y su necesidad de protección podría constituir una gran ventaja para el Sistema de Zonas Antárticas Protegidas.

(190) En consecuencia, Noruega alentó al CPA a que considere los siguientes interrogantes respecto de la designación de ZAEP y ZAEA: (1) ¿Sería pertinente la existencia de un proceso que permitiera a los miembros y al CPA debatir el mérito de una zona como ZAEP o ZAEA antes de la preparación y presentación de un Plan de gestión para una zona aún no designada como protegida o administrada por parte del(los) proponente(s)?; y (2) Si esta forma de proceder fuera pertinente, ¿habría mérito en contar con una guía para aquellos casos en que resulte necesaria protección provisional debido a la presencia de amenazas inmediatas, mientras se presenta y aprueba un Plan de gestión?. Además, Noruega también advirtió que al considerar estos interrogantes, también es importante tener presente que el hecho de introducir este tipo de procedimientos podría potencialmente presentar obstáculos, y que por ello habría que considerar también cómo éstos podrían superarse.

(191) Los Miembros felicitaron a Noruega por las ideas presentadas en este documento. Varios miembros convinieron en la necesidad de un enfoque de mayor coherencia para la implementación de las disposiciones del Anexo V del Protocolo. Nueva Zelandia señaló que un debate previo acerca de los planes de gestión y protección de una zona permitiría a los miembros considerar en mayor profundidad la utilización de diversas herramientas de conservación, tales como el Análisis de dominios ambientales para el continente antártico y las Regiones biogeográficas de conservación antártica. Argentina afirmó que

era importante que se tomaran pasos previos a la designación de una ZAEP o ZAEA con el objetivo de evaluar si una zona requiere protección adicional a la ofrecida en términos generales por el Protocolo de Madrid. Francia y Estados Unidos hicieron hincapié en la necesidad de contar con herramientas de protección provisional inmediata en caso de emergencias, durante las cuales no se cuenta con tiempo para debates prolongados.

(192) La Federación de Rusia recordó al Comité sus llamados anteriores por un enfoque de mayor coherencia para las ZAEP y ZAEA, y sostuvo que los debates preliminares sobre estas zonas despolitizarían el asunto, y observó que en el texto original del Anexo V no se hacía referencia a los pasos previos a la presentación de un plan de gestión. La Federación de Rusia consideró que debería existir un proceso formal documentado que permitiera a las Partes decidir sobre la designación de futuras ZAEP o ZAEA.

(193) Con relación al documento WP 15 sobre la propuesta de una nueva ZAEA en Domo A, China afirmó que, si bien estaba de acuerdo en considerar la utilización de otras herramientas de gestión y compararlas con las herramientas formales, se debería representar de manera justa el trabajo preliminar para la presentación de un plan de gestión. A la vez que expresó su interés en continuar el debate acerca de esta materia, China también recalcó su preocupación respecto al trabajo adicional que esto causaría a la RCTA y al CPA.

(194) Algunos Miembros manifestaron su preocupación y reserva respecto a la idea de que los debates preliminares sobre el mérito de designar una zona como ZAEP o ZAEA deban tener lugar obligatoriamente antes de la presentación de un plan de gestión para la zona. Chile y el Reino Unido advirtieron que la introducción de un procedimiento formal puede desalentar la presentación de planes de gestión por parte de los Miembros. El Reino Unido instó al Comité a utilizar un enfoque biogeográfico para la designación de zonas protegidas.

(195) Francia acogió la iniciativa propuesta por Noruega; sin embargo planteó el interrogante respecto a si el proceso sugerido solo abordaría el proceso de identificación de ZAEP y ZAEA o si también abarcaría los criterios de identificación y designación. Noruega replicó que ellos concebían al Anexo V como el fundamento formal, y que no se lo alteraría en este aspecto.

(196) Teniendo en cuenta la relevancia de la protección medioambiental, Chile solicitó al Comité considerar además el hecho que los instrumentos legales adoptados por la RCTA no aplican a las embarcaciones con bandera de un

tercero. Alentó a los Miembros a generar conciencia entre esas partes respecto de los valores que el Protocolo del Medio Ambiente busca proteger.

(197) La ASOC recibió favorablemente el documento WP 33 presentado por Noruega, a la vez que señaló que es importante evitar demoras o desalentar la presentación de propuestas para zonas protegidas. La ASOC indicó también que el enfoque propuesto puede facilitar el análisis regional y la utilización de las nueve categorías de posibles ZAEP enumeradas en el Anexo V, algunas de las cuales no requieren la identificación de amenazas. Asimismo, sugirió que un enfoque similar –notificación preliminar por parte de los proponentes y una perspectiva más estratégica para la identificación de los sitios– también podría aplicarse al desarrollo de infraestructuras y a la expansión de la huella humana.

(198) A modo de conclusión, Noruega agradeció los comentarios de los miembros e indicó que respondían a su intención original de someter este asunto a la opinión del Comité, con la finalidad de que en los próximos debates al respecto se consideren todas estas visiones y preocupaciones. La Reunión acogió de forma positiva el ofrecimiento de Noruega de continuar los debates informales entre sesiones en el foro de debates del CPA.

(199) El Reino Unido presentó el documento WP 35 *El Sistema de Zonas Antárticas Protegidas, protección de las características geológicas sobresalientes,* preparado en conjunto con Argentina, Australia y España, y se refirió al documento IP 22 *Antarctic Specially Protected Areas protecting geological features: a review.* Se destacó el hecho de que se han designado pocas ZAEP para la protección de características geológicas en conformidad con el Anexo V. Se sugirió además que los miembros y el SCAR identifiquen características geológicas sobresalientes y consideren los requisitos necesarios para su protección, incluyendo la designación de ZAEP, la zonificación dentro de ZAEA y/o la inclusión de consideraciones de protección específicas establecidas en otras herramientas de gestión desarrolladas, como por ejemplo, las Directrices de sitios para visitantes.

(200) La Federación de Rusia recalcó la importancia de la protección de las características geológicas ante la interferencia accidental producida por las actividades turísticas y no gubernamentales. En respuesta a una pregunta de la Federación de Rusia, Argentina y el Reino Unido señalaron que los posibles mecanismos adicionales de protección para las características geológicas no impedirán la investigación científica. Varios miembros observaron que otros mecanismos, como las EIA,

podrían ser de utilidad. España hizo hincapié en que se debe hacer uso de una amplia investigación científica como base para los próximos debates al respecto. Australia observó que contar con un mejor entendimiento de las características geológicas sobresalientes ayudaría a establecer el nivel de protección o gestión apropiado, así como a evitar el daño o destrucción accidental de estos valores.

(201) El SCAR destacó la creación de su nuevo Grupo de Acción sobre Patrimonio Geológico y Conservación, y señaló que se realizarán presentaciones científicas sobre esta materia en la Conferencia Abierta de Ciencias del SCAR de agosto de 2014.

(202) La ASOC señaló que los requisitos de información del Artículo 8 del Protocolo, los cuales son de naturaleza precautoria, aplican también a la investigación científica, incluida la investigación geológica, y a la protección de los valores geológicos y geomorfológicos.

(203) El Comité reconoció la importancia de garantizar la protección de estos valores y acogió positivamente la continuación de los debates sobre la materia.

(204) Argentina presentó el documento WP 57 *Aportes a la Protección de Fósiles en la Antártida,* en el que se destacó la necesidad de establecer un mecanismo apropiado para la prevención de los impactos acumulativos sobre los fósiles durante la realización de EIA. Argentina recalcó la importante contribución que hace la recolección de fósiles a la investigación científica y alentó al CPA y a la RCTA a optimizar los mecanismos para el intercambio de información y para evitar la realización de estudios paleontológicos sin el permiso de la autoridad competente. Argentina hizo referencia a la Resolución 3 (2001) *Recolección de meteoritos en la Antártida*, en la que se hace hincapié a la importancia de proteger a los meteoritos de la Antártida, y propuso la creación de una Resolución para ofrecer una protección similar a los fósiles antárticos.

(205) El Comité felicitó a Argentina por identificar la necesidad de prevenir el impacto acumulativo sobre los fósiles causado tanto por las actividades turísticas como por las actividades de los programas antárticos nacionales. Varios miembros mencionaron las diferencias existentes en la implementación de permisos dentro de las distintas jurisdicciones nacionales, y sugirieron que el proceso de EIA constituiría un mecanismo mucho más útil para la protección de los fósiles. La Federación de Rusia recalcó las inconsistencias existentes en la implementación del Protocolo del Medio Ambiente e instó a

los miembros a considerar un enfoque más armónico en la implementación de estos mecanismos en las jurisdicciones nacionales.

(206) Estados Unidos y Nueva Zelandia sugirieron que podría aprobarse una resolución, similar a la Resolución 3 (2001), para resaltar la necesidad de prevenir el impacto acumulativo de la actividad científica sobre los fósiles y fomentar el intercambio de información sobre las actividades relacionadas con los fósiles.

(207) Alemania señaló que Argentina había planteado un punto muy importante, y que podía apreciar los riesgos con relación a los valores paleontológicos. Además informó que cuenta con procesos de evaluación de impacto ambiental y de concesión de permisos nacionales relativos a la recolección de fósiles. Si bien no estaba preparada para respaldar en su totalidad el borrador de Resolución, Alemania propuso que sería muy conveniente que, como mínimo, se intercambiara información, por ejemplo, mediante la elaboración de un informe en caso de que alguna Parte llevara a cabo una recolección de fósiles autorizada.

(208) El Reino Unido señaló la relevancia para este debate del documento WP 35, y sugirió que también era importante controlar la recolección de otros tipos de especímenes geológicos. Señaló que concentrarse únicamente en los fósiles podría dar como resultado un sistema con dos niveles, e informó que su legislación nacional se aplicaba a la recolección de todo material geológico.

(209) El Reino Unido destacó la conveniencia de registrar en bases de datos geológicas la posición geográfica de las ubicaciones de los muestreos de especímenes geológicos.

(210) Ecuador informó que también contaba con procedimientos para la extracción de fósiles, incluida la concesión de permisos y la certificación de las características de los fósiles recolectados en la Antártida y en el Ecuador.

(211) El Reino Unido hizo notar su incomodidad en cuanto a solicitar a los operadores turísticos que confirmaran que los fósiles se habían recolectado conforme a un permiso, el cual, a su parecer, era responsabilidad de los operadores nacionales. India manifestó tener la impresión de que existía una delgada línea entre la recolección de recuerdos turísticos y la actividad científica, y expresó su preocupación de que un proceso de permisos podría entorpecer la actividad científica.

(212) La IAATO indicó que los turistas que viajaban en los buques de sus miembros recibían un instructivo de carácter obligatorio donde se les informaba que les

estaba prohibida la extracción de cualquier elemento, incluidos fósiles, de la Antártida. Los operadores de buques que transportan científicos solicitan copias de sus permisos antes de permitir la extracción de cualquier elemento.

(213) El SCAR señaló que al extraer rocas y minerales podría no resultar evidente que éstos incluyen fósiles. Por lo tanto, el SCAR sugirió que la protección y recolección de elementos geológicos deberían tratarse en un contexto más amplio.

(214) El Presidente observó que la mayoría de los miembros compartía la opinión de que la protección de los fósiles en la Antártida era un tema importante y expresó su acuerdo sobre la utilidad de compartir información relacionada con la extracción de fósiles. Varios miembros informaron tener legislación aprobada al respecto, además de las herramientas para tratar los asuntos asociados a la concesión de permisos y la recolección. Sin embargo, el Presidente señaló que algunos miembros tenían dudas en relación con la aprobación de la resolución propuesta por Argentina.

(215) Argentina indicó que el documento WP 57 no proponía un sistema de permisos del Tratado Antártico sobre este tema en particular, y que no tenía como finalidad interferir con las actividades nacionales. Sin embargo, reiteró que sería conveniente expedir permisos a los paleontólogos. En respuesta a la pregunta de por qué el documento WP 57 se concentraba en los fósiles, Argentina respondió que, a diferencia de otros materiales geológicos, los fósiles eran irrepetibles y que la recolección podría entonces ser de carácter único. Señaló que la concesión de permisos podría contribuir a evitar la repetición de esfuerzos en el trabajo de campo e instó a que los paleontólogos, como mínimo, expresaran su intención de recolectar fósiles e informaran sobre todas las recolecciones. También observó que los restos de fósiles ubicados fuera de las zonas protegidas podrían también requerir protección especial.

(216) Argentina expresó su aprecio por el exhaustivo debate de los miembros sobre su propuesta, y señaló que tendría en consideración estos comentarios al desarrollar un nuevo documento de trabajo a fin de continuar con el debate durante la XVIII Reunión del CPA. Invitó a los miembros a unirse a su iniciativa.

(217) El Reino Unido presentó el documento WP 36 *Observación de la cubierta vegetal de las Zonas Antárticas Especialmente Protegidas mediante el uso de teledetección satelital: estudio piloto*, el cual presenta información sobre el uso de técnicas de teledetección para proporcionar datos de referencia sobre la extensión de la cubierta vegetal en 43 ZAEP que protegen vegetación

terrestre. Mencionó que se estaban desarrollando nuevas capas de datos para la Base Digital de Datos Antárticos a fin de ayudar a los miembros del CPA a visualizar la cubierta vegetal dentro de estas ZAEP (*http://www.add. scar.org/aspa_vegetation_pilot.jsp*). Recomendó que el CPA considere el valor potencial de las metodologías de teledetección para: (i) monitorear en forma continua dentro de las ZAEP; (ii) determinar los posibles efectos del cambio climático en la vegetación antártica dentro de las ZAEP y (iii) servir de fuente de información para el desarrollo ulterior del sistema de Zonas Antárticas Especialmente Protegidas.

(218) Francia agradeció al Reino Unido por su documento y por actualizar los datos del SCAR. Francia enfatizó el posible uso de estudios de teledetección para observar la resiliencia de la vegetación y el impacto del turismo en los sitios más visitados que cuentan con Directrices para sitios.

(219) Canadá señaló que la teledetección ha demostrado ser eficiente y no invasiva en la vigilancia del Ártico. Brasil señaló que los datos hiperespectrales podrían combinarse con los datos recolectados mediante teledetección satelital a fin de obtener una imagen más completa de la vigilancia. Brasil también informó sobre el uso de la teledetección en un programa realizado en conjunto con Canadá, y recomendó el uso de la observación multiespectral.

(220) Alemania agradeció el documento WP 36 y señaló que está a favor del uso de la teledetección, en particular para fines de vigilancia, donde constituye un método altamente eficiente. Alemania informó sobre su proyecto de investigación de vigilancia de pingüinos. Además indicó que las actividades de observación de las ZAEP era una importante tarea medioambiental, que debería ser continua. Por lo tanto, Alemania expresó su pleno respaldo a las tres recomendaciones presentadas por el Reino Unido.

(221) Argentina y España recibieron con agrado el uso de técnicas de teledetección para observar las ZAEP, especialmente en zonas muy remotas, y agregaron que estas técnicas no deberían reemplazar las observaciones de campo debido a la complementariedad de las distintas técnicas. Por otro lado, Argentina indicó que los estudios de campo les permiten a los científicos evaluar otros parámetros, como por ejemplo, los parámetros ecofisiológicos. La Federación de Rusia acordó que podrían existir algunas incertidumbres en cuanto a la validación de los datos obtenidos mediante teledetección y recomendó la observación adicional de campo en zonas protegidas. Australia señaló haber llevado a

cabo observaciones de campo para validar datos recopilados por imágenes satelitales, y que estaría complacida de compartir sus experiencias.

(222) China, Australia y Estados Unidos destacaron la utilidad de la teledetección para la vigilancia del cambio climático en la vegetación antártica dentro de las ZAEP, y alentó a expandir su uso, en particular, en zonas remotas y en zonas ambientalmente vulnerables. Australia recibió con agrado las medidas adoptadas por el Reino Unido para lograr que los conjuntos de datos espaciales estuvieran disponibles de manera centralizada a través de la Base de Datos Digitales sobre la Antártida, y señaló que la metodología presentada en el documento WP 36 era una forma muy práctica de impulsar iniciativas cooperativas y coordinadas de observación e investigación climáticas, tal como se había requerido en el documento WP 40.

(223) El SCAR señaló que muchos miembros habían utilizado técnicas de teledetección en zonas protegidas para recolectar datos en, por ejemplo, suelos y permafrost, en cubiertas de hielo y de nieve y en poblaciones de fauna silvestre. El SCAR señaló que contaba con un grupo sobre este último tema. Al notar la creciente disponibilidad de imágenes de la región antártica recolectadas por agencias espaciales nacionales e internacionales, sugirió que los miembros cooperaran para compartir dichas imágenes, teniendo en cuenta las limitaciones de las licencias.

(224) El Reino Unido, en respuesta a una pregunta formulada por Alemania, informó al Comité que sus imágenes sobre vegetación se habían puesto a disposición a través del sitio web del SCAR.

(225) El Comité concluyó que las técnicas de teledetección eran de gran importancia, no sólo para la vigilancia de impactos dentro de las ZAEP, sino también para evaluar la información sobre el daño potencial a zonas sujetas a múltiples visitas turísticas.

(226) El Comité refrendó las recomendaciones contenidas en el documento WP 36 del Reino Unido, según consta en el párrafo 217 del presente informe.

(227) La Federación de Rusia presentó el documento WP 59 *Debate informal entre sesiones sobre la necesidad de supervisar los valores de las ZAEP en relación con las revisiones del Plan de Gestión de ZAEP*, un informe sobre los debates informales basados en el documento WP 21 presentado por la Federación de Rusia a la XVI Reunión del CPA. Señaló que el Reino Unido, Alemania, Estados Unidos, Nueva Zelandia, Australia, Noruega, Italia, Francia, Argentina

y la ASOC habían participado en el debate, y que habían concordado en que la vigilancia a largo plazo era una herramienta sumamente importante para evaluar el estado del medioambiente dentro de las ZAEP. Al mismo tiempo, algunos participantes expresaron sus dudas acerca de hacer que la vigilancia sea obligatoria, debido a que, en su opinión, las actividades de observación pueden afectar valores restringidos presentes en las ZAEP. En cuanto a los nuevos métodos de observación, como por ejemplo la observación mediante teledetección, la mayoría de las Partes consideró necesario alentar su introducción como método para evitar impactos ambientales. La Federación de Rusia recomendó que los miembros: (a) continúen el debate sobre la vigilancia medioambiental dentro de las ZAEP; y (b) preparen propuestas de enmiendas a la Guía para la Preparación de Planes de Gestión de Zonas Antárticas Especialmente Protegidas, Resolución 2 (2011).

(228) Australia agradeció a la Federación de Rusia por liderar el debate entre sesiones, lo que se reflejó en el reconocimiento evidente por parte de los miembros de la importancia de la observación a largo plazo de los valores presentes en las ZAEP. Señaló que se puede avanzar en el objetivo de promover la gestión informada de las ZAEP sobre la base de la mejor información disponible, si los Miembros continuan compartiendo sus experiencias con relación a la vigilancia medioambiental. En este sentido, se refirió a los documentos presentados a la Reunión sobre el uso de vehículos aéreos no tripulados y sobre las técnicas de observación satelital.

(229) Nueva Zelandia agradeció el documento de la Federación de Rusia como una contribución adicional al desarrollo del Sistema de zonas antárticas protegidas. Señaló que hubo un acuerdo general sobre la importancia de las actividades de observación para garantizar que los enfoques de la gestión de zonas protegidas mantengan su relevancia.

(230) Al respecto, la Federación de Rusia se refirió a la pertinencia del documento WP 33 presentado por Noruega, en relación con los debates preliminares sobre la creación de nuevas ZAEP y ZAEA. Expresó también su preocupación sobre la responsabilidad colectiva de realizar actividades de observación en ZAEP y ZAEA.

(231) El Comité refrendó las recomendaciones del documento WP 59 y acordó considerar la manera de incorporar los asuntos de vigilancia en una revisión futura de la Guía para la Preparación de Planes de Gestión de Zonas Antárticas Especialmente Protegidas.

(232) En relación con este tema del programa se presentaron también los siguientes documentos:

- Documento IP 24 *Antarctic Specially Protected Areas: compatible management of conservation and scientific research goals* (Reino Unido y España)

- Documento IP 43 *McMurdo Dry Valleys ASMA Management Group Report* (Nueva Zelandia y Estados Unidos)

- Documento IP 58 *Proposal to afford greater protection to an extremely restricted endemic plant on Caliente Hill (ASPA 140 – sub-site C), Deception Island* (España)

- Documento IP 67 *Report of the Antarctic Specially Managed Area No. 6 Larsemann Hills Management Group* (Australia, China, India y la Federación de Rusia)

- Documento IP 98 *Romanian activities associated with the Antarctic Specially Managed Area No. 6 Larsemann Hills Management Group* (Rumania)

- Documento BP 7 rev. 1, Monitoring and M*anagement Report of Narębski Point (ASPA No. 171) during the past 5 years (2009-2014)* (República de Corea)

Tema 10. Conservación de la flora y fauna antárticas

10a) Cuarentena y especies no autóctonas

(233) Alemania presentó el documento WP 4, *Informe sobre el debate informal sobre turismo y sobre el riesgo de introducir organismos no autóctonos*, el cual informó sobre los resultados de los debates informales encabezados por Alemania, y que estaba basado en las recomendaciones presentadas durante la XVI Reunión del CPA. Como resultado, sugirió: que las Partes debían mejorar el cumplimiento del Manual sobre especies no autóctonas; que los miembros de la IAATO deberían mejorar el cumplimiento de las directrices de IAATO sobre lavado de botas; que deberían protegerse de mejor manera los microhábitats específicos, que deberían limitarse las áreas abiertas a visitas de turistas y que el Comité debería considerar el establecimiento de un programa internacional a largo plazo de observación biológica del suelo. Además, Alemania propuso varios puntos para debatir.

(234) Si bien muchos miembros agradecieron a Alemania por su excelente trabajo en este importante tema, se plantearon algunos asuntos. China observó que si bien el lavado de botas parecía constituir un método ampliamente reconocido, se debería evaluar más rigurosamente su eficacia. Teniendo en cuenta el principio de libertad científica en la Antártida, también indicó que medidas tales como limitar el acceso a determinadas zonas no deberían incluir ninguna prohibición para realizar investigaciones científicas.

(235) Estados Unidos sugirió que, si bien respaldaba la propuesta sobre el lavado de botas, no estaba preparado para respaldar restricciones a las zonas que podían ser visitadas por turistas, a menos que se trate de un contexto de aplicación de procedimientos ya vigentes para gestionar actividades humanas. El Reino Unido indicó que tenía dudas con relación a la expansión de zonas con prohibición de acceso, y señaló la dificultad de identificar qué zonas debían cerrarse. Destacó que muchas especies introducidas volverían a establecerse sin respetar límites artificiales y que la atención debería enfocarse en la bioseguridad.

(236) Francia estuvo de acuerdo en la importancia de plantear interrogantes sobre la eficacia de los métodos de limpieza y señaló que muchos miembros contaban con una amplia experiencia en el tema y que compartir dicha experiencia podría generar nuevos resultados. La IAATO, tras declarar que todos sus miembros se comprometieron a cumplir con el Manual sobre especies no autóctonas, informó que sus miembros emplean medidas exhaustivas de bioseguridad que están respaldadas por un amplio cuerpo de investigación sobre limpieza de botas y sobre procedimientos de descontaminación, y que podrían compartirse con el CPA. Sudáfrica alentó a los Miembros y a la IAATO a cumplir con las diversas herramientas que se hallan disponibles sobre especies no autóctonas. Bélgica expresó su gran interés en conservar zonas de referencia en las que el impacto de los seres humanos haya sido bajo o nulo, puntualizando que ello era crucial para efectuar comparaciones de la diversidad microbiana en el futuro y que apuntaba al beneficio de la ciencia.

(237) La ASOC señaló que si bien todas las actividades antárticas pueden generar algún tipo de impacto, las dinámicas y patrones del turismo eran distintos y podían resultar en un patrón específico de impacto. La introducción de especies no autóctonas como resultado de actividades turísticas amerita una evaluación más detallada tanto desde la perspectiva científica como de la de gestión ambiental, sin dejar de advertir que otras actividades también pueden dar lugar a introducción de especies.

(238) Argentina llamó la atención del Comité sobre el hecho de que aún existía considerable incertidumbre en relación a los microorganismos antárticos y a sus orígenes. Hasta que se aclare este tema, argumentó que las medidas de gestión deberían adoptarse con precaución. Recordó el documento IP 83, el cual informaba sobre la presencia de dos grupos de especies de aves errantes en las Islas Shetland del Sur y anunció que realizará análisis sobre dos especímenes muertos para determinar la presencia de microorganismos no autóctonos que podrían haber sido introducidos.

(239) En respuesta a un comentario relativo al financiamiento, el SCAR respondió que, si bien estaría dispuesto a respaldar el trabajo sobre organismos no autóctonos, no financiaba directamente actividades científicas ni de vigilancia medioambiental; señalando que esto estaba a cargo de los programas antárticos nacionales.

(240) El Comité agradeció a Alemania por su trabajo y destacó los resultados de los debates informales. Al señalar la importancia de destacar los riesgos asociados con las especies no autóctonas y su relación con el turismo, el Comité decidió que se requerirían debates y reflexiones adicionales.

(241) En relación con este tema del programa se presentaron también los siguientes documentos:

- Documento IP 23 *Colonisation status of known non-native species in the Antarctic terrestrial environment (updated 2014)* (Reino Unido)

- Documento IP 83 (Argentina) *Registro de observación de dos especies de aves no nativas en la isla 25 de Mayo, Islas Shetland del Sur* (Argentina)

10b) Especies especialmente protegidas

(242) No se presentaron documentos sobre este tema del programa.

10c) Otros asuntos relacionados con el Anexo II

(243) Otros documentos presentados en este tema del programa:

- Documento IP 11 *Antarctic Conservation Strategy: Scoping Workshop on Practical Solutions* (COMNAP y SCAR)

- Documento IP 19 *Use of hydroponics by National Antarctic Programs* (COMNAP)

- Documento IP 26 *Remote sensing: emperor penguins breeding on ice shelves* (Reino Unido y Estados Unidos)

- Documento IP 42 *Developing general guidelines for operating in geothermal environments* (Nueva Zelandia, SCAR, Reino Unido y Estados Unidos)

- Documento IP 85 *Estimación de la población reproductiva de Pingüino Emperador, Aptenodytes forsteri, de la Isla Cerro Nevado, al noreste de la Península Antártica* (Argentina)

Tema 11. Vigilancia ambiental e informes sobre el estado del medio ambiente

(244) Estados Unidos presentó el documento WP 14 *Avances en la creación de modelos de elevación digitales para zonas antárticas especialmente administradas y protegidas,* que describe el desarrollo de modelos de elevación digital (DEM) para todas las ZAEP y las ZAEA. Instó al CPA a considerar estos modelos como una herramienta muy eficaz para la investigación y observación de estas regiones vulnerables, y a promover el compromiso de los programas antárticos nacionales y de las Partes en cuanto a proporcionar datos de control terrestre como un medio para aumentar la precisión y la utilidad de estos modelos. Estados Unidos informó a la reunión que los modelos de elevación digital estarían disponibles a través de un sitio web. En respuesta a una consulta de Brasil, Estados Unidos respondió que las imágenes satelitales utilizadas para crear los modelos de elevación digital cuentan con protección de derechos de autor, aunque están disponibles para las Partes interesadas mediante su compra mediante acuerdos de licencia. Estados Unidos invitó a otros miembros a debatir sobre qué zonas protegidas deberían priorizarse en cuanto al desarrollo de modelos digitales.

(245) El Reino Unido agradeció a Estados Unidos por su documento y señaló que el uso de DEM aumentaría la precisión en cuanto a la determinación de los límites reales de las ZAEP. India felicitó a Estados Unidos por su trabajo de alta calidad e informó a los Miembros que ha estado utilizando técnicas para combinar imágenes satelitales y datos digitales para crear DEM de mayor resolución de la Zona de las Colinas de Larsemann. Nueva Zelandia señaló la utilidad de las imágenes satelitales para proporcionar datos, especialmente de zonas de difícil acceso.

(246) Australia elogió a Estados Unidos por su innovador trabajo, agradeció el compromiso de ese país de permitir que los datos espaciales sean de libre disponibilidad y expresó su interés en debatir sobre las prioridades para el desarrollo de DEM adicionales. A la vez de respaldar a Australia, Alemania indicó que está desarrollando en su proyecto de investigación un DEM de mayor resolución que el presentado aquí, de manera que pronto podrá proporcionar los datos correspondientes para la ZAEP 150, Isla Ardley y, posiblemente, para otras zonas. También estableció que se encuentra preparada para colaborar con los Estados Unidos en el desarrollo de DEM.

(247) El Comité refrendó las tres recomendaciones propuestas por el documento WP 14, y:

  1) observó y reconoció la utilidad de los modelos DEM como una nueva técnica para las actividades de investigación y observación de las zonas ZAEA y ZAEP;

  2) alentó a los programas antárticos nacionales que ya cuentan con información de control terrestre o que puedan adquirir nuevos controles terrestres en zonas ZAEA o ZAEP, a que ofrezcan dichos datos al centro PGC para su uso en la producción de modelos DEM; e

  3) invitó a las partes a proporcionar información al centro PGC a través del delegado estadounidense del CPA sobre qué zonas ZAEA y ZAEP deberían priorizarse para la producción de modelos DEM.

(248) Nueva Zelandia presentó el documento WP 17 *Avance de las recomendaciones del estudio sobre turismo del CPA*, preparado conjuntamente con Australia, Noruega, el Reino Unido y Estados Unidos. El documento informa sobre los progresos obtenidos en la actualización de los análisis previos sobre potenciales vulnerabilidades ambientales en los sitios que reciben visitantes en la Península Antártica, con el fin particular de informar al CPA en su consideración de las Recomendaciones 3 y 6 del estudio de turismo del CPA.

(249) Empleando los paquetes de datos a largo plazo del Inventario de sitios antárticos de la ONG norteamericana Oceanites, los autores del documento señalaron que el trabajo planificado:

  a. Describirá el conjunto de características que podrían asociarse a sitios de "alta vulnerabilidad";

b. Describirá una metodología para evaluar la vulnerabilidad de sitios que pueda aplicarse a lugares visitados con menor frecuencia o a nuevos lugares que puedan ser visitados por turistas antárticos;

c. Demostrará la aplicación de la metodología a los 10 lugares más visitados (por lo menos) en la Antártida;y

d. Recomendará otros análisis que se puedan necesitar.

(250) La IAATO agradeció a los autores del documento WP 17 y especialmente a Oceanites por su útil iniciativa. Indicó su voluntad de contribuir con la permanente labor de Oceanites.

(251) Noruega señaló la importancia de considerar la forma en que las metodologías existentes en otros lugares podrían aportar información de utilidad para el trabajo que se realiza en la Antártida. En este sentido, hizo referencia al documento IP 82, que contiene información sobre un proyecto de análisis de vulnerabilidad de sitios llevado a cabo en Svalbard, con la esperanza de que podría aportar información e inspirar a los debates en curso. También informó al Comité sobre un simposio que se celebrará en noviembre de 2014 en Tromsø y que abordará temas esenciales para comprender la vulnerabilidad en zonas polares, con el fin de mejorar y trabajar en diversos instrumentos necesarios para cuantificar, cartografiar y presentar evaluaciones creíbles y basadas en el conocimiento acerca de la vulnerabilidad de especies, ecosistemas y tipos de hábitats en las zonas polares. El Presidente invitó a Noruega a presentar un informe del simposio durante la XVIII Reunión del CPA.

(252) Noruega y el Reino Unido informaron que habían apoyado el trabajo de Oceanites. El Reino Unido describió el trabajo como práctico, productivo y útil, y elogió la relación positiva de Oceanites con las Partes y con las ONG.

(253) Estados Unidos elogió los esfuerzos pasados y presentes de colaboración internacional de Oceanites, incluyendo el apoyo de la IAATO. Indicó que estaba a la espera de las recomendaciones concretas y de los análisis que surjan de este trabajo.

(254) Argentina indicó que tenía algunos problemas con el término "vulnerabilidad" al referirse a los sitios. Sugirió un debate adicional de los miembros sobre el término. Indicó que es necesario un debate más amplio entre las Partes para alcanzar un consenso sobre la aplicación de este término y de la metodología en sí.

(255) Chile estuvo de acuerdo en que el trabajo de Oceanites era importante y había generado información sustantiva, aunque deseaba continuar debatiendo la metodología y el intercambio de información. Chile también manifestó que no se siente preparado para concordar con las recomendaciones contenidas en el documento WP 17, puesto que la metodología y los detalles de la investigación aún no han sido puestos a disposición de las Partes.

(256) El Comité alentó a los miembros interesados a continuar con el trabajo previsto, tal como se establece en los documentos WP 17 e IP 12, *Developing a New Methodology to Analyse Site Sensitivities* (Nueva Zelandia, Australia, Noruega, el Reino Unido y Estados Unidos), teniendo en cuenta metodologías adicionales, según corresponda, e informar a la XVIII Reunión del CPA.

(257) El SCAR presentó el documento IP 14 *Report on the 2013-2014 Activities of the Southern Ocean Observing System (SOOS)*, que informaba sobre los logros del SOOS en 2013 y las actividades previstas para 2014, y agradeció a Australia por alojar la oficina del SOOS y a Nueva Zelandia por el respaldo brindado.

(258) En relación con este tema del programa se presentaron también los siguientes documentos:

- Documento IP 8, *Persistent Organic Pollutants (Pops) in Admiralty Bay - Antarctic Specially Managed Area (ASMA 1): Bioaccumulation and Temporal Trend* (Brasil)

- Documento IP 28, *Informe de monitoreo ambiental en Base O'Higgins Temporada 2013* (Chile)

- Documento IP 38, *Proposed Long-Term Environmental Monitoring at Bharati Station (LTEM-BS)* (India)

- Documento IP 82, *Site Sensitivity Analysis Approach Utilized in the Svalbard Context* (Noruega)

- Documento BP 17, *Remote sensing of environmental changes on King George Island (South Shetland Islands): establishing a new monitoring program* (Polonia).

Tema 12. Informes sobre inspecciones

(259) En relación con este tema del programa se presentó el siguiente documento:

- Documento BP 10 *Recommendations of the Inspection Teams to Maitri Station and their Implementation* (India)

Tema 13. Asuntos generales

(260) Brasil presentó el documento WP 9 *Actividades de educación y difusión asociadas a las Reuniones Consultivas del Tratado Antártico (RCTA)*, preparado conjuntamente con Bélgica, Bulgaria, Portugal y el Reino Unido. Se recomienda que la RCTA refrende la organización de un taller, a realizarse durante la RCTA XXXVIII, a fin de facilitar el análisis de las actividades de educación y difusión que podrían transmitir el trabajo del Tratado Antártico hacia un público más amplio y, en especial, aquellas actividades que se realizaron en relación con las RCTA.

(261) Bulgaria agradeció a Brasil, Bélgica, Portugal y el Reino Unido por el trabajo conjunto en el documento y confirmó la celebración del taller en el marco de la XXXVIII RCTA, en Bulgaria, en 2015.

(262) China indicó que concedía gran importancia a la educación y la investigación en China como un medio para fomentar una nueva generación de profesionales de la Antártida. China mencionó que ya presentó información en las escuelas, las universidades y los medios de comunicación. El Reino Unido aclaró que las personas que participarán en el taller deberían estar presentes en calidad de expertos y no como representantes de la RCTA o del CPA. Chile indicó que tomaría parte en las actividades del taller y apoyó las recomendaciones propuestas en el documento.

(263) Francia, al tiempo que expresó su apoyo al taller, planteó la cuestión de la rentabilidad y las limitaciones presupuestarias con respecto a actividades de divulgación y educación orientadas al público sobre temas relacionados con la Antártida.

(264) Argentina destacó la importancia de los temas educativos y la necesidad de contar con una estrategia comunicacional. Argentina también se refirió a su propia experiencia en la elaboración de una publicación educativa conjuntamente con España, Perú y Ecuador, que fue estrictamente apolítica.

(265) Portugal recordó que ya se han realizado en el pasado procesos de evaluación de talleres, y recordó al Comité que la evaluación de los resultados podría resultar difícil. Mencionó la importancia de la celebración de un taller durante la RCTA XXXVIII, y propuso que otras instituciones, como el SCAR, la IAATO

y el COMNAP participen en su organización. Portugal considera que un taller representa una nueva oportunidad de participación para las Partes no Consultivas. Bélgica señaló que, si bien algunos países ya han desarrollado programas educativos sobre temas relacionados con la Antártida, el taller propuesto podría constituir una oportunidad valiosa para el intercambio de experiencias.

(266) La IAATO señaló que muchos de los turistas en la Antártida eran ciudadanos de los países miembros del CPA, cuyos desembolsos han ayudado a financiar los programas antárticos nacionales. La IAATO apoyó la aprobación de las recomendaciones.

(267) El Comité refrendó las recomendaciones presentadas en el documento WP 9:

1. Reconocer que las actividades de educación y difusión son un asunto importante que debe ser debatido por las Partes del Tratado Antártico, y

2. Refrendar la realización de un taller durante la XXXVIII RCTA de Bulgaria, a fin de facilitar el análisis de las actividades de educación y difusión antárticas, especialmente para intercambiar experiencias y ampliar la posibilidad de una mejor coordinación en el futuro a través de, entre otras medidas, el establecimiento de un Foro.

(268) El COMNAP presentó el documento IP 35 *COMNAP Waste Water Management Workshop Information*. Reconociendo el llamamiento hecho en la XV Reunión del CPA para el fortalecimiento de la observación precautoria de la actividad microbiana en zonas cercanas a las descargas de plantas de tratamiento de aguas residuales, y en el Plan de trabajo quinquenal del CPA, que indicó que el CPA deseaba elaborar directrices óptimas para la eliminación práctica de residuos, incluidos desechos humanos, el COMNAP informó al Comité que estaba planificando realizar un taller sobre gestión de residuos en agosto de 2014. Se informaría a la XVIII Reunión del CPA sobre los resultados del taller. Se hizo referencia al documento BP 13 a manera de ejemplo de los temas de debate en el taller.

(269) El COMNAP presentó el documento IP 46 *COMNAP Practical Training Modules: Module 1 – Environmental Protocol*, que informa de un primer módulo de capacitación desarrollado por el Grupo de Expertos en Capacitación del COMNAP (TEG), que combina información de diferentes programas antárticos. Señaló que este material estaba disponible en forma gratuita.

(270) El COMNAP presentó el documento IP 47 *International scientific and logistic collaboration in Antarctica,* que introduce una actualización de la información proporcionada por el COMNAP en la XXXI RCTA basándose en un nuevo estudio realizado por el COMNAP en enero de 2014. También destacó sus objetivos de apoyo a las iniciativas de asociación internacional, señaló que existían barreras obvias para la colaboración internacional y que resultaba necesario realizar esfuerzos a nivel nacional para superar dichos obstáculos.

(271) Francia felicitó al COMNAP por su estudio, el tercero desde 2008, y señaló que la colaboración se produjo fuera de la Zona del Tratado. También señaló que algunos miembros tenían instalaciones y estructuras conjuntas.

(272) Otros documentos presentados en este tema del programa fueron los siguientes:

- Documento IP 75 *Amery Ice Shelf Helicopter Incident* (Australia)

- Documento BP 13 *Progress on the development of a new waste water treatment facility at Australia's Davis Station* (Australia)

Tema 14. Elección de autoridades

(273) El Presidente observó que Argentina, Australia, Chile y Estados Unidos habían nominado candidatos para el cargo de Presidente. Señaló que la cantidad de candidatos planteaba una situación inusual, y que las Reglas de procedimiento del CPA no ofrecían un procedimiento electoral detallado.

(274) El Presidente recordó la Regla 14 de las Reglas de procedimientos del CPA en cuanto a que las decisiones en materia de procedimientos debían adoptarse por votación mediante la obtención de una mayoría simple de los miembros del Comité que se encontraran presentes. El Comité, por lo tanto, acordó por consenso en que los procedimientos de la elección se considerasen como un asunto de procedimientos y por lo tanto, pudieran definirse mediante un simple voto mayoritario.

(275) El Presidente reseñó el siguiente procedimiento de votación, el que fue acordado por consenso:

- Se requeriría quórum para que la elección fuera válida (este sería de dos terceras partes de la membresía del CPA).

- El resultado de las elecciones se decidiría por el voto mayoritario (simple) de los Miembros presentes y votantes.

- En caso de que haya más de dos candidatos para un cargo, se realizarían rondas de votaciones, eliminándose a aquellos candidatos con menor cantidad de votos en cada ronda. En caso de un resultado empatado en una de estas rondas eliminatorias, se realizaría una nueva votación entre dichos dos candidatos (luego de haberse identificado los candidatos con menor cantidad de votos). Si el segundo resultado no difiriera del resultado de la primera ronda, la eliminación debería decidirse arrojando una moneda.

- Cuando solo quedaran dos candidatos, la votación continuaría hasta que uno de ellos ganara por mayoría (simple).

(276) El Comité señaló la conveniencia de incorporar este nuevo procedimiento en una futura revisión de las Reglas de procedimiento.

(277) El Comité eligió al Sr. Ewan McIvor de Australia como Presidente del CPA y felicitó a Ewan por su designación en el cargo.

(278) El Comité agradeció al Dr. Yves Frenot de Francia, por su desempeño como Presidente del CPA durante un segundo período.

(279) El Comité eligió a la Sra. Birgit Njaastad, de Noruega, como Vicepresidenta por un segundo período y la felicitó por su designación en el cargo.

Tema 15. Preparativos para la próxima reunión

(280) El Comité aprobó el Programa provisional de la XVIII Reunión del CPA (apéndice 2).

Tema 16. Aprobación del informe

(281) El Comité aprobó su informe.

Tema 17. Clausura de la reunión

(282) El Presidente clausuró la reunión el viernes 2 de mayo de 2014

Anexo 1

Programa y resumen de documentos de la XVII Reunión del CPA

1. Apertura de la reunión	

2. Aprobación del programa	
SP 1 Rev. 4	*XXXVII RCTA y XVII Reunión del CPA, Programa y calendario*
SP 13	*CEP XVII Summary of Papers*

3. Debate estratégico sobre el trabajo futuro del CPA	
WP 1 Francia	*Plan de trabajo quinquenal del CPA aprobado en la XVI Reunión del CPA.* Este documento, que contiene el Plan de trabajo quinquenal tal como fue aprobado por la 16ª Reunión del CPA en Bruselas, se presenta a los delegados con objeto de que pueda ser considerado y analizado durante la 17ª Reunión del CPA.
WP 10 Nueva Zelandia, Australia, Bélgica, Noruega y el SCAR	*Portal de medioambientes antárticos: Informe de progreso.* Resaltando la necesidad de mejorar la disponibilidad y el acceso a información acorde a las políticas sobre los medioambientes antárticos, con el propósito de respaldar la implementación del Protocolo, este documento informa sobre el estado actual del Portal de medioambientes antárticos, el cual se encuentra en funcionamiento en versión beta y estará plenamente operativo en julio de 2015.
WP 47 Rev. 1 Argentina, Chile	*Actividades de difusión con motivo del 25° aniversario de la firma del Protocolo al Tratado Antártico sobre Protección del Medio Ambiente.* En el marco del 25° Aniversario de la firma del Protocolo al Tratado Antártico sobre Protección del Medio Ambiente, que se celebrará en 2016, Argentina propone dar inicio a un análisis de las propuestas sobre educación y actividades de difusión relacionadas con el trabajo de las Partes y del Comité para la Protección del Medio Ambiente.

4. Funcionamiento del CPA	
SP 7 Secretaría	*Plan de trabajo estratégico plurianual de la RCTA: Informe de la Secretaría sobre los requisitos de Intercambio de información y el Sistema electrónico de intercambio de información.* Siguiendo las instrucciones del Plan de trabajo estratégico plurianual de la RCTA, este documento proporciona un examen de los actuales requisitos de intercambio de información y su evolución, un resumen de los resultados de los debates informales sobre la materia sostenidos tanto en la RCTA como en el CPA, y una lista de los asuntos pendientes.

IP 97 Francia	***CEP XVII – W****ork done during the intersession period.* Este documento resume el trabajo realizado durante el periodo entre sesiones 2013-2014 conforme al Plan de acción establecido por la XVI Reunión del CPA en Bruselas y distribuido por el Presidente del CPA en su Circular N° 1 de la XVII Reunión del CPA.

5. Cooperación **con otras organizaciones**	
IP 3 COMNAP	***Informe anual de 2013 del Consejo de Administradores de los Programas Antárticos Nacionales (COMNAP).*** Este documento presenta los puntos sobresalientes y logros del COMNAP, además de los productos y herramientas desarrollados durante 2013.
IP 10 CCRVMA	***Informe presentado por el observador del CC-CRVMA a la Décimo Séptima Reunión del Comité para la Protección del Medio Ambiente.*** Este informe se centra en cinco asuntos de interés común para el CPA y el CC-CRVMA: Cambio climático y medioambiente marino de la Antártida; Biodiversidad y especies no autóctonas en el medio ambiente marino de la Antártida; Especies antárticas que requieren protección especial; Gestión de espacios marinos y zonas protegidas; y Vigilancia del ecosistema y del medio ambiente.
IP 13 SCAR	***Informe anual del Comité Científico de Investigación Antártica (SCAR) para el período 2013/2014.*** Este documento destaca algunos ejemplos de las actividades del SCAR que son de particular interés para las Partes del Tratado. Informa además acerca de diversos programas de becas y premios con el fin de ampliar la capacidad de todos sus miembros; sobre el Prix *Biodiversité* entregado por la Fundación Príncipe Alberto II de Mónaco; y sobre las próximas reuniones del SCAR.
BP 9 SCAR	***The Scientific Committee on Antarctic Research (SCAR). Selected Science Highlights for 2013/14.*** Este documento destaca algunos de los más recientes documentos científicos fundamentales publicados desde la última Reunión del Tratado, y debería leerse en conjunto con el Documento de Información IP 13.
BP 14, Nueva Zelandia	***Antarctica New Zealand Membership of the International Union for Conservation of Nature (IUCN).*** En este documento Nueva Zelandia informa que durante 2012, Antarctica New Zealand se convirtió en miembro de la UICN con objeto de desarrollar la colaboración en los aspectos científicos con dicha organización y con sus organizaciones miembros. Nueva Zelandia considera que la iniciativa constituyó un gran beneficio, y alienta a los demás Programas antárticos nacionales a considerar su membresía a la UICN.

6. REPARACIÓN Y REMEDIACIÓN DEL DAÑO AMBIENTAL	
WP 28 Australia	*ACTIVIDADES DE LIMPIEZA DE LA ANTÁRTIDA: LISTA DE VERIFICACIÓN PARA LA EVALUACIÓN PRELIMINAR DE SITIOS.* Este documento presenta una lista de verificación, desarrollada por Australia, que debería aplicarse durante la fase evaluatoria de los sitios. La lista se basa en la experiencia de dicho país en lo que respecta a las actividades de limpieza en la Antártida. Australia recomienda que el CPA considere incluir la Lista de verificación en el Manual sobre limpieza, como referencia, según corresponda, para quienes planifiquen o emprendan actividades de limpieza.
IP 7 Brasil	*REMEDIATION PLAN FOR THE BRAZILIAN ANTARCTIC STATION AREA.* Este documento informa sobre el plan de remediación emprendido por el Programa antártico de Brasil en la estación *Comandante Ferraz*, destinado a reducir a un mínimo el impacto ambiental en las zonas en las que se produjo contaminación de suelos debido al derrame de petróleo durante el accidente y el incendio del edificio principal de la estación.
BP 18, Argentina	*TAREAS DE GESTIÓN AMBIENTAL EN LA BASE BELGRANO II.* Este documento informa sobre la importante actividad de limpieza emprendida en la estación Belgrano II en enero de 2014 y sobre una evaluación medioambiental con el propósito de explorar posibles mejoras a la gestión medioambiental.

7. IMPLICACIONES DEL CAMBIO CLIMÁTICO PARA EL MEDIO AMBIENTE: ENFOQUE ESTRATÉGICO	
WP 8 Noruega y el Reino Unido	*INFORME DEL GCI SOBRE CAMBIO CLIMÁTICO.* Este documento presenta los resultados de los debates sostenidos por el GCI sobre cambio climático establecido en la XVI Reunión del CPA, y cuyo objetivo fundamental es el desarrollo de un Programa de trabajo de respuesta para el cambio climático (CCRWP, por sus siglas en inglés) para el CPA. El documento proporciona un resumen de los debates y acuerdos alcanzados durante el periodo intersesional. El grupo propone continuar su trabajo con objeto de presentar un proyecto de CCRWP durante la XVII Reunión del CPA.
WP 40 Estados Unidos, Noruega y el Reino Unido	*IMPULSO AL SEGUIMIENTO COORDINADO DEL CAMBIO CLIMÁTICO EN LA ANTÁRTIDA.* Para comprender de mejor manera los procesos climáticos y los cambios sufridos por la Antártida, así como también las implicancias para la gestión y operación provocadas por dichos cambios, este documento propone concentrar los esfuerzos por respaldar la observación de los sistemas antárticos y del Océano Austral: 1) fortaleciendo la coordinación de la prioridades de investigación sobre el clima para maximizar los beneficios de los proyectos de investigación; y 2) continuar apoyando la cooperación entre el CPA y el CC-CRVMA, incluida la realización de talleres conjuntos.

WP 46 Reino Unido, Alemania, Noruega y España	***Prueba de la herramienta de planificación para la conservación RACER, Evaluación rápida de la resiliencia del ecosistema que rodea al Ártico del WWF en la Antártida.*** Este documento recomienda que las Partes consideren la resiliencia en la designación, gestión y revisión de las zonas protegidas, y que RACER se reconozca como una posible herramienta para utilizar en las áreas más diversas y productivas de la Antártida con el fin de determinar las características fundamentales con importancia para conferir resiliencia de manera más general.
IP 29 OMM	***WMO-led developments in Meteorological (and related) Polar Observations, Research and Services.*** Este documento llama la atención de la RCTA hacia las presentes oportunidades prácticas para reducir al mínimo los riesgos asociados a las condiciones meteorológicas extremas en la Antártida, centrando el debate en las observaciones, investigación y servicios meteorológicos relevantes (y asociados), que han resultado del trabajo de la OMM y de los organismos e instituciones asociados. Se hace particular referencia a las iniciativas relacionadas con la comprensión del sistema climático.
IP 39 SCAR	***SCAR engagement with the United Nations Framework Convention on Climate Change (UNFCCC).*** Este documento informa sobre las actividades emprendidas por el SCAR durante 2013 en la Convención Marco de las Naciones Unidas sobre Cambio Climático (CMNUCC) sostenida en Bonn y en la Conferencia de las Partes de la CMNUCC en Varsovia. Informa además sobre los planes para 2014, particularmente aquellos relacionados con el grupo que participa en el informe ACCE, y sobre una serie de reuniones realizadas en colaboración con el Panel intergubernamental de expertos sobre cambio climático a fin de reunir a los científicos meteorológicos y a las autoridades en contacto directo durante el periodo anterior a la Conferencia de las Partes que se sostendrá en París en 2015.
IP 60 SCAR	***Antarctic Climate Change and the Environment – An Update.*** Este documento, preparado por el Grupo de Asesoramiento sobre el informe ACCE del SCAR, destaca algunos notorios progresos obtenidos en las ciencias meteorológicas antárticas durante los últimos dos años. Se proporciona una completa lista de referencias de manera que pueda consultarse la información pormenorizada de investigaciones específicas.
IP 68 ASOC	***Antarctic Climate Change Report Card 2014.*** Este documento resume y destaca algunos cambios asociados al clima y las conclusiones de investigaciones realizadas en la Antártida durante el año pasado, con el fin de ayudar a los delegados de la RCTA/CPA a familiarizarse con las conclusiones científicas más recientes en la materia.

IP 72 ASOC	*NEAR-TERM ANTARCTIC IMPACTS OF BLACK CARBON AND SHORT-LIVED CLIMATE POLLUTANT MITIGATION.* En este documento, la ASOC informa sobre los resultados de los efectos de los contaminantes climáticos de vida corta, y considera que, debido al impacto de las emisiones locales, sería muy conveniente que el CPA, la RCTA y la CCRVMA trabajaran en conjunto con el COMNAP en el desarrollo de un inventario de las actividades antropogénicas de emisión de carbono negro en la Antártida.
IP 74 Rev. 1 ASOC	*THE WEST ANTARCTIC ICE SHEET IN THE FIFTH ASSESSMENT REPORT OF THE INTERGOVERNMENTAL PANEL ON CLIMATE CHANGE (IPCC): A KEY THREAT, A KEY UNCERTAINTY.* Este documento de información se centra en el asunto de la evaluación del Panel Intergubernamental de Expertos sobre Cambio Climático de la elevación del nivel del mar, y en especial en la contribución de las capas de hielo, particularmente la inestable capa de hielo de la Antártida Occidental. El documento examina y analiza las nuevas proyecciones del Quinto informe de evaluación del IPCC y analiza sus implicancias para la región antártica y el STA.
IP 94 Rev.1 Reino Unido	*ANTARCTIC TRIAL OF WWF's RAPID ASSESSMENT OF CIRCUM-ARCTIC ECOSYSTEM RESILIENCE (RACER) CONSERVATION PLANNING TOOL – METHODOLOGY AND TRIAL OUTCOMES.* Este documento se elaboró como respaldo al Documento de trabajo WP 46, y proporciona el informe sobre la prueba de RACER y sus resultados completos, destacando las características fundamentales con probabilidad de persistir y que podrían conferir resiliencia en el futuro a la región más amplia. Además informa sobre las dificultades, limitaciones y oportunidades encontradas por medio de la evaluación de la aplicabilidad de RACER en la Antártida.

8. EVALUACIÓN DE IMPACTO AMBIENTAL	
a) Proyectos de evaluación medioambiental global	
WP 16 China	*PROYECTO DE EVALUACIÓN MEDIOAMBIENTAL GLOBAL PARA LA CONSTRUCCIÓN Y OPERACIÓN DE LA NUEVA ESTACIÓN DE INVESTIGACIÓN CHINA, EN LA TIERRA DE VICTORIA, EN LA ANTÁRTIDA.* Este documento resume el objetivo del proyecto de CEE para la nueva estación de investigación china y su proceso de circulación, y contiene el Resumen no técnico del CEE.
WP 22 Belarús	*CONSTRUCCIÓN Y OPERACIÓN DE UNA ESTACIÓN DE INVESTIGACIÓN ANTÁRTICA BELARUSA EN MONTE VECHERNYAYA, TIERRA DE ENDERBY. DRAFT COMPREHENSIVE ENVIRONMENTAL EVALUATION.* Este documento resume el objetivo del proyecto de CEE para la nueva estación de investigación belarusa y su proceso de circulación, y contiene el Resumen no técnico, además del documento completo del proyecto de CEE.

WP 27 Australia	*INFORME DEL GRUPO DE CONTACTO INTERSESIONAL ABIERTO ESTABLECIDO PARA CONSIDERAR EL PROYECTO DE EVALUACIÓN MEDIOAMBIENTAL GLOBAL PARA LA "CONSTRUCCIÓN Y OPERACIÓN DE LA ESTACIÓN DE INVESTIGACIÓN ANTÁRTICA BELARUSA EN MONTE VECHERNYAYA, TIERRA ENDERBY".* Este documento informa acerca del resultado de la revisión intersesional realizada por un GCI coordinado por Australia, de conformidad con los Procedimientos del CPA, relacionado con el proyecto de CEE preparado para la nueva estación belarusa.
WP 43 Estados Unidos	*INFORME DEL GRUPO DE CONTACTO INTERSESIONAL ABIERTO ESTABLECIDO PARA CONSIDERAR EL PROYECTO DE CEE PARA LA "CONSTRUCCIÓN Y OPERACIÓN PROPUESTAS DE UNA NUEVA ESTACIÓN DE INVESTIGACIÓN CHINA EN TIERRA DE VICTORIA, EN LA ANTÁRTIDA".* Este documento informa sobre los resultados de la revisión intersesional por un GCI establecido conforme a los procedimientos del CPA, y coordinado por Estados Unidos, para considerar el proyecto de CEE preparado para la nueva estación china.
IP 37 China	*THE DRAFT COMPREHENSIVE ENVIRONMENTAL EVALUATION FOR THE CONSTRUCTION AND OPERATION OF THE NEW CHINESE RESEARCH STATION, VICTORIA LAND, ANTARCTICA.* Este documento contiene el proyecto completo de CEE para la nueva estación China.
IP 54 China	*THE INITIAL RESPONSES TO THE COMMENTS ON THE DRAFT CEE FOR THE CONSTRUCTION AND OPERATION OF THE NEW CHINESE RESEARCH STATION, VICTORIA LAND, ANTARCTICA.* Este documento proporciona las respuestas iniciales a los comentarios formulados por los participantes del GCI, una lista de los principales campos de investigación de la nueva estación china, información acerca del análisis de riesgo de la resistencia al viento y a la acumulación de nieve, e información acerca del sistema basado en pirólisis magnética de la gestión de los residuos.

b) Otros asuntos relacionados con la evaluación de impacto ambiental	
WP 5, Alemania y Polonia	*LOS UAV Y SUS POSIBLES IMPACTOS AMBIENTALES.* A la luz del uso significativamente creciente de vehículos aéreos no tripulados (UAV, por sus siglas en inglés) con fines científicos y no científicos en la Antártida, este documento llama la atención del Comité sobre los posibles efectos en el medioambiente que puede generar el uso de UAV, e invita al Comité a considerar las recomendaciones propuestas.
WP 13 Estados Unidos y Noruega	*ACTIVIDADES DE CAMPAMENTO COSTERO REALIZADAS POR LAS ORGANIZACIONES NO GUBERNAMENTALES.* Algunas autoridades competentes han enfrentado un aumento en el número de actividades no gubernamentales de campamento costero y es posible que existan desafíos o brechas normativas al regular estas actividades. Este documento resume la información recopilada sobre dichas experiencias y las respuestas de las autoridades competentes sobre las metodologías para abordar los asuntos relacionados con actividades no gubernamentales de campamento costero.

WP 24 Reino Unido	***Mejoras al proceso de Evaluación de impacto ambiental en la Antártida.*** Basándose en la prioridad que otorga el Plan de trabajo quinquenal del CPA a la revisión de los Lineamientos sobre EIA, este documento ofrece una serie de posibles asuntos relacionados con las políticas y procesos para su debate. Asimismo alienta a las Partes a considerar el posterior desarrollo de requisitos y procedimientos de EIA y otros mecanismos que podrían mejorar su proceso.
WP 29 Australia	***Revisión de los Lineamientos para la Evaluación del Impacto Ambiental en la Antártida.*** Basándose en la prioridad que otorga el Plan de trabajo quinquenal del CPA a la revisión de los Lineamientos sobre EIA, Australia revisó los debates del CPA sobre estas evaluaciones y su evolución con el propósito de identificar los asuntos que podrían ser considerados por un GCI en el debate sobre esta revisión. Australia también presentó los posibles términos de referencia para el GCI.
WP 34 Francia, Bélgica	***IEE o CEE: ¿cuál elegir?*** Basándose en el análisis de la información disponible sobre las EIA, este documento analiza la adecuación de una lista limitada de actividades que podrían considerarse en forma rutinaria como de impacto mayor que mínimo o transitorio en el medioambiente, y que, por lo tanto, requerirían de la preparación sistemática de una CEE. Dicha metodología reduciría la disparidad en la evaluación de los posibles impactos de una serie de actividades por definir. Se propuso un GCI para la consideración de este asunto.
WP 51 Estados Unidos	***Consideraciones sobre el uso de sistemas de navegación aérea no tripulados (UAS) para la investigación, seguimiento y observación en la Antártida.*** Los Sistemas de navegación aérea no tripulados se usan en todo el mundo como herramientas para la recolección de datos científicos y observación del medioambiente. Este documento invita al CPA y la RCTA a considerar el potencial de expansión del uso de aeronaves no tripulados en la Antártida y a determinar la mejor manera de garantizar la seguridad del personal, la infraestructura, la vida silvestre y el medio ambiente.
IP 36 Corea (RDC)	***Establishment and beginning of pilot operation of the 2nd Korean Antarctic Research Station "Jang Bogo" at Terra Nova Bay.*** Este documento informa sobre la segunda fase de la construcción y puesta en marcha de la estación Jang Bogo a principios de 2014. Además proporciona información pormenorizada acerca del tratamiento de residuos, las actividades de observación medioambiental y los programas científicos que se realizarán en la nueva estación.

IP 56 Italia	*INITIAL ENVIRONMENTAL EVALUATION FOR THE REALIZATION OF A NEW ACCESS ROAD TO ENIGMA LAKE TWIN OTTER RUNWAY AT MARIO ZUCCHELLI STATION, TERRA NOVA BAY, ROSS SEA, ANTARCTICA.* Este documento presenta la evaluación medioambiental del segundo camino de acceso, el cual difiere en parte del que se había autorizado con anterioridad. El documento proporciona una descripción del medioambiente desde el punto de vista geológico y morfológico, con descripciones actualizadas de la flora y fauna y las principales características medioambientales, consideraciones sobre los impactos y las medidas para su mitigación.
IP 57 Italia	*TOWARDS THE REALIZATION OF A GRAVEL RUNWAY IN TERRA NOVA BAY: RESULTS OF THE 2013-2014 SURVEY CAMPAIGN.* Este documento presenta una actualización del proyecto y resume los resultados de los estudios que se realizaron durante la última temporada estival antártica, reseñando las actividades adicionales que se desarrollarán durante la próxima expedición 2014-2015.
IP 63 Federación de Rusia	*RESULTS OF DRILLING OPERATIONS FOR THE STUDY OF THE LOWER PART OF THE GLACIER IN DEEP BOREHOLE AT VOSTOK STATION IN THE SEASON 2013-2014.* Este documento informa sobre los pormenores técnicos asociados a las operaciones de perforación del casquete glacial durante la temporada 2013/2014 en pozo de sondeo 5G-3. Los resultados de las operaciones de perforación demostraron que quedaban por perforar cerca de 45 m de hielo en el límite del "hielo-agua", lo cual representa una labor factible, en especial cuando las personas a cargo de la operación ya estaban en antecedentes del espesor real del glaciar, de 3.769,3 m.
IP 64 Federación de Rusia	*STUDY OF THE WATER COLUMN OF THE SUBGLACIAL LAKE VOSTOK.* Este documento proporciona información acerca de la operación de perforación en la columna de agua del lago Vostok y proporciona una evaluación medioambiental inicial, la cual se presenta para su debate por los miembros del CPA.
IP 73 ASOC	*NEW ANTARCTIC STATIONS: ARE THEY JUSTIFIED?* Basándose en diversas evaluaciones aparecidas en publicaciones de expertos y en informes de inspección, la ASOC contrasta en este documento los resultados de la investigación científica generada por las PCTA (en términos de las publicaciones científicas de expertos) y considera que deben contemplarse con antelación todas las alternativas a la construcción de nuevas estaciones.
SP 5 Secretaría	*LISTA ANUAL DE EVALUACIONES MEDIOAMBIENTALES INICIALES (IEE) Y EVALUACIONES MEDIOAMBIENTALES GLOBALES (CEE) PREPARADAS ENTRE EL 1 DE ABRIL 2013 Y EL 31 DE MARZO DE 2014.* Este documento informa sobre las evaluaciones de impacto ambiental preparadas durante el último periodo de informes.

9. PROTECCIÓN Y GESTIÓN DE ZONAS	
a) Planes de gestión	
i. Proyectos de planes de gestión que habían sido examinados por el Grupo Subsidiario sobre Planes de Gestión	
WP 31 Noruega	*GRUPO SUBSIDIARIO SOBRE PLANES DE GESTIÓN - INFORME DEL TRABAJO ENTRE SESIONES 2013/2014*. Durante el periodo intersesional 2013/2014 el Grupo subsidiario sobre planes de gestión revisó los planes de gestión para siete ZAEP y una ZAEA. El GSPG recomienda que el CPA apruebe los planes de gestión para las ZAEP 141, ZAEP 128, ZAEA 1 y dos nuevas ZAEP en los *Sitios geotérmicos a elevada altitud de la región del Mar de Ross* y en *Stornes, colinas de Larsemann, Tierra de la Princesa Isabel*, respectivamente. El GSPG recomienda además al CPA que debe realizarse un mayor trabajo intersesional en relación con tres planes de gestión correspondientes a las ZAEP 144, ZAEP 145 y ZAEP 146.
ii. Proyectos de planes de gestión revisados que no habían sido examinados por el Grupo Subsidiario sobre Planes de Gestión	
WP 3 Estados Unidos	*PLAN DE GESTIÓN REVISADO DE LA ZONA ANTÁRTICA ESPECIALMENTE PROTEGIDA NO 139, PUNTA BISCOE, ISLA ANVERS, ARCHIPIÉLAGO PALMER.* Si bien los cambios incorporados al plan de gestión eran numerosos, estos se clasificaron como 'menores' en su naturaleza y efecto. Por lo tanto, EE. UU. propone que sea considerado por el Comité y recomienda su aprobación por la RCTA.
WP 6 Estados Unidos	*PLAN DE GESTIÓN REVISADO PARA LA ZONA ANTÁRTICA ESPECIALMENTE PROTEGIDA Nº 113, ISLA LITCHFIELD, PUERTO ARTHUR, ISLA ANVERS, ARCHIPIÉLAGO PALMER.* Si bien los cambios incorporados al plan de gestión eran numerosos, estos se clasificaron como 'menores' en su naturaleza y efecto. Por lo tanto, EE. UU. propone que sea considerado por el Comité y recomienda su aprobación por la RCTA.
WP 7 Estados Unidos	*PLAN DE GESTIÓN REVISADO PARA LA ZONA ANTÁRTICA ESPECIALMENTE PROTEGIDA Nº 121, CABO ROYDS, ISLA ROSS.* Si bien los cambios incorporados al plan de gestión eran numerosos, estos se clasificaron como 'menores' en su naturaleza y efecto. Por lo tanto, EE. UU. propone que sea considerado por el Comité y recomienda su aprobación por la RCTA.
WP 11 Noruega	*REVISIÓN DE LA ZONA ANTÁRTICA ESPECIALMENTE PROTEGIDA (ZAEP) Nº 142 – SVARTHAMAREN.* Debido a que este plan de gestión fue revisado sin que se le realizaran cambios sustantivos, con cambios en general de naturaleza editorial, Noruega recomienda que el CPA apruebe el plan de gestión y recomienda su aprobación por la RCTA.

WP 18 Australia y China	**REVISIÓN DEL PLAN DE GESTIÓN PARA LA ZONA ANTÁRTICA ESPECIALMENTE PROTEGIDA (ZAEP) N° 169, BAHÍA AMANDA, COSTA INGRID CHRISTENSEN, TIERRA DE LA PRINCESA ISABEL, ANTÁRTICA ORIENTAL.** Debido a que no se realizaron cambios a los límites de la Zona y tampoco se realizaron cambios importantes a su descripción, Australia y China recomiendan que el CPA apruebe el plan de gestión revisado.
WP 19 Australia	**REVISIÓN DEL PLAN DE GESTIÓN PARA LA ZONA ANTÁRTICA ESPECIALMENTE PROTEGIDA (ZAEP) N° 136, PENÍNSULA CLARK, COSTA BUDD, TIERRA DE WILKES, ANTÁRTIDA ORIENTAL.** Debido a que no se realizaron cambios a los límites de la Zona y tampoco se realizaron cambios importantes a su descripción, Australia recomienda que el CPA apruebe el plan de gestión revisado.
WP 21 Australia, China, India y Federación de Rusia	**REVISIÓN DEL PLAN DE GESTIÓN PARA LA ZONA ANTÁRTICA ESPECIALMENTE PROTEGIDA (ZAEP) N° 6, COLINAS DE LARSEMANN, ANTÁRTIDA ORIENTAL.** El plan de gestión para la ZAEA fue revisado sin sufrir cambios en los límites de la Zona, y tampoco se realizaron cambios importantes en sus disposiciones sobre gestión. El plan de gestión se modificó con el fin de reflejar la anticipada designación de la nueva Zona Antártica Especialmente Protegida en Stornes, al interior de la ZAEA. Los proponentes recomiendan que el CPA apruebe el Plan de gestión revisado.
WP 26 Estados Unidos	**PLAN DE GESTIÓN REVISADO PARA LA ZONA ANTÁRTICA ESPECIALMENTE PROTEGIDA N° 124,** **CABO CROZIER, ISLA ROSS.** Estados Unidos informa que se realizaron extensas revisiones al plan de gestión con el fin de actualizarlo. La revisión incluye algunos cambios a los límites, la ampliación de los valores que requieren protección, y una referencia a las cualidades representativas de los hábitats terrestres y marinos de la Zona. En esta oportunidad se proporcionan orientaciones más explícitas respecto de las condiciones para los permisos y el acceso. El plan de gestión revisado se presenta al Comité para su consideración.
WP 30 Australia	**PROPUESTA PARA MODIFICAR LAS DISPOSICIONES EN MATERIA DE GESTIÓN CORRESPONDIENTES A LAS CABAÑAS DE MAWSON Y CABO DENISON.** Australia realizó la revisión quinquenal de los planes de gestión de la ZAEP 162 y la ZAEA 3. Como resultado de la revisión, Australia propuso ampliar la ZAEP 162 a fin de cubrir el área actualmente designada como ZAEA 3, y suprimir su designación como ZAEA. El requisito de un permiso para ingresar y realizar actividades dentro de una ZAEP ampliada proporcionaría mayor protección al entorno histórico, a los artefactos y demás objetos históricos asociados al sitio histórico del cabo Denison, designado actualmente como Sitio y Monumento Histórico (SMH) 77. También haría más sencilla la gestión del sitio, que además está sujeto a una Guía para visitantes aprobada en la Resolución 4 (2011).

WP 52 Chile	*REVISIÓN DEL PLAN DE GESTIÓN PARA LA ZONA ANTÁRTICA ESPECIALMENTE PROTEGIDA N° 150, ISLA ARDLEY (PENÍNSULA ARDLEY), BAHÍA MAXWELL, ISLA REY JORGE (ISLA 25 DE MAYO).* El plan de gestión fue revisado y requirió apenas de cambios menores. Por lo tanto, Chile recomienda que el CPA apruebe el plan de gestión revisado.
WP 54 Chile	*REVISIÓN DEL PLAN DE GESTIÓN PARA LA ZONA ANTÁRTICA ESPECIALMENTE PROTEGIDA N° 125, PENÍNSULA FILDES, ISLA REY JORGE (ISLA 25 DE MAYO).* El plan de gestión fue revisado y requirió apenas de cambios menores. Por lo tanto, Chile recomienda que el CPA apruebe el plan de gestión revisado.
WP 58 Rev. 1 Corea (RDC)	*PLAN DE GESTIÓN REVISADO PARA LA ZONA ANTÁRTICA ESPECIALMENTE PROTEGIDA N° 171, PUNTA NARĘBSKI, PENÍNSULA BARTON, ISLA REY JORGE.* La República de Corea realizó su primera revisión del plan de gestión para la ZAEP 171. Puesto que solamente se requieren rectificaciones menores, la República de Corea recomienda que el CPA apruebe el Plan de gestión revisado, que se adjunta.

iii. *Nuevos proyectos de planes de gestión de zonas protegidas y administradas*

iv. *Otros asuntos relacionados con los planes de gestión de zonas protegidas y administradas*

WP 15 China	*INFORME SOBRE LOS DEBATES INFORMALES ACERCA DE LA PROPUESTA DE UNA NUEVA ZONA ANTÁRTICA ESPECIALMENTE ADMINISTRADA EN LA ESTACIÓN ANTÁRTICA CHINA KUNLUN, DOMO A.* Este documento contiene un breve informe de los debates informales coordinados por China durante el periodo intersesional sobre la propuesta de una nueva ZAEA en la estación antártica china Kunlun, en el Domo A. China recomienda que los debates informales se mantengan durante otro periodo intersesional y que los resultados sean presentados en la XVII Reunión del CPA.
WP 25 Reino Unido	*ESTADO DE LA ZONA ANTÁRTICA ESPECIALMENTE PROTEGIDA No. 114 ISLA CORONACIÓN DEL NORTE DE LAS ISLAS ORCADAS DEL SUR.* Considerando la cantidad limitada de información acerca de los valores de la Zona, las importantes limitaciones físicas para el acceso, y la información recientemente recabada a partir de datos digitales arrojados por teledetección satelital que demuestran escasa evidencia de un hábitat biológico terrestre de características excepcionales, el Reino Unido solicita la opinión del CPA en cuanto a si la protección adicional conferida a la zona por su condición de ZAEP seguía siendo adecuada.
BP 11, Nueva Zelandia	*INITIATION OF A REVIEW OF ZAEP 104: SABRINA ISLAND, NORTHERN ROSS SEA, ANTARCTICA.* Nueva Zelandia informa que si bien el plan de gestión para la ZAEP 104, isla Sabrina, había cumplido el plazo para su revisión, en esta etapa no se encuentra en condiciones de revisar el plan de gestión, si bien había comenzado una revisión.

b) Sitios y monumentos históricos	
IP 16 Francia	*SENTENCIA DEL TRIBUNAL REGIONAL DE PARÍS, CON FECHA 6 DE FEBRERO DE 2014 EN RELACIÓN CON LA REALIZACIÓN DE ACTIVIDADES NO INFORMADAS Y NO AUTORIZADAS EN LA ZONA DEL TRATADO, Y DAÑOS OCASIONADOS A LA CASA WORDIE (SMH N° 62).* Este documento informa sobre la sentencia dictada al capitán del yate *l'Esprit d'Equipe* por los daños ocasionados en 2010 a la casa Wordie en el SMH N° 62.
IP 25 Reino Unido, Nueva Zelandia y Estados Unidos	*THE 1912 ASCENT OF MOUNT EREBUS BY MEMBERS OF THE TERRA NOVA EXPEDITION: THE LOCATION OF ADDITIONAL CAMPSITES AND FURTHER INFORMATION ON HSM 89.* Este documento informa sobre las ubicaciones de otros tres sitios de campamento ubicados en el monte Erebus. La iniciativa de investigación continua espera ubicar todos los lugares de campamento en el monte Erebus desde la época heroica, y debatir y desarrollar formas en la cuales estos pueden conservarse y utilizarse en la investigación histórica y científica futura.

c) Directrices para sitios	
WP 23 Reino Unido	*DIRECTRICES PARA LOS VISITANTES A ISLA HORSESHOE, REVISIÓN PROPUESTA.* Luego de confirmar la presencia de asbesto en el SMH N° 63, el Reino Unido recomienda que las Directrices para los visitantes a isla Horseshoe se actualicen para reflejar lo siguiente: i) la presencia conocida de materiales con contenido de asbesto en el altillo, ii) que los visitantes no deberían hacer ingreso a dicho altillo; y iii) que los visitantes deberían informar a British Antarctic Survey de cualquier daño importante ocurrido al tejado.
WP 30 Australia	*PROPUESTA PARA MODIFICAR LAS DISPOSICIONES EN MATERIA DE GESTIÓN CORRESPONDIENTES A LAS CABAÑAS DE MAWSON Y CABO DENISON.* (véase el resumen en el tema 9.a.ii)
IP 18 Reino Unido, EE. UU., Argentina y Australia	*SITE GUIDELINES: MAPPING UPDATE.* Complementando los dos documentos presentados a la XXXVI RCTA sobre las Directrices nuevas y revisadas para visitantes a los sitios, este documento proporciona un panorama general sobre la actividad posterior para perfeccionar los mapas de dichas Directrices para sitios nuevas y revisadas.
IP 27 Rev. 1 Estados Unidos	*ANTARCTIC SITE INVENTORY: 1994-2014.* Este documento proporciona una actualización de los resultados del proyecto de inventario de sitios antárticos (ASI, por sus siglas en inglés), hasta febrero de 2014. Habiendo comenzado en 1994, este programa incluye datos e información recopilados en todos los lugares intensamente visitados por turistas, los sitios considerados más vulnerables a la posible alteración del medioambiente; y de todos los sitios cubiertos por directrices específicas para visitantes aprobadas por las Partes del Tratado Antártico.

IP 59 Reino Unido, Argentina, Australia y Estados Unidos	*NATIONAL ANTARCTIC PROGRAMME USE OF LOCATIONS WITH VISITOR SITE GUIDELINES IN 2013-14.* Este documento proporciona una descripción general de la información proporcionada por las Partes sobre las visitas realizadas por el personal de sus Programas antárticos nacionales a los lugares en los que aplicaban las Directrices de sitios de la RCTA durante la temporada 2013-2014.
IP 86 Argentina	*DOCUMENTO DE INFORMACIÓN IP 86, POLÍTICA DE GESTIÓN DEL TURISMO PARA LA BASE CIENTÍFICA CARLINI.* Este documento informa sobre un conjunto de directrices preparado por el Programa antártico de Argentina para la estación Carlini, destinado a mejorar la eficacia de la gestión del turismo, así como también a proteger las actividades científicas desarrolladas en ese lugar y los valores naturales de la zona.

d) Huella humana y valores silvestres	
IP 69 ASOC	*ANTARCTIC RESOLUTION AT THE 10TH WORLD WILDERNESS CONGRESS.* Este documento informa acerca de la Resolución *sobre la Zona abarcada por el Tratado Antártico como Zona de vida silvestre adyacente* aprobada en el 10º Congreso mundial de vida silvestre (WILD 10), organizado por WILD Foundation en octubre de 2013.
IP 71 Rev.1 ASOC	*MANAGING HUMAN FOOTPRINT, PROTECTING WILDERNESS: A WAY FORWARD.* En este documento la ASOC analiza el trabajo realizado para tratar los aspectos de huella humana y vida silvestre y recomienda los próximos pasos para una acción inmediata con el fin de que el CPA logre procesos oportunos con respecto a dichos valores anticipándose a la celebración del 25° Aniversario del Protocolo en 2016.

e) Protección y gestión del espacio marino	
WP 39 Bélgica y Francia	*EL CONCEPTO DE "VALORES SOBRESALIENTES" EN EL MEDIOAMBIENTE MARINO BAJO EL ANEXO V DEL PROTOCOLO.* En este documento de trabajo se sostiene que es necesario que las Partes desarrollen un enfoque de mayor coherencia para la implementación del Artículo 3 del Anexo V con el fin de poder responder al impacto que tienen sobre el medioambiente marino las actividades terrestres, y el respaldo logístico asociado a ellas. El documento analiza además el concepto de "valores sobresalientes" en su aplicación al medioambiente marino en donde toman lugar las actividades normadas por la RCTA y del CPA, y sugiere la creación de un grupo de contacto intersesional.

IP 49 Países Bajos	THE ROLE OF THE ANTARCTIC TREATY CONSULTATIVE MEETING IN PROTECTING THE MARINE ENVIRONMENT THROUGH MARINE SPATIAL PROTECTION. Este documento examina la responsabilidad de la RCTA en relación con la protección del espacio marino e identifica los instrumentos legales que están disponibles para implementar esta responsabilidad. El documento proporciona además una descripción general de uso actual de dichos instrumentos y de las interacciones que se han producido entre la RCTA, el CPA y la CCRVMA en relación con la armonización de los esfuerzos por proteger el espacio marino.

f) Otros asuntos relacionados con el Anexo V	
WP 33 Noruega	ANTECEDENTES Y REFLEXIONES E INTERROGANTES INICIALES: NECESIDAD DE PROCEDIMIENTOS RELATIVOS A LA DESIGNACIÓN ZAEP Y ZAEA Y SU ELABORACIÓN. Basándose en los debates sostenidos en las últimas reuniones del CPA, este documento propone que la RCTA y el CPA consideren en forma más detenida sus prácticas para establecer zonas protegidas y administradas en la Antártida, garantizando que los fundamentos para la designación de nuevas zonas estén realmente presentes y sean claros. El documento presenta una descripción general de las prácticas recomendables y algunas reflexiones iniciales sobre las formas de avanzar hacia la consideración del CPA como primer paso en el avance sobre este tema/tarea.
WP 35 Reino Unido, Argentina, Australia, España	EL SISTEMA DE ZONAS ANTÁRTICAS PROTEGIDAS, PROTECCIÓN DE LAS CARACTERÍSTICAS GEOLÓGICAS SOBRESALIENTES. Este documento recuerda el compromiso en virtud del Anexo V que dispone la designación de ZAEP en las que se protejan ejemplos de características geológicas sobresalientes. El documento informa que son pocas las ZAEP que se han designado con el objetivo principal de proteger valores geológicos, y recomienda que el CPA aliente a los Miembros y al SCAR a identificar características geológicas sobresalientes y a estimar los requisitos necesarios para su protección, incluidas la designación de ZAEP, la zonificación dentro de ZAEA, y/o la inclusión de consideraciones de protección específicas establecidas en otras herramientas de gestión desarrolladas, como por ejemplo, las Directrices del sitio para visitantes.
WP 36 Reino Unido	OBSERVACIÓN DE LA CUBIERTA VEGETAL LAS ZONAS ANTÁRTICAS ESPECIALMENTE PROTEGIDAS, MEDIANTE EL USO DE TELEDETECCIÓN SATELITAL: ESTUDIO PILOTO. Este documento informa sobre el uso de técnicas de teledetección para obtener datos de referencia sobre la extensión de la cubierta vegetal en 43 ZAEP que protegen la vegetación terrestre. El documento recomienda que el CPA considere la posible conveniencia de esta metodología basada en la teledetección para: (i) la observación constante dentro de las ZAEP, (ii) determinación de los posibles efectos el cambio climático sobre la vegetación de la Antártida dentro de las ZAEP y en un área más amplia, y (iii) informar la futura evolución del sistema de Zonas Antárticas Protegidas.

WP 57 Argentina	*APORTES A LA PROTECCIÓN DE FÓSILES EN LA ANTÁRTIDA.* Al considerar que la recolección de fósiles ha sido una importante contribución a la compresión del pasado del continente antártico, este documento destaca la necesidad de establecer un mecanismo apropiado para preservar el patrimonio científico y los recursos naturales, y propone considerar un proyecto de Resolución.
WP 59 Federación de Rusia	*DEBATE INFORMAL ENTRE SESIONES SOBRE LA NECESIDAD DE SUPERVISAR LOS VALORES DE LAS ZAEP EN RELACIÓN CON LAS REVISIONES DEL PLAN DE GESTIÓN DE ZAEP.* Este documento informa sobre los debates intersesionales conducidos por la Federación de Rusia en el foro de debates del CPA y recomienda continuar los debates sobre la vigilancia medioambiental al interior de las ZAEP durante la XVII Reunión del CPA y solicitar a las Partes y a los Observadores que preparen propuestas de rectificaciones a la *Guía para la Preparación de Planes de Gestión para las Zonas Antárticas Especialmente Protegidas.*
IP 22 Reino Unido	*ANTARCTIC SPECIALLY PROTECTED AREAS PROTECTING GEOLOGICAL FEATURES: A REVIEW.* Este documento informa sobre una revisión de los planes de gestión de ZAEP actuales y propuestos que se emprendieron con el fin de determinar el nivel de protección conferido a las características geológicas dentro del sistema de ZAEP. Este documento complementa la información contenida en el Documento de Trabajo WP 35.
IP 24 Reino Unido y España	*ANTARCTIC SPECIALLY PROTECTED AREAS: COMPATIBLE MANAGEMENT OF CONSERVATION AND SCIENTIFIC RESEARCH GOALS.* Este documento informa que se realizaron investigaciones sobre la gestión de la conservación y la investigación científica en las ZAEP, y que los investigadores habían recomendado que se aclarase el motivo para la asignación de condición de ZAEP, permitiendo con ello una gestión más eficaz de las actividades al interior de dichas zonas.
IP 43 Nueva Zelandia y Reino Unido	*MCMURDO DRY VALLEYS ASMA MANAGEMENT GROUP REPORT.* Este documento es un resumen del trabajo realizado por el grupo de gestión de la ZAEA 2, Valles Secos de McMurdo, desde que el Plan de gestión fuera revisado y aprobado mediante la Medida 10 (2011). Estados Unidos y Nueva Zelandia alientan a los Programas nacionales interesados a participar en el grupo de gestión.
IP 58 España	*PROPOSAL TO AFFORD GREATER PROTECTION TO AN EXTREMELY RESTRICTED ENDEMIC PLANT ON CALIENTE HILL (ASPA 140 – SUB-SITE C), DECEPTION ISLAND.* Este documento informa sobre la excepcional importancia biológica del subsitio C en la ZAEP 140 y alienta a las Partes y al CPA a reconocer su vulnerabilidad y a trabajar en conjunto para considerar algunas medidas de gestión adicionales dentro del plan de gestión de la ZAEP.

IP 67 Australia, China, India y Federación de Rusia	**REPORT OF THE ANTARCTIC SPECIALLY MANAGED AREA NO. 6 LARSEMANN HILLS MANAGEMENT GROUP.** Este documento ofrece un breve informe de las actividades del Grupo de gestión de la ZAEP 6 durante 2013-2014.
IP 98 Rumania	**ROMANIAN ACTIVITIES ASSOCIATED WITH THE ANTARCTIC SPECIALLY MANAGED AREA NO.6 LARSEMANN HILLS MANAGEMENT GROUP.** En este documento, que se relaciona con el IP 67 y el Documento de Trabajo WP 21, Rumania expresa su intención de retomar su membresía activa en el grupo de gestión de la ZAEA 6.
Documento de Antecedentes BP 7 Rev.1 Corea (RDC)	**MONITORING AND MANAGEMENT REPORT OF NARĘBSKI POINT (ASPA NO. 171) DURING THE PAST 5 YEARS (2009-2014).** Este documento informa sobre la vigilancia ecológica y las actividades de gestión realizadas por el Instituto de investigación polar de Corea y el Ministerio coreano del medioambiente desde 2009/2010 en la ZAEP 7.

10. CONSERVACIÓN DE LA FLORA Y FAUNA ANTÁRTICAS
a) Cuarentena y especies no autóctonas

WP 4 Alemania	**INFORME SOBRE EL DEBATE INFORMAL SOBRE TURISMO Y SOBRE EL RIESGO DE INTRODUCIR ORGANISMOS NO AUTÓCTONOS.** Este documento presenta los resultados de los debates informales conducidos por Alemania basados en las recomendaciones presentadas por dicho país a la XVI Reunión del CPA. En el documento se invita al CPA a tomar nota de los resultados del GCI y a debatir los puntos fundamentales asociados a las posibles fuentes de introducción de especies no autóctonas expresados por algunos miembros del grupo. Además, insta a las Partes a considerar las oportunidades de incorporar los resultados del GCI al trabajo en curso o previsto, o a desarrollar propuestas adicionales para su consideración por el CPA.
IP 23 Reino Unido	**COLONISATION STATUS OF KNOWN NON-NATIVE SPECIES IN THE ANTARCTIC TERRESTRIAL ENVIRONMENT (UPDATED 2014).** Este documento es una actualización de la información presentada durante los tres últimos años. El Reino Unido informa que durante el último año no se ha informado acerca de especies no autóctonas que se hayan establecido dentro de la Antártida; sin embargo, han seguido evolucionando la posible colonización y la biología de algunas de las especies no autóctonas descritas antes.
IP 83 Argentina	**REGISTRO DE OBSERVACIÓN DE DOS ESPECIES DE AVES NO NATIVAS EN LA ISLA 25 DE MAYO, ISLAS SHETLAND DEL SUR.** Este documento informa sobre el hallazgo de dos grupos de especies de aves no autóctonas en las cercanías de la estación Carlini en la isla Rey Jorge (isla 25 de Mayo), islas Shetland del Sur; y de las medidas aprobadas con el fin de evitar la posible transmisión de enfermedades hacia la fauna autóctona.

b) Especies especialmente protegidas

c) Otros asuntos relacionados con el Anexo II

IP 11 COMNAP y SCAR	*ANTARCTIC CONSERVATION STRATEGY: SCOPING WORKSHOP ON PRACTICAL SOLUTIONS.* Este documento informa sobre el taller conjunto realizado por el SCAR y el COMNAP en septiembre de 2013 para identificar las respuestas a los desafíos a la conservación de corto y largo plazo en la Antártida prácticas generadas por los programas antárticos nacionales. El informe de dicho taller se adjunta al documento.
IP 19 COMNAP	*USO DE HIDROPÓNICOS POR LOS PROGRAMAS NACIONALES ANTÁRTICOS.* Este documento actualiza la información proporcionada en la XXXVI RCTA sobre el uso de hidroponía por los programas nacionales. Se proporciona para informar sobre las revisiones realizadas a las directrices sobre hidroponía, cuya inclusión en el Manual sobre especies no autóctonas acordó el CPA.
IP 26 Alemania, Reino Unido, Estados Unidos	*REMOTE SENSING: EMPEROR PENGUINS BREEDING ON ICE SHELVES.* Se trata del informe sobre un nuevo comportamiento de reproducción descubierto entre los pingüinos emperador según el cual las colonias pueden formarse sobre las plataformas de hielo en lugar del hielo marino, como suele ocurrir normalmente. Deben considerarse las posibles ventajas de la reproducción sobre plataformas de hielo al realizar pronósticos sobre la trayectoria de la población en esta especie.
IP 42 Nueva Zelandia, SCAR, Reino Unido y Estados Unidos	*DEVELOPING GENERAL GUIDELINES FOR OPERATING IN GEOTHERMAL ENVIRONMENTS.* Este documento informa en relación con el reciente trabajo sobre el desarrollo de un Código de conducta para las cavernas del hielo del monte Erebus y la nueva ZAEP propuesta para los sitios geotérmicos de gran altitud en la región del Mar de Ross, y sobre un taller previsto para iniciar los debates en torno a la elaboración de directrices generales para la operación de ambientes geotérmicos en la Antártida.
IP 85 Argentina	*ESTIMACIÓN DE LA POBLACIÓN REPRODUCTIVA DE PINGÜINO EMPERADOR, APTENODYTES FORSTERI, DE LA ISLA CERRO NEVADO, AL NORESTE DE LA PENÍNSULA ANTÁRTICA.* Recordando los recientes debates sostenidos en el CPA sobre las diferentes técnicas de observación de las colonias de pingüinos emperador en el contexto del impacto que el cambio climático podría tener sobre la especie, este documento informa sobre los resultados de un censo de la colonia de pingüinos emperador en el cerro Nevado utilizando fotografía aérea y técnicas de recuento en terreno.

11. Vigilancia ambiental e informes sobre el estado del medio ambiente	
WP 14 Estados Unidos	*AVANCES EN LA CREACIÓN DE MODELOS DE ELEVACIÓN DIGITALES PARA ZONAS ANTÁRTICAS ESPECIALMENTE ADMINISTRADAS Y PROTEGIDAS.* Este documento describe el desarrollo de modelos de elevación digitales para todas las ZAEA, e invita al CPA a considerar dichos modelos como una poderosa herramienta para la investigación y la observación de dichas regiones vulnerables y a alentar a los programas antárticos nacionales y a las Partes del Tratado a adoptar una función activa en ayudar a aumentar la exactitud y utilidad de dichos modelos.
WP 17 Australia, Nueva Zelandia, Noruega, Reino Unido, Estados Unidos	*AVANCE DE LAS RECOMENDACIONES DEL ESTUDIO DE TURISMO DEL CPA.* Los proponentes han estado trabajando con Oceanites para identificar las oportunidades para utilizar el conjunto de datos a largo plazo del inventario de sitios antárticos, así como los recursos científicos de las instituciones académicas asociadas a Oceanites, para avanzar en las recomendaciones del Estudio de turismo de 2012 del CPA. Este documento informa sobre el trabajo planificado para actualizar los análisis anteriores de vulnerabilidades ambientales potenciales en los lugares para visitantes de la Península Antártica, con el fin particular de informar la consideración del CPA de dar prioridad a las Recomendaciones 3 y 6 del estudio de turismo del CPA.
IP 8 Brasil	*PERSISTENT ORGANIC POLLUTANTS (POPS) IN ADMIRALTY BAY - ANTARCTIC SPECIALLY MANAGED AREA (ASMA 1): BIOACCUMULATION AND TEMPORAL TREND.* Este documento informa sobre los estudios acerca de la contribución de los contaminantes orgánicos persistentes (POP) en la bahía Almirantazgo (bahía Lasserre) realizados por medio del Programa antártico de Brasil con el fin de evaluar los impactos medioambientales. El documento analiza las fuentes contaminantes predominantes y sus tendencias temporales.
IP 12 Australia, Nueva Zelandia, Noruega, Reino Unido, Estados Unidos	*DEVELOPING A NEW METHODOLOGY TO ANALYSE SITE SENSITIVITIES.* Este documento tiene adjunto un informe preliminar sobre el trabajo realizado por Oceanites y sus instituciones asociadas para desarrollar una metodología de análisis de vulnerabilidad de los sitios en los sitios que reciben visitantes en la Antártida. El informe no refleja necesariamente las opiniones de los proponentes, pero se presenta como una referencia para los actuales debates del CPA sobre gestión del turismo, y en particular, las Recomendaciones 3 y 6 del Estudio sobre turismo del CPA de 2012.
IP 14 SCAR	*REPORT ON THE 2013-2014 ACTIVIDADES OF THE SOUTHERN OCEAN OBSERVING SYSTEM (SOOS).* Este informe destaca los logros del SOOS durante 2013, y las actividades planificadas para 2014.

IP 28 Chile	*INFORME DE MONITOREO AMBIENTAL EN BASE O'HIGGINS TEMPORADA* *2013* Este documento informa sobre el programa de observación realizado en la base O'Higgins, el cual se llevó a cabo mensualmente con el objetivo de obtener información acerca del funcionamiento de la planta de tratamiento de aguas residuales de la base.
IP 38 India	*PROPOSED LONG-TERM ENVIRONMENTAL MONITORING AT BHARATI STATION (LTEM-BS).* Este documento describe la propuesta observación medioambiental de la estación Bharati Station y de sus alrededores que debe iniciarse como programa de largo plazo.
IP 82 Noruega	*SITE SENSITIVITY ANALYSIS APPROACH UTILIZED IN THE SVALBARD CONTEXT.* Este documento proporciona un breve resumen de un proyecto centrado en Svalbard, que tiene por objeto el desarrollo de una herramienta para evaluar la vulnerabilidad de los sitios visitados por turistas.
BP 17 Polonia	*REMOTE SENSING OF ENVIRONMENTAL CHANGES ON KING GEORGE ISLAND (SOUTH SHETLAND ISLANDS): ESTABLISHING A NEW MONITORING PROGRAM.* Este documento presenta información preliminar sobre un nuevo programa de observación en la bahía Almirantazgo (bahía Lasserre) utilizando vehículos aéreos no tripulados de ala fija que se prevé para las temporadas 2014/2015 y 2015/2016 y que recopilarán datos medioambientales geoespaciales necesarios para observar los efectos del cambio climático.

12. INFORMES DE INSPECCIÓN	
BP 10 India	*RECOMMENDATIONS OF THE INSPECTION TEAMS TO MAITRI STATION AND THEIR IMPLEMENTATION.* Este documento describe las diversas acciones que ya se han emprendido y que se están implementando en la estación Maitri en relación con las sugerencias y observaciones realizadas por dos equipos de inspección en 2012 y 2013 respectivamente.

13. ASUNTOS GENERALES	
WP 9 Brasil Bélgica, Bulgaria, Portugal y Reino Unido	*ACTIVIDADES DE EDUCACIÓN Y DIFUSIÓN ASOCIADAS A LAS REUNIONES CONSULTIVAS DEL TRATADO ANTÁRTICO (RCTA).* Al señalar la importancia cada vez mayor de los temas antárticos para la ciencia y el trabajo mundial, se recomienda que la RCTA refrende la organización de un taller, a realizarse antes de la RCTA XXVIII, a fin de facilitar el análisis de las actividades de educación y difusión que pueden transmitir el trabajo del Tratado Antártico hacia un público más amplio y, en especial, aquellas actividades que se realizan en relación con las RCTA.

IP 35 COMNAP	***COMNAP Waste Water Management Workshop Information.*** Este documento informa sobre un taller que realizará el COMNAP en agosto de 2014 para continuar los debates sostenidos por los programas antárticos nacionales acerca de la gestión de residuos, basándose en el llamado de la XV Reunión del CPA por un fortalecimiento de la vigilancia cautelar de la actividad microbiana en las zonas cercanas a la descarga de las plantas de tratamiento de aguas residuales; y sobre el plan de trabajo quinquenal del CPA que indica que el CPA desea elaborar directrices sobre prácticas recomendables para la gestión de residuos, incluidos los residuos humanos.
IP 46 COMNAP	***COMNAP Practical Training Modules: Module 1 – Environmental Protocol.*** Este documento presenta un primer módulo de capacitación desarrollado por el Grupo de expertos en capacitación del COMNAP, que combina información de los distintos programas antárticos nacionales. El Grupo de expertos en capacitación del COMNAP se propone considerar si hay otros asuntos/temas pendientes de interés común que podrían prepararse en los próximos módulos de capacitación para su intercambio y puesta a disposición gratuita.
IP 47 COMNAP	***International Scientific and Logistic Collaboration in Antártida.*** Este documento presenta una actualización de la información proporcionada por el COMNAP en la XXXI RCTA, basada en un nuevo estudio llevado a cabo por el COMNAP en enero de 2014, e informa sobre los objetivos del COMNAP de respaldar la asociación internacional.
IP 75 Australia	***Amery Ice Shelf helicopter incident.*** Este documento informa sobre la respuesta a un incidente protagonizado por un helicóptero en la plataforma de hielo Amery en la Antártida Oriental en diciembre de 2013, que tuvo como resultado a tres personas lesionadas y daños irreparables a la aeronave.
BP 13 Australia	***Progress on the development of a new waste water treatment facility at Australia's Davis Station.*** Este documento proporciona una actualización sobre el progreso logrado por Australia en este proyecto, y destaca algunas de las características de las nuevas plantas de tratamiento de aguas de nivel secundario y nivel avanzado previstas.

14. Elección de autoridades

15. Preparativos para la próxima reunión

16. Adopción del informe

17. Clausura de la reunión

Apéndice 1

Plan de trabajo quinquenal del CPA

Asunto / Presión ambiental Medidas	CPA Prioridad	*Periodo entre sesiones*	XVIII Reunión del CPA 2015	*Periodo entre sesiones*	XIX Reunión del CPA 2016	*Periodo entre sesiones*	XX Reunión del CPA 2017	*Periodo entre sesiones*	XXI Reunión del CPA 2018
Introducción de especies no autóctonas	1	Preparación para la revisión del manual, evaluar la posibilidad de organizar un grupo de debate informal	Revisión del Manual de especies no autóctonas						
Medidas: 1. Seguir desarrollando directrices y recursos prácticos para todos los operadores en la Antártida. 2. Continuar los progresos en las recomendaciones planteadas por la RETA sobre cambio climático. 3. Considerar las evaluaciones de riesgo diferenciadas por actividad y especialmente explícitas para mitigar los riesgos planteados por las especies terrestres no autóctonas. 4. Desarrollar una estrategia de vigilancia para las áreas que están en riesgo elevado de establecimiento de especies no autóctonas. 5. Prestar una mayor atención a los riesgos que implica la transferencia de propágulos dentro de la Antártida.									
Turismo y actividades no gubernamentales	1	Las Partes deben cooperar para preparar el material en respuesta a las Recomendaciones 3 y 6 del estudio sobre turismo	Entregar una respuesta provisional a la RCTA sobre las Recomendaciones 3 y 6 del estudio sobre turismo.						
Medidas: 1. Proporcionar asesoría a la RCTA conforme a lo solicitado. 2. Lograr progresos en las recomendaciones de la RETA sobre turismo marítimo.									
Presión global: cambio climático	1	El GCI sobre Cambio climático desarrolla un Programa de respuesta a cambio climático	Tema del programa permanente: Informe del GCI El SCAR proporciona una actualización	El GCI sobre Cambio climático desarrolla un Programa de respuesta a cambio climático	Tema del programa permanente: El SCAR proporciona una actualización	El GCI sobre Cambio climático desarrolla un Programa de respuesta a cambio climático	Tema del programa permanente: El SCAR proporciona una actualización		
Medidas: 1. Considerar las implicaciones del cambio climático en la gestión del medioambiente antártico. 2. Lograr progresos en las recomendaciones de la RETA sobre cambio climático. 3. Establecer un programa de trabajo de respuesta para el cambio climático.									
Procesar los planes de gestión de zonas protegidas y administradas nuevos y revisados	1	GSPG / realiza el trabajo conforme al plan convenido	Consideración del GSPG / informe	GSPG / realiza el trabajo conforme al plan convenido	Consideración del GSPG / informe				
Medidas: 1. Perfeccionar el proceso de revisión de planes de gestión nuevos y revisados. 2. Actualizar las actuales directrices. 3. Lograr progresos en las recomendaciones de la RETA sobre cambio climático. 4. Elaborar directrices para la preparación de ZAEA. 5. Considerar la necesidad de perfeccionar el proceso de designación de nuevas ZAEP y ZAEA.		Debate informal dirigido por Noruega sobre los procedimientos para la consideración de las ZAEP y ZAEA por parte del CPA Iniciar el trabajo de elaboración de directrices para la preparación de ZAEA		Continuar el trabajo de elaboración de directrices para la preparación de ZAEA					

189

Asunto / Presión ambiental Medidas	CPA Prioridad	*Período entre sesiones*	XVIII Reunión del CPA 2015	*Período entre sesiones*	XIX Reunión del CPA 2016	*Período entre sesiones*	XX Reunión del CPA 2017	*Período entre sesiones*	XXI Reunión del CPA 2018
Protección y gestión del espacio marino **Medidas:** 1. Cooperación entre el CPA y el CC-CRVMA en los asuntos de interés común. 2. Cooperar con la CCRVMA en la biorregionalización del Océano Austral y otros intereses comunes y principios convenidos. 3. Identificar y aplicar procesos de protección del espacio marino. 4. Lograr progresos en las recomendaciones de la RETA sobre cambio climático.	1	Comenzar a desarrollar términos de referencia para un taller conjunto del CPA y el CC-CRVMA GCI coordinado por Bélgica sobre el concepto de los valores sobresalientes en el espacio marino	Informe del GCI sobre los valores sobresalientes en el medio marino	Taller del CPA –CC-CRVMA					
Operación del CPA y Planificación estratégica **Medidas:** 1. Mantener actualizado el plan de trabajo quinquenal basándose en las circunstancias cambiantes y en los requisitos de la RCTA. 2. Identificar las oportunidades para mejorar la eficacia del CPA. 3. Considerar objetivos de largo plazo para la Antártida (plazo de entre 50 y 100 años).	1	Debates informales sobre los logros del CPA	Consideración del informe sobre el trabajo intersesional sobre los logros del CPA Preparativos para el 25° aniversario Tema permanente Examen y análisis del plan de trabajo, según corresponda		25° aniversario del Protocolo. Examen y análisis del plan de trabajo, según corresponda				
Reparación o remediación del daño al medioambiente **Medidas:** 1. Responder a la solicitud adicional de la RCTA en relación con la reparación y remediación, según corresponda 2. Observar el progreso del establecimiento de un inventario de sitios de actividad pasada en toda la Antártida. 3. Considerar la elaboración de directrices sobre reparación y remediación. 4. Los miembros desarrollan directrices prácticas y recursos de apoyo para la inclusión del Manual de limpieza	2		Considerar la solicitud adicional de la RCTA de una asesoría definitiva						
Gestión de huella humana y vida silvestre **Medidas:** 1. Desarrollar una metodología para una mejor protección de la vida silvestre en virtud de los Anexos I y V.	2	Considerar la forma en que los aspectos de la vida silvestre pueden ser considerados en las directrices sobre EIA							

Asunto / Presión ambiental Medidas	CPA Prioridad	Periodo entre sesiones	XVIII Reunión del CPA 2015	Periodo entre sesiones	XIX Reunión del CPA 2016	Periodo entre sesiones	XX Reunión del CPA 2017	Periodo entre sesiones	XXI Reunión del CPA 2018
Elaboración de informes sobre el seguimiento y la situación del medioambiente	2		Informe del COMNAP y el SCAR sobre el uso de vehículos aéreos no tripulados (UAV)						
Medidas: 1. Identificar indicadores y herramientas medioambientales claves. 2. Establecer un proceso para informar a la RCTA. 3. El SCAR debe proporcionar información al COMNAP y al CPA.									
Conocimientos sobre biodiversidad	2								
Medidas: 1. Mantenerse atento a las amenazas a la actual biodiversidad. 2. Lograr progresos en las recomendaciones de la RETA sobre cambio climático.					Debate de la actualización del SCAR sobre ruido submarino.				
Directrices del sitio específicas para sitios visitados por turistas	2	El Reino Unido debe seguir coordinando un proceso informal para buscar y recopilar información sobre el uso de las directrices para sitios de los Operadores nacionales	Tema del programa permanente; las Partes deben informar acerca de su revisión de las directrices para sitios		Tema del programa permanente; las Partes deben informar acerca de su revisión de las directrices para sitios		Tema del programa permanente; las Partes deben informar acerca de su revisión de las directrices para sitios		
Medidas: 1. Revisar las directrices del sitio específicas, conforme a lo requerido. 2. Proporcionar asesoría a la RCTA conforme a lo requerido. 3. Revisar el formato de las directrices del sitio.			Informe al CPA con los resultados del seguimiento realizado en isla Barrientos, islas Aitcho.						
Apreciación global del sistema de áreas protegidas	2		Analizar las posibles implicancias de un análisis actualizado sobre los vacíos en el EDA y las RBCA.						
Medidas: 1. Aplicar el Análisis de dominios ambientales (EDA) y las Regiones biogeográficas de conservación antártica (RBCA) para mejorar el sistema de áreas protegidas. 2. Lograr progresos en las recomendaciones de la RETA sobre cambio climático. 3. Mantener y desarrollar una base de datos de las áreas protegidas.									
Difusión y educación	2	Véase el tema "Operación del CPA y planificación estratégica" supra	Véase el tema "Operación del CPA y planificación estratégica" supra						
Medidas: 1. Revisar los actuales ejemplos e identificar oportunidades para una mayor difusión y educación. 2. Alentar a los miembros a intercambiar información en relación con sus experiencias en este ámbito. 3. Establecer una estrategia y directrices para el intercambio de información en materia de educación y difusión en el largo plazo entre los miembros.									

Asunto / Presión ambiental Medidas	CPA Prioridad	Período entre sesiones	XVIII Reunión del CPA 2015	Período entre sesiones	XIX Reunión del CPA 2016	Período entre sesiones	XX Reunión del CPA 2017	Período entre sesiones	XXI Reunión del CPA 2018
Implementar y mejorar las disposiciones sobre EIA del Anexo I	2	Iniciar una revisión de las Directrices sobre EIA por medio del establecimiento de un GCI Establecer un GCI para la revisión de los proyectos de CEE, conforme a lo requerido	Consideración de los informes del GCI sobre proyectos de CEE, conforme a lo requerido Consideración de una revisión por parte de un GCI sobre las directrices de EIA	Establecer un GCI para la revisión de los proyectos de CEE, conforme a lo requerido Continuar el GCI sobre la revisión de las directrices para EIA, conforme a lo requerido	Consideración de los informes del GCI sobre proyectos de CEE, conforme a lo requerido Consideración de una revisión por parte de un GCI sobre las directrices de EIA	Establecer un GCI para la revisión de los proyectos de CEE, conforme a lo requerido	Consideración de los informes del GCI sobre proyectos de CEE, conforme a lo requerido		
Medidas: 1. Perfeccionar el proceso para considerar CEE y asesorar a la RCTA en ese sentido. 2. Elaborar directrices para evaluar los impactos acumulativos. 3. Revisar las directrices sobre EIA y considerar políticas más abarcadoras y otros aspectos. 4. Considerar la aplicación de una evaluación medioambiental estratégica en la Antártida. 5. Lograr progresos en las recomendaciones de la RETA sobre cambio climático.									
Mantener una lista de los Sitios y Monumentos Históricos	3	La Secretaría actualiza la lista de SMH	Tema permanente	La Secretaría actualiza la lista de SMH	Tema permanente	La Secretaría actualiza la lista de SMH	Tema permanente		
Medidas: 1. Mantener dicha lista y considerar las nuevas propuestas a medida que estas aparezcan. 2. Considerar los asuntos estratégicos según sea necesario, incluyendo las materias asociadas a la designación de edificios como SMH en comparación con las disposiciones sobre limpieza contenidas en el Protocolo.									
Intercambio de información	3	Contribuye con el GCI establecido por la RCTA, conforme a lo requerido	Informe de la Secretaría		Informe de la Secretaría		Informe de la Secretaría		
Medidas: 1. Asignar a la Secretaría. 2. Seguimiento y facilitar el uso sencillo del SEII. 3. Revisar los requisitos de elaboración de informes sobre medioambiente									
Especies especialmente protegidas	3								
Medidas: 1. Considerar las propuestas relacionadas con las especies especialmente protegidas. 2. Considerar los medios por los cuales el CPA se mantiene informado acerca de la situación de las especies especialmente protegidas.									
Medidas de respuesta ante emergencias y planificación de contingencia	3	Debates							
Medidas: 1. Lograr progresos en las recomendaciones de la RETA sobre turismo marítimo.									

Asunto / Presión ambiental Medidas	CPA Prioridad	Periodo entre sesiones	XVIII Reunión del CPA 2015	Periodo entre sesiones	XIX Reunión del CPA 2016	Periodo entre sesiones	XX Reunión del CPA 2017	Periodo entre sesiones	XXI Reunión del CPA 2018
Actualización del Protocolo y revisión de sus Anexos	3								
Medidas:									
1. Considerar la necesidad y el objetivo de revisar los Anexos al Protocolo									
Inspecciones (Artículo 14 del Protocolo)	3		Tema permanente		Tema permanente		Tema permanente		
Medidas:									
1. Revisión de los informes sobre inspecciones, conforme a lo requerido.									
Residuos	3	Taller del COMNAP sobre gestión de aguas residuales	Consideración del informe del COMNAP						
Medidas:									
1. Elaborar directrices sobre prácticas recomendables de eliminación de residuos, incluidos los residuos humanos.									
Gestión energética	4								
Medidas:									
1. Elaborar directrices sobre prácticas recomendables para la gestión energética en las estaciones y bases.									

Apéndice 2

Programa preliminar de la XVIII Reunión del CPA

1. Apertura de la Reunión
2. Aprobación del programa
3. Deliberaciones estratégicas sobre el trabajo futuro del CPA
4. Funcionamiento del CPA
5. Cooperación con otras organizaciones
6. Reparación o corrección del daño al medioambiente
7. Implicaciones del cambio climático para el medio ambiente: Enfoque estratégico
8. Protección de zonas y planes de gestión
    a. Proyectos de evaluación medioambiental global
    b. Otros temas relacionados con la evaluación del impacto ambiental
9. Protección de zonas y planes de gestión
    a. Planes de Gestión
    b. Sitios y monumentos históricos
    c. Directrices para Sitios
    d. Protección y gestión del espacio marino
    e. Otros asuntos relacionados con el Anexo V
10. Conservación de la flora y fauna antárticas
    a. Cuarentena y especies no autóctonas
    b. Especies especialmente protegidas
    c. Otros asuntos relacionados con el Anexo II
11. Vigilancia ambiental e informes sobre el estado del medio ambiente
12. Informes de inspecciones
13. Asuntos generales
14. Elección de los funcionarios
15. Preparativos para la próxima reunión
16. Aprobación del informe
17. Clausura de la reunión

3. Apéndices

Nota de la RCTA XXXVII

XXXVII Reunión Consultiva del Tratado Antártico

La 37ª Reunión Consultiva del Tratado Antártico y la 17ª Reunión del Comité para la Protección del Medio Ambiente se celebraron en Brasilia, Brasil, entre el 28 de abril y el 7 de mayo de 2014.

El Tratado Antártico se firmó en Washington, el 1 de diciembre de 1959, y entró en vigor en 1961. La cantidad total de Partes del Tratado es ahora de 50. El Protocolo al Tratado Antártico sobre Protección del Medio Ambiente se firmó en Madrid el 4 de octubre de 1991 y entró en vigor en 1998, siendo ratificado por 35 de las Partes.

325 Delegados provenientes de 41 países y de nueve organizaciones de observadores y expertos debatieron los temas de un completo programa, el cual se encuentra disponible en el sitio web de la Secretaría del Tratado Antártico (*http://ats.aq/documents/ATCM37/sp/ATCM37_sp001_rev4_s.doc*). La Reunión aprobó las siguientes Medidas, Decisiones y Resoluciones:

Medida 1 (2014)	Zona Antártica Especialmente Protegida N° 113 (isla Litchfield, Puerto Arthur, isla Anvers, archipiélago Palmer): Plan de gestión revisado
Medida 2 (2014)	Zona Antártica Especialmente Protegida N° 121 (cabo Royds, isla Ross): Plan de gestión revisado
Medida 3 (2014)	Zona Antártica Especialmente Protegida N° 124 (cabo Crozier, isla Ross): Plan de gestión revisado
Medida 4 (2014)	Zona Antártica Especialmente Protegida N° 128 (Costas occidentales de la bahía Almirantazgo (bahía Lasserre), isla Rey Jorge (isla 25 de Mayo), islas Shetland del Sur): Plan de gestión revisado
Medida 5 (2014)	Zona Antártica Especialmente Protegida N° 136 (península Clark, costa Budd, Tierra de Wilkes, Antártida Oriental): Plan de gestión revisado
Medida 6 (2014)	Zona Antártica Especialmente Protegida N° 139 (Punta Biscoe, isla Anvers, archipiélago Palmer): Plan de gestión revisado
Medida 7 (2014)	Zona Antártica Especialmente Protegida N° 141 (valle Yukidori, Langhovde, bahía Lützow-Holm): Plan de Gestión Revisado
Medida 8 (2014)	Zona Antártica Especialmente Protegida N° 142 (Svarthamaren): Plan de gestión revisado

Medida 9 (2014)	Zona Antártica Especialmente Protegida N° 162 (Cabañas de Mawson, cabo Denison, bahía Commonwealth, Tierra de Jorge V, Antártida Oriental): Plan de gestión revisado
Medida 10 (2014)	Zona Antártica Especialmente Protegida N° 169 (bahía Amanda, Costa Ingrid Christensen, Tierra de la Princesa Isabel, Antártida Oriental): Plan de gestión revisado
Medida 11 (2014)	Zona Antártica Especialmente Protegida N° 171 (punta Narębski, península Barton, isla Rey Jorge (isla 25 de Mayo)): Plan de gestión revisado
Medida 12 (2014)	Zona Antártica Especialmente Protegida N° 174 (Stornes, colinas de Larsemann, Tierra de la Princesa Isabel): Plan de gestión
Medida 13 (2014)	Zona Antártica Especialmente Protegida N° 175 (Sitios geotérmicos a gran altitud de la región del mar de Ross): Plan de gestión
Medida 14 (2014)	Zona Antártica Especialmente Administrada N°1 (bahía Almirantazgo (bahía Lasserre), isla Rey Jorge (isla 25 de Mayo)): Plan de gestión revisado
Medida 15 (2014)	Zona Antártica Especialmente Administrada N° 6 (colinas de Larsemann, Antártida Oriental): Plan de gestión revisado
Medida 16 (2014)	Zona Antártica Especialmente Protegida N° 114 (Isla Coronación del Norte de las islas Orcadas del Sur): Plan de Gestión revocado
Decisión 1 (2014)	Medidas sobre asuntos operacionales designados como no vigentes
Decisión 2 (2014)	Informe, Programa y Presupuesto de la Secretaría
Decisión 3 (2014)	Plan de trabajo estratégico plurianual para la Reunión Consultiva del Tratado Antártico
Resolución 1 (2014)	Almacenamiento y manipulación de combustibles
Resolución 2 (2014)	Cooperación, facilitación e intercambio de información meteorológica y medioambiental oceanográfica y de la criósfera asociada
Resolución 3 (2014)	Respaldo del Código Polar
Resolución 4 (2014)	Directrices para Sitios que reciben visitantes
Resolución 5 (2014)	Fortalecimiento de la cooperación en materia de levantamientos y cartografía hidrográfica de las aguas antárticas
Resolución 6 (2014)	Hacia el desarrollo de una evaluación de las actividades turísticas y no gubernamentales en función del riesgo
Resolución 7 (2014)	Entrada en vigor de la Medida 4 (2004)

En junio de 2015 Bulgaria organizará la 38ª Reunión Consultiva del Tratado Antártico y la 18ª Reunión del Comité para la Protección del Medioambiente.

Carta a la OMI

Sr. Koji Sekimizu   7 de mayo de 2014
Secretario general
Organización Marítima Internacional
4, Albert Embankment
Londres SE1 7SR
Reino Unido

XXXVII Reunión Consultiva del Tratado Antártico

Estimado Sr. Sekimizu:

Como parte de su trabajo durante la 37° Reunión Consultiva del Tratado Antártico (XXXVII RCTA) celebrada en Brasilia, Brasil, entre el 28 de abril y el 7 de mayo de 2014, las Partes Consultivas del Tratado Antártico agradecieron los progresos realizados en la elaboración del proyecto del Código Internacional relativo a embarcaciones que operan en Aguas Polares (Código Polar) por parte de la Organización Marítima Internacional (OMI).

La XXXVII RCTA reconoció las ventajas de contar con un Código Polar que reglamente la seguridad marítima y la protección del medioambiente.

Considerando la pertinencia del trabajo realizado por la OMI en relación con los barcos que navegan en aguas polares, tengo el honor de transmitirle una copia de una Resolución que alienta a la OMI a que siga realizando, como tema prioritario, la importante labor de finalizar el Código Polar que reglamentará la seguridad marítima y la protección del medioambiente, y además, a considerar en una segunda etapa los asuntos de seguridad y protección del medioambiente complementarios, conforme a lo que determine la OMI.

Le saluda atentamente,

Dr. Manfred Reinke
Secretario Ejecutivo de la Secretaría del Tratado Antártico

IMO ORGANIZACIÓN MARÍTIMA INTERNACIONAL

SECRETAIRE GENERAL   SECRETARY-GENERAL   SECRETARIO GENERAL

21 de mayo de 2014

Dr. Manfred Reinke
Secretario ejecutivo
Secretaría del Tratado Antártico
Maipú 757 Piso 4
C1006ACI Buenos Aires
Argentina

Estimado Dr. Reinke:

Le agradezco su correspondencia del 13 de mayo de 2014, en la que me informa de la resolución aprobada por la XXXVII Reunión Consultiva del Tratado Antártico. Apreciamos mucho el respaldo entregado por ustedes en el desarrollo del código internacional relativo a embarcaciones que operan en aguas polares (Código Polar).

Informé a la última reunión del Comité de seguridad marítima acerca de la resolución que respalda el código polar, y me complace informarle que el Comité ha logrado importantes avances en su desarrollo.

Le saluda atentamente,

[Firma: ilegible]

Koji Sekimizu
Secretario general

IMO CONVENTIONS

OFFICE OF THE SECRETARY-GENERAL   Direction: +44(0)20 7587 3!100   secretary-general@imo.org

4 Albert Embankment • London SE1 7SR • United Kingdom • Switchboard: +44 (0)20 7735 7611 • Fax +44 (0)20 7587 3210 • www.imo.org

Programa provisional de la XXXVIII RCTA

1. Apertura de la reunión

2. Elección de autoridades y creación de grupos de trabajo

3. Aprobación del programa y asignación de temas

4. Funcionamiento del Sistema del Tratado Antártico: informes de las partes, observadores y expertos

5. Funcionamiento del Sistema del Tratado Antártico: asuntos generales

6. Funcionamiento del Sistema del Tratado Antártico: asuntos relacionados con la Secretaría

7. Plan de trabajo estratégico plurianual

8. Informe del Comité para la Protección del Medio Ambiente

9. Responsabilidad: Aplicación de la Decisión 4 (2010)

10. Seguridad de las operaciones en la Antártida

11. El turismo y las actividades no gubernamentales en el Área del Tratado Antártico, incluidos los asuntos relativos a las autoridades competentes

12. Inspecciones en virtud del Tratado Antártico y el Protocolo sobre Protección del Medio Ambiente

13. Asuntos científicos, cooperación y facilitación científica

14. Implicaciones del cambio climático para la gestión del Área del Tratado Antártico

15. Temas educacionales

16. Intercambio de información

17. La prospección biológica en la Antártida

18. Preparativos para la 39ª Reunión

19. Otros asuntos

20. Aprobación del Informe Final

21. Clausura de la Reunión

SEGUNDA PARTE

Medidas, Decisiones y Resoluciones

1. Medidas

Zona Antártica Especialmente Protegida N° 113
(isla Litchfield, Puerto Arthur, isla Anvers, archipiélago de Palmer): Plan de gestión revisado

Los Representantes,

Recordando los Artículos 3, 5 y 6 del Anexo V al Protocolo al Tratado Antártico sobre Protección del Medio Ambiente, que establece la designación de las Zonas Antárticas Especialmente Protegidas (ZAEP) y la aprobación de los Planes de Gestión para estas Zonas;

Recordando

- La Recomendación VIII-1 (1975), que designó a la isla Litchfield, Puerto Arthur, archipiélago de Palmer como Zona Especialmente Protegida (ZEP) N° 17 y anexó un mapa para dicha Zona;

- La Decisión 1 (2002), que renombró y renumeró a la ZEP 17 como ZAEP 113;

- La Medida 2 (2004), que aprobó un Plan de Gestión revisado para la ZAEP 113;

- La Medida 1 (2008), que designó al sudoeste de la isla Anvers y a la cuenca Palmer como Zona Antártica Especialmente Administrada N° 7, dentro de la cual se ubica la ZAEP 113;

- La Medida 4 (2009), que aprobó un Plan de Gestión revisado para la ZAEP 113;

Recordando que que la Recomendación VIII-1 (1975) fue revocada por la Medida 4 (2009);

Observando que el Comité para la Protección del Medioambiente refrendó un Plan de Gestión revisado para la ZAEP 113;

Deseando reemplazar el actual Plan de Gestión para la ZAEP 113 por el Plan de Gestión revisado;

Recomiendan a sus gobiernos la siguiente medida para su aprobación de conformidad con el párrafo 1 del Artículo 6 del Anexo V al Protocolo al Tratado Antártico sobre Protección del Medio Ambiente:

Que:

1. se apruebe el Plan de Gestión revisado para la Zona Antártica Especialmente Protegida N° 113 (isla Litchfield, Puerto Arthur, isla Anvers, archipiélago de Palmer), que se anexa a la presente Medida; y

2. se revoque el plan de gestión de la Zona Antártica Especialmente Protegida N° 113 anexo a la Medida 4 (2009).

Zona Antártica Especialmente Protegida N° 121
(cabo Royds, isla Ross): Plan de gestión revisado

Los Representantes,

Recordando los Artículos 3, 5 y 6 del Anexo V al Protocolo al Tratado Antártico sobre Protección del Medio Ambiente, que establece la designación de las Zonas Antárticas Especialmente Protegidas (ZAEP) y la aprobación de los Planes de Gestión para estas Zonas;

Recordando

- la Recomendación VIII-4 (1975), que designó a cabo Royds, isla Ross como Sitio de Especial Interés Científico (SEIC) N° 1 y anexó un Plan de Gestión para el Sitio;

- la Recomendación X-6 (1979), la Recomendación XII-5 (1983), la Resolución 7 (1995) y la Medida 2 (2000), que extendieron oportunamente la fecha de expiración del SEIC 1;

- la Recomendación XIII-9 (1985), que anexó un Plan de Gestión revisado para el SEIC 1;

- La Decisión 1 (2002), que renombró y renumeró al SEIC 1 como ZAEP 121;

- La Medida 1 (2002) y la Medida 5 (2009), que aprobaron oportunamente los Planes de gestión revisados para la ZAEP 121;

Recordando que la Recomendación X-6 (1979), la Recomendación XII-5 (1983), la Recomendación XIII-9 (1985) y la Resolución 7 (1995) fueron designadas como obsoletas por la Decisión 1 (2011);

Recordando que la Medida 2 (2000) aún no ha entrado en vigor y que fue reemplazada por la Medida 5 (2009);

Observando que el Comité para la Protección del Medioambiente refrendó un Plan de Gestión revisado para la ZAEP 121;

Deseando reemplazar el actual Plan de Gestión para la ZAEP 121 por el Plan de Gestión revisado;

Recomiendan a sus gobiernos la siguiente medida para su aprobación de conformidad con el párrafo 1 del Artículo 6 del Anexo V al Protocolo al Tratado Antártico sobre Protección del Medio Ambiente:

Que:

1. se apruebe el Plan de Gestión revisado para la Zona Antártica Especialmente Protegida No 121 (cabo Royds, isla Ross), que se anexa a esta Medida; y

2. se revoque el plan de gestión de la Zona Antártica Especialmente Protegida N° 121 anexo a la Medida 5 (2009).

Zona Antártica Especialmente Protegida N° 124
(cabo Crozier, isla Ross): Plan de gestión revisado

Los Representantes,

Recordando los Artículos 3, 5 y 6 del Anexo V al Protocolo al Tratado Antártico sobre Protección del Medio Ambiente, que establece la designación de las Zonas Antárticas Especialmente Protegidas (ZAEP) y la aprobación de los Planes de Gestión para estas Zonas;

Recordando

- la Recomendación IV-6 (1966), que designó al cabo Crozier, isla Ross como Zona Especialmente Protegida ("ZEP") N° 6 y anexó un mapa de la Zona;

- la Recomendación VIII-2 (1975), que dejó sin efecto a la Recomendación IV-6 (1966);

- la Recomendación VIII-4 (1975), que designó a cabo Crozier, isla Ross, como Sitio de Especial Interés Científico (SEIC) N° 4 y anexó un Plan de Gestión para el Sitio;

- la Recomendación X-6 (1979), la Recomendación XII-5 (1983), la Recomendación XIII-7 (1985), la Recomendación XVI-7 (1991) y la Medida 3 (2001), que extendieron oportunamente la fecha de expiración del SEIC 4;

- La Decisión 1 (2002), que renombró y renumeró al SEIC 4 como ZAEP 124;

- La Medida 1 (2002) y la Medida 7 (2008), que aprobaron oportunamente los Planes de gestión revisados para la ZAEP 124;

Recordando que la Recomendación VIII-2 (1975), la Recomendación X-6 (1979), la Recomendación XII-5 (1983), la Recomendación XIII-7 (1985) y la Recomendación XVI-7 (1991) fueron designadas como obsoletas por la Decisión 1 (2011),

Recordando que la Medida 3 (2001) aún no ha entrado en vigor y que fue reemplazada por la Medida 4 (2011);

Observando que el Comité para la Protección del Medioambiente refrendó un Plan de Gestión revisado para la ZAEP 124;

Deseando reemplazar el actual Plan de Gestión para la ZAEP 124 por el Plan de Gestión revisado;

Recomiendan a sus gobiernos la siguiente medida para su aprobación de conformidad con el párrafo 1 del Artículo 6 del Anexo V al Protocolo al Tratado Antártico sobre Protección del Medio Ambiente:

Que:

1. se apruebe el Plan de Gestión revisado para la Zona Antártica Especialmente Protegida No 124 (cabo Crozier, isla Ross), que se anexa a esta Medida; y

2. se revoque el plan de gestión de la Zona Antártica Especialmente Protegida N° 124 anexo a la Medida 7 (2008).

Zona Antártica Especialmente Protegida N° 128
(Costa occidental de la bahía Almirantazgo / bahía Lasserre, isla Rey Jorge / isla 25 de Mayo, islas Shetland del Sur): Plan de gestión revisado

Los Representantes,

Recordando los Artículos 3, 5 y 6 del Anexo V al Protocolo al Tratado Antártico sobre Protección del Medio Ambiente, que establece la designación de las Zonas Antárticas Especialmente Protegidas (ZAEP) y la aprobación de los Planes de Gestión para estas Zonas;

Recordando

- la Recomendación X-5 (1979), que designó a Costas occidentales de la bahía del Almirantazgo / bahía Lasserre, isla Rey Jorge / isla 25 de Mayo, islas Shetland del Sur como Sitio de Especial Interés Científico (SEIC) N° 8 y anexó un Plan de Gestión para el Sitio;

- la Recomendación X-6 (1979), la Recomendación XII-5 (1983), la Recomendación XIII-7 (1985) y la Resolución 7 (1995), que extendieron oportunamente la fecha de expiración del SEIC 8;

- Medida 1 (2000), que aprobó un Plan de Gestión revisado para el SEIC 8;

- la Decisión 1 (2002), que renombró y renumeró al SEIC 8 como ZAEP 128;

- la Medida 2 (2006), que designó a Costas occidentales de la bahía Almirantazgo / bahía Lasserre, isla Rey Jorge / isla 25 de Mayo como Zona Antártica Especialmente Administrada (ZAEA) N° 1, dentro de la cual se ubica la ZAEP 128;

Recordando que la Recomendación X-15 (1979), la Recomendación XII-5 (1983), la Recomendación XIII-7 (1985) y la Resolución 7 (1995) fueron designadas como obsoletas por la Decisión 1 (2011);

Recordando que la Medida 1 (2000) aún no ha entrado en vigor;

Tomando en cuenta la Medida 14 (2014), que aprueba un Plan de Gestión revisado para la ZAEA 1;

Observando que el Comité para la Protección del Medioambiente refrendó un Plan de Gestión revisado para la ZAEP 128;

Deseando reemplazar el Plan de Gestión para la ZAEP 128 por el Plan de Gestión revisado;

Recomiendan a sus gobiernos la siguiente medida para su aprobación de conformidad con el párrafo 1 del Artículo 6 del Anexo V al Protocolo al Tratado Antártico sobre Protección del Medio Ambiente:

Que:

1. se apruebe el Plan de Gestión revisado para la Zona Antártica Especialmente Protegida N° 128 (Costas occidentales de la bahía Almirantazgo / bahía Lasserre, isla Rey Jorge / isla 25 de Mayo, islas Shetland del Sur), que se anexa a esta Medida; y

2. sea retirado el Plan de Gestión para la ZAEP 128 anexo a la Medida 1 (2000), que no ha entrado en vigor.

Zona Antártica Especialmente Protegida N° 136
(península Clark, costa Budd, Tierra de Wilkes, Antártida Oriental): Plan de gestión revisado

Los Representantes,

Recordando los Artículos 3, 5 y 6 del Anexo V al Protocolo al Tratado Antártico sobre Protección del Medio Ambiente, que establece la designación de las Zonas Antárticas Especialmente Protegidas (ZAEP) y la aprobación de los Planes de Gestión para estas Zonas;

Recordando

- la Recomendación XIII-8 (1985), que designó a la península Clark, costa Budd, Tierra de Wilkes, como Sitio de Especial Interés Científico (SEIC) N° 17 y anexó un Plan de Gestión para el Sitio;

- La Resolución 7 (1995), que extendió oportunamente la fecha de expiración del SEIC 17;

- Medida 1 (2000), que aprobó un plan de gestión revisado para la SEIC 17;

- La Decisión 1 (2002), que renombró y renumeró al SEIC 17 como ZAEP 136;

- La Medida 1 (2006) y la Medida 7 (2009), que aprobaron oportunamente los Planes de gestión revisados para la ZAEP 136;

Recordando que la Resolución 7 (1995) fue designada como obsoletas por la Decisión 1 (2011);

Recordando que la Medida 1 (2000) aún no ha entrado en vigor;

Observando que el Comité para la Protección del Medioambiente refrendó un Plan de Gestión revisado para la ZAEP 136;

Deseando reemplazar el actual Plan de Gestión para la ZAEP 136 por el Plan de Gestión revisado;

Recomiendan a sus gobiernos la siguiente medida para su aprobación de conformidad con el párrafo 1 del Artículo 6 del Anexo V al Protocolo al Tratado Antártico sobre Protección del Medio Ambiente:

Que:

1. se apruebe el Plan de gestión revisado para la Zona Antártica Especialmente Protegida N° 136 (península Clark, costa Budd, Tierra de Wilkes, Antártida Oriental), que se anexa a esta Medida; y

2. se revoque el plan de gestión de la Zona Antártica Especialmente Protegida N° 136 anexo a la Medida 7 (2009).

Zona Antártica Especialmente Protegida N° 139
(punta Biscoe, isla Anvers, archipiélago de Palmer): Plan de gestión revisado

Los Representantes,

Recordando los Artículos 3, 5 y 6 del Anexo V al Protocolo al Tratado Antártico sobre Protección del Medio Ambiente, que establece la designación de las Zonas Antárticas Especialmente Protegidas (ZAEP) y la aprobación de los Planes de Gestión para estas Zonas;

Recordando

- la Recomendación XIII-8 (1985), que designó a punta Biscoe, isla Anvers, archipiélago de Palmer, como Sitio de Especial Interés Científico (SEIC) N° 20 y anexó un Plan de Gestión para el Sitio;

- La Resolución 3 (1996) y la Medida 2 (2000), que extendieron oportunamente la fecha de expiración del SEIC 20;

- La Decisión 1 (2002), que renombró y renumeró al SEIC 20 como ZAEP 139;

- La Medida 2 (2004) y la Medida 7 (2010), que aprobaron oportunamente los Planes de gestión revisados para la ZAEP 139;

Recordando que la Resolución 3 (1996) fue designada como obsoleta por la Decisión 1 (2011);

Recordando que la Medida 2 (2000) aún no ha entrado en vigor y que fue reemplazada por la Medida 5 (2009);

Observando que el Comité para la Protección del Medioambiente refrendó un Plan de Gestión revisado para la ZAEP 139;

Deseando reemplazar el actual Plan de Gestión para la ZAEP 139 por el Plan de Gestión revisado;

Recomiendan a sus gobiernos la siguiente medida para su aprobación de conformidad con el párrafo 1 del Artículo 6 del Anexo V al Protocolo al Tratado Antártico sobre Protección del Medio Ambiente:

Que:

1. se apruebe el Plan de Gestión revisado para la Zona Antártica Especialmente Protegida N° 139 (punta Biscoe, isla Anvers, archipiélago de Palmer), que se anexa a la presente Medida; y

2. se revoque el plan de gestión de la Zona Antártica Especialmente Protegida N° 139 anexo a la Medida 7 (2010).

Zona Antártica Especialmente Protegida N° 141
(valle Yukidori, Langhovde, bahía Lützow-Holm): Plan de gestión revisado

Los Representantes,

Recordando los Artículos 3, 5 y 6 del Anexo V al Protocolo al Tratado Antártico sobre Protección del Medio Ambiente, que establece la designación de las Zonas Antárticas Especialmente Protegidas (ZAEP) y la aprobación de los Planes de Gestión para estas Zonas;

Recordando

- la Recomendación XIV-5 (1987), que designó al valle Yukidori, Langhovde, bahía Lützow-Holm, como Sitio de Especial Interés Científico (SEIC) N° 22 y anexó un Plan de Gestión para el Sitio;

- la Recomendación XVI-7 (1991), que extendió oportunamente la fecha de expiración del SEIC 22;

- la Medida 1 (2000), que aprobó un plan de gestión revisado para la SEIC 22;

- la Decisión 1 (2002), que renombró y renumeró al SEIC 22 como ZAEP 141 SEIC 22 a ZAEP 141;

Recordando que la Recomendación XVI-7 (1991) no ha entrado en vigor y fue designada como obsoleta por la Decisión 1 (2011);

Recordando que la Medida 1 (2000) aún no ha entrado en vigor;

Observando que el Comité para la Protección del Medioambiente refrendó un Plan de Gestión revisado para la ZAEP 141;

Deseando reemplazar el Plan de Gestión para la ZAEP 141 por el Plan de Gestión revisado;

221

Recomiendan a sus gobiernos la siguiente Medida para su aprobación de conformidad con el párrafo 1 del Artículo 6 del Anexo V al Protocolo al Tratado Antártico sobre Protección del Medio Ambiente:

Que:

1. se apruebe el Plan de Gestión revisado para la Zona Antártica Especialmente Protegida N° 141 (valle Yukidori, Langhovde, bahía Lützow-Holm), que se anexa a la presente Medida; y

2. sea retirado el Plan de Gestión para la Zona Antártica Especialmente Protegida N° 141 anexo a la Medida 1 (2000), que no ha entrado en vigor.

Zona Antártica Especialmente Protegida N° 142
(Svarthamaren): Plan de gestión revisado

Los Representantes,

Recordando los Artículos 3, 5 y 6 del Anexo V al Protocolo al Tratado Antártico sobre Protección del Medio Ambiente, que establece la designación de las Zonas Antárticas Especialmente Protegidas (ZAEP) y la aprobación de los Planes de Gestión para estas Zonas;

Recordando

- la Recomendación XIV-5 (1987), que designó a Svarthamaren como Sitio de Especial Interés Científico (SEIC) N° 23 y anexó un Plan de Gestión para el Sitio;
- la Resolución 3 (1996), que extendió oportunamente la fecha de expiración del SEIC 23;
- la Medida 1 (1999), que aprobó un Plan de Gestión revisado para el SEIC 23;
- la Decisión 1 (2002), que renombró y renumeró al SEIC 23 como ZAEP 142;
- la Medida 2 (2004) y la Medida 8 (2009), que aprobaron oportunamente los Planes de gestión revisados para la ZAEP 142;

Recordando que la Resolución 3 (1996) fue designada como obsoleta por la Decisión 1 (2011);

Recordando que la Medida 1 (1999) no ha entrado en vigor y que fue reemplazada por la Medida 8 (2009);

Observando que el Comité para la Protección del Medioambiente refrendó un Plan de Gestión revisado para la ZAEP 142;

Deseando reemplazar el actual Plan de Gestión para la ZAEP 142 por el Plan de Gestión revisado;

Recomiendan a sus gobiernos la siguiente Medida para su aprobación de conformidad con el párrafo 1 del Artículo 6 del Anexo V al Protocolo al Tratado Antártico sobre Protección del Medio Ambiente:

Que:

1. se apruebe el Plan de Gestión revisado para la Zona Antártica Especialmente Protegida No 142 (Svarthamaren), que se anexa a esta Medida; y

2. se revoque el plan de gestión de la Zona Antártica Especialmente Protegida N° 142 anexo a la Medida 8 (2009).

Zona Antártica Especialmente Protegida N° 162
(Cabañas de Mawson, cabo Denison, bahía Commonwealth, Tierra de Jorge V, Antártida Oriental): Plan de gestión revisado

Los Representantes,

Recordando los Artículos 3, 5 y 6 del Anexo V al Protocolo al Tratado Antártico sobre Protección del Medio Ambiente, que establece la designación de las Zonas Antárticas Especialmente Protegidas (ZAEP) y la aprobación de los Planes de Gestión para estas Zonas;

Recordando

- la Medida 2 (2004), que designó a las Cabañas de Mawson, bahía Commonwealth, Tierra de Jorge V, Antártica Oriental como Zona Antártica Especialmente Protegida N° 162 y aprobó un Plan de Gestión para la Zona;

- la Medida 1 (2004), que designó al cabo Denison, bahía Commonwealth, Tierra de Jorge V, Antártida Oriental como Zona Antártica Especialmente Administrada (ZAEA) N° 3, dentro de la cual se ubica la ZAEP 162;

- la Medida 3 (2004), que añadió el Sitio y Monumento Histórico N° 77 (cabo Denison), ubicado parcialmente dentro de la ZAEP 162, a la lista de Sitios y Monumentos Históricos;

- la Medida 1 (2009), que aprobó un Plan de Gestión revisado para la ZAEA 3;

- la Medida 12 (2009), que aprobó un Plan de Gestión revisado para la ZAEP 162;

Recordando que el Comité para la Protección del Medio Ambiente refrendó un Plan de Gestión revisado para la ZAEP 162;

Deseando reemplazar el actual plan de Gestión para la ZAEP 162 por el Plan de gestión revisado, revocando con eso la designación de la ZAEA 3;

Recomiendan a sus gobiernos la siguiente Medida para su aprobación de conformidad con el párrafo 1 del Artículo 6 del Anexo V al Protocolo al Tratado Antártico sobre Protección del Medio Ambiente:

Que:

1. se apruebe el Plan de gestión revisado para Zona Antártica Especialmente Protegida N° 162 (Cabañas de Mawson, cabo Denison, bahía Commonwealth, Tierra de Jorge V, Antártida Oriental), que se anexa a la presente Medida;

2. se revoque el Plan de Gestión de la Zona Antártica Especialmente Protegida N° 162 anexo a la Medida 12 (2009).

3. se designe como obsoleta la Medida 1 (2004);

4. se revoque el Plan de Gestión para la Zona Antártica Especialmente Administrada N° 3 (cabo Denison, bahía Commonwealth, Tierra de Jorge V, Antártida Oriental) anexo a la Medida 1 (2009); y

5. no se utilice la Zona Antártica Especialmente Administrada N° 3 en una futura designación.

Zona Antártica Especialmente Protegida N° 169
(bahía Amanda, Costa Ingrid Christensen, Tierra de la Princesa Isabel, Antártida Oriental): Plan de gestión revisado

Los Representantes,

Recordando los Artículos 3, 5 y 6 del Anexo V al Protocolo al Tratado Antártico sobre Protección del Medio Ambiente, que establece la designación de las Zonas Antárticas Especialmente Protegidas (ZAEP) y la aprobación de los Planes de Gestión para estas Zonas;

Recordando que Medida 3 (2008), que designó a bahía Amanda, Costa Ingrid Christensen, Tierra de la Princesa Isabel, Antártida Oriental como ZAEP 169 y aprobó un Plan de Gestión para la Zona;

Observando que el Comité para la Protección del Medioambiente refrendó un Plan de Gestión revisado para la ZAEP 169;

Deseando reemplazar el actual Plan de Gestión para la ZAEP 169 por el Plan de Gestión revisado;

Recomiendan a sus gobiernos la siguiente Medida para su aprobación de conformidad con el párrafo 1 del Artículo 6 del Anexo V al Protocolo al Tratado Antártico sobre Protección del Medio Ambiente:

Que:

1. se apruebe el Plan de gestión revisado para la Zona Antártica Especialmente Protegida N° 169 (bahía Amanda, Costa Ingrid Christensen, Tierra de la Princesa Isabel, Antártida Oriental), que se anexa a la presente Medida; y

2. se revoque el plan de gestión de la Zona Antártica Especialmente Protegida N° 169 anexo a la Medida 3 (2008).

Zona Antártica Especialmente Protegida N° 171
(punta Narębski, península Barton, isla Rey Jorge / isla 25 de Mayo): Plan de gestión revisado

Los Representantes,

Recordando los Artículos 3, 5 y 6 del Anexo V al Protocolo al Tratado Antártico sobre Protección del Medio Ambiente, que establece la designación de las Zonas Antárticas Especialmente Protegidas (ZAEP) y la aprobación de los Planes de Gestión para estas Zonas;

Recordando la Medida 13 (2009), que designó a punta Narębski, península Barton, isla Rey Jorge / isla 25 de Mayo como ZAEP 171 y aprobó un Plan de Gestión para la Zona;

Observando que el Comité para la Protección del Medioambiente refrendó un Plan de Gestión revisado para la ZAEP 171;

Deseando reemplazar el actual Plan de Gestión para la ZAEP 171 por el Plan de Gestión revisado;

Recomiendan a sus gobiernos la siguiente medida para su aprobación de conformidad con el párrafo 1 del Artículo 6 del Anexo V al Protocolo al Tratado Antártico sobre Protección del Medio Ambiente:

Que:

1. se apruebe el Plan de Gestión revisado para la Zona Antártica Especialmente Protegida No 171 (Punta Narębski, península Barton, isla Rey Jorge / isla 25 de Mayo), que se anexa a esta Medida; y

2. se revoque el plan de gestión de la Zona Antártica Especialmente Protegida N° 171 anexo a la Medida 13 (2009).

Zona Antártica Especialmente Protegida N° 174
(Stornes, colinas de Larsemann, Tierra de la Princesa Isabel): Plan de gestión

Los Representantes,

Recordando los Artículos 3, 5 y 6 del Anexo V al Protocolo al Tratado Antártico sobre Protección del Medio Ambiente, que establece la designación de las Zonas Antárticas Especialmente Protegidas (ZAEP) y la aprobación de los Planes de Gestión para dichas Zonas;

Recordando la Medida 2 (2007), que designó a colinas de Larsemann, Antártida Oriental como Zona Antártica Especialmente Administrada (ZAEA) N° 6 y aprobó un Plan de gestión para la Zona, el cual designó a Stornes como Zona Restringida, y señala que debería considerarse la posible designación de Stornes como ZAEP;

Tomando en cuenta que la Medida 15 (2014) aprobó un Plan de Gestión revisado para la ZAEA 6;

Observando que el Comité para la Protección del Medioambiente respaldó la designación de una nueva ZAEP en Stornes, colinas de Larsemann, Tierra de la Princesa Isabel, ubicada al interior de la ZAEA 6, y que refrendó el Plan de gestión anexo a esta Medida;

Reconociendo que esta Zona cuenta con sobresalientes valores medioambientales, científicos, históricos, estéticos o de vida silvestre, o que en ella se realiza o se realizará investigación científica, y que por ello esta Zona se beneficiaría de protección especial;

Deseando que se designe a Stornes, colinas de Larsemann, Tierra de la Princesa Isabel como ZAEP, y que se apruebe el Plan de gestión para esta Zona;

Recomiendan a sus gobiernos la siguiente medida para su aprobación de conformidad con el párrafo 1 del Artículo 6 del Anexo V al Protocolo al Tratado Antártico sobre Protección del Medio Ambiente:

Que:

1. se designe a Stornes, colinas de Larsemann, Tierra de la Princesa Isabel como Zona Antártica Especialmente Protegida N° 174; y

2. se apruebe el Plan de gestión, anexo a esta Medida.

Medida 13 (2014)

Zona Antártica Especialmente Protegida N° 175
(Sitios geotérmicos a elevada altitud de la región del mar de Ross): Plan de gestión

Los Representantes,

Recordando los Artículos 3, 5 y 6 del Anexo V al Protocolo al Tratado Antártico sobre Protección del Medio Ambiente, que establece la designación de las Zonas Antárticas Especialmente Protegidas (ZAEP) y la aprobación de los Planes de Gestión para dichas Zonas;

Recordando

- La Recomendación XIV-5 (1987), que designó a la cima del monte Melbourne, Tierra Victoria como Sitio de Especial Interés Científico (SEIC) N° 24, y anexó un Plan de gestión para el Sitio;

- La Resolución 3 (1996) y la Medida 2 (2000), que extendieron oportunamente la fecha de expiración del SEIC 24;

- La Recomendación XVI-8 (1991), que designó a la cresta Cryptogram, ubicada al interior del SEIC 24, como Zona Especialmente Protegida (ZEP) N° 22, y anexó un Plan de gestión para la Zona;

- la Recomendación XIII-8 (1985), que designó a la cresta Tramway como SEIC 11, la Medida 2 (1995) y la Medida 3 (1997), que oportunamente aprobaron los Planes de gestión revisados para el Sitio;

- la Decisión 1 (2002), que fusiona al SEIC 24 y ZEP 22 y los renombra y renumera como ZAEP 118 (cima del monte Melbourne, Tierra Victoria) , y que renombra y renumera al SEIC 11 como ZAEP 130;

- la Medida 2 (2003) y la Medida 5 (2008), que oportunamente aprobó los Planes de gestión revisados para la ZAEP 118;

- la Medida 1 (2002), que aprobó un Plan de Gestión revisado para la ZAEP 130;

233

Recordando que la Recomendación XVI-8 (1991), la Medida 2 (1995) y la Medida 3 (1997) fueron designadas como obsoletas por la Decisión 1 (2011);

Observando que el Comité para la Protección del Medioambiente refrendó una nueva ZAEP en los Sitios geotérmicos a elevada altitud de la región del mar de Ross, que incorpora a las ZAEP 118 y 130, y refrendó el Plan de gestión anexo a esta Medida;

Reconociendo que esta Zona cuenta con sobresalientes valores medioambientales, científicos, históricos, estéticos o de vida silvestre, o que en ella se realiza o se realizará investigación científica, y que por ello esta Zona se beneficiaría de protección especial;

Deseando que se designe a las Zonas geotérmicas a gran altitud de la región del mar de Ross como ZAEP 175, que incorpora a las ZAEP 118 y 130, y que se apruebe el Plan de gestión para esta Zona;

Recomiendan a sus gobiernos la siguiente Medida para su aprobación de conformidad con el párrafo 1 del Artículo 6 del Anexo V al Protocolo al Tratado Antártico sobre Protección del Medio Ambiente:

Que:

1. los Sitios geotérmicos a elevada altitud de la región del mar de Ross sean designados como Zona Antártica Especialmente Protegida N° 175;

2. se apruebe el Plan de gestión, anexo a esta Medida;

3. la Recomendación XIV-5 (1987) y la Recomendación XIII-8 (1985) se designen como obsoletas;

4. sean revocados el Plan de gestión para la Zona Antártica Especialmente Protegida N° 118, anexo a la Medida 5 (2008), y el Plan de gestión para la Zona Antártica Especialmente Protegida N° 130, anexo a la Medida 1 (2002); y

5. no se utilicen las Zonas Antárticas Especialmente Protegidas N° 118 y N° 130 en una futura designación.

Zona Antártica Especialmente Administrada N° 1
(bahía del Almirantazgo / bahía Lasserre, isla Rey Jorge / isla 25 de Mayo): Plan de gestión revisado

Los Representantes,

Recordando los Artículos 4, 5 y 6 del Anexo V al Protocolo al Tratado Antártico sobre Protección del Medio Ambiente, que establece la designación de las Zonas Antárticas Especialmente Administradas (ZAEA) y la aprobación de los Planes de Gestión para dichas Zonas;

Recordando

- la Recomendación X-5 (1979), que designó a la costa occidental de la bahía del Almirantazgo / bahía Lasserre como Sitio de Especial Interés Científico N° 8, y la Decisión 1 (2002), que lo renombró y renumeró como Zona Antártica Especialmente Protegida (ZAEP) N° 128;

- Recordando la Medida 3 (2003), que añadió el Sitio y Monumento Histórico (SMH) N° 51 Tumba de Puchalski a la "Lista de sitios y monumentos históricos";

- la Medida 2 (2006), que designó a la bahía del Almirantazgo / bahía Lasserre, isla Rey Jorge / isla 25 de Mayo como ZAEA 1, dentro de la cual se ubican la ZAEP 128 y el SMH 51, y aprobó un Plan de Gestión para dicha Zona;

Tomando en cuenta que la Medida 4 (2014), que aprueba un Plan de Gestión revisado para la ZAEP 128;

Observando que el Comité para la Protección del Medioambiente refrendó un Plan de Gestión revisado para la ZAEA 1;

Deseando reemplazar el actual Plan de Gestión para la ZAEA 1 por el Plan de Gestión revisado;

Recomiendan a sus gobiernos la siguiente Medida para su aprobación de conformidad con el párrafo 1 del Artículo 6 del Anexo V al Protocolo al Tratado Antártico sobre Protección del Medio Ambiente:

Que:

1. se apruebe el Plan de Gestión revisado para la Zona Antártica Especialmente Administrada No 1 (bahía del Almirantazgo / bahía Lasserre), isla Rey Jorge / isla 25 de Mayo), que se anexa a esta Medida, y

2. se revoque el plan de gestión para la Zona Antártica Especialmente Administrada N° 1 anexo a la Medida 2 (2006).

Zona Antártica Especialmente Administrada N° 6
(colinas de Larsemann, Antártida Oriental):
Plan de gestión revisado

Los Representantes,

Recordando los Artículos 4, 5 y 6 del Anexo V al Protocolo al Tratado Antártico sobre Protección del Medio Ambiente, que establece la designación de las Zonas Antárticas Especialmente Administradas (ZAEA) y la aprobación de los Planes de Gestión para dichas Zonas;

Recordando la Medida 2 (2007), que designó a las colinas de Larsemann, Antártida Oriental como ZAEA 6;

Observando que el Comité para la Protección del Medioambiente refrendó un Plan de Gestión revisado para la ZAEA 6;

Deseando reemplazar el actual Plan de Gestión para la ZAEA 6 por el Plan de Gestión revisado;

Recomiendan a sus gobiernos la siguiente medida para su aprobación, de conformidad con el párrafo 1 del Artículo 6 del Anexo V al Protocolo al Tratado Antártico sobre Protección del Medio Ambiente:

Que:

1. se apruebe el Plan de Gestión revisado para la Zona Antártica Especialmente Administrada N° 6 (colinas de Larsemann, Antártida Oriental), anexo a la presente Medida, y

2. se revoque el plan de gestión de la Zona Antártica Especialmente Administrada N° 6 anexo a la Medida 2 (2007).

Zona Antártica Especialmente Protegida N° 114
(isla Coronación del Norte, islas Orcadas del Sur): Plan de gestión revocado

Los Representantes,

Recordando los Artículos 3, 5 y 6 del Anexo V al Protocolo al Tratado Antártico sobre Protección del Medio Ambiente, que establece la designación de las Zonas Antárticas Especialmente Protegidas (ZAEP) y la aprobación de los Planes de Gestión para dichas Zonas;

Recordando

- La Recomendación XIII-10 (1985), que designó a la isla Coronación del Norte, islas Orcadas del Sur como Zona Especialmente Protegida ("ZEP") N° 18 y anexó un mapa de la Zona;

- La Resolución XVI-6 (1991), que anexó un Plan de Gestión para la ZEP 18;

- La Decisión 1 (2002), que renombró y renumeró a la ZEP 18 como ZAEP 114;

- La Medida 2 (2003), que aprobó un Plan de Gestión para la ZAEP 114;

Recordando la Recomendación XIII-10 (1985) fue designada como obsoleta por la Decisión 1 (2011);

Recordando que la Recomendación XVI-6 (1991) aún no ha entrado en vigor;

Observando que el Comité para la Protección del Medio Ambiente examinó la idoneidad de la protección adicional que otorga la categoría de ZAEP a la isla Coronación del Norte, islas Orcadas del Sur;

Deseando actualizar la situación de la ZAEP 114;

Recomiendan a sus gobiernos la siguiente Medida para su aprobación, de conformidad con el párrafo 1 del Artículo 6 del Anexo V al Protocolo al Tratado Antártico sobre Protección del Medio Ambiente:

Que:

1. se revoque el Plan de Gestión de la Zona Antártica Especialmente Protegida N° 114 anexo a la Medida 2 (2003); y

2. no se utilice la Zona Antártica Especialmente Protegida N° 114 en una futura designación.

2. Decisiones

Medidas sobre asuntos operacionales designadas como no vigentes

Los Representantes,

Recordando la Decisión 3 (2002), la Decisión 1 (2007) la Decisión 1 (2011), y la Decisión 1 (2012), que establecen listas de medidas* que fueron designadas como obsoletas o sin vigencia;

Observando la Resolución 1 (2014), la Resolución 2 (2014) y la Resolución 5 (2014);

Habiendo revisado una serie de medidas en materia de asuntos operacionales;

Reconociendo que las medidas enumeradas en el documento anexo a esta Decisión ya no tienen vigencia;

Deciden:

1. que las medidas enumeradas en el Anexo a esta Decisión ya no requieren de las Partes acción alguna ; y

2. solicitar a la Secretaría del Tratado Antártico la publicación en su sitio Web del texto de las medidas que figuran en el Anexo a esta Decisión de tal manera que deje en claro que estas medidas han dejado de tener vigencia y que las Partes ya no precisan realizar acción alguna en relación con ellas.

---

* Nota: Hasta la XIX RCTA (1995), las medidas aprobadas en virtud del Artículo IX del Tratado Antártico eran descritas como Recomendaciones, y por medio de la Decisión 1 (1995) fueron divididas entre Medidas, Decisiones y Resoluciones.

Medidas sobre asuntos operacionales que ya no están vigentes

1. Fortalecimiento de la cooperación en levantamientos y cartografía hidrográfica de las aguas antárticas:

    - Recomendación XV-19 (1989)
    - Resolución 1 (1995)
    - Resolución 3 (2003)
    - Resolución 5 (2008)
    - Resolución 2 (2010)

2. Cooperación, facilitación e intercambio de información meteorológica y medioambiental oceanográfica y de la criósfera relacionada:

    - Recomendación V-2 (1968)
    - Recomendación VI-1 (1970)
    - Recomendación VI-3 (1970)
    - Recomendación XII-1 (1983)
    - Recomendación XIV-7 (1987)
    - Recomendación XIV-10 (1987)
    - Recomendación XV-18 (1989)

3. Almacenamiento y manipulación de combustibles:

    - Resolución 6 (1998)
    - Resolución 3 (2005)

4. Intercambio de información sobre problemas logísticos:

    - Recomendación I-VII (1961)

Informe, Programa y Presupuesto de la Secretaría

Los Representantes,

Recordando la Medida 1 (2003) sobre el establecimiento de la Secretaría del Tratado Antártico ("la Secretaría");

Recordando la Decisión 2 (2012) sobre el establecimiento de un Grupo de Contacto Intersesional de composición abierta ("el GCI") sobre Asuntos Financieros que debía ser coordinado por el país anfitrión de la siguiente Reunión Consultiva del Tratado Antártico;

Teniendo en cuenta el Reglamento Financiero de la Secretaría anexo a la Decisión 4 (2003);

Deciden:

1. aprobar el Informe Financiero auditado para 2012/13, anexo a esta Decisión (Anexo 1);

2. tomar nota del Informe de la Secretaría correspondiente al periodo 2013/2014 (Documento de Secretaría SP 2), que incluye el Informe Financiero Provisional para 2013/2014 anexo a esta Decisión (Anexo 2);

3. tomar nota del perfil presupuestario quinquenal estimativo correspondiente al periodo 2014 a 2018, y aprobar el Programa de la Secretaría, incluido el Presupuesto para 2014/2015, anexo a esta Decisión (Anexo 3); y

4. invitar al país anfitrión de la próxima Reunión Consultiva del Tratado Antártico ("RCTA") a que solicite al Secretario Ejecutivo la apertura del Foro de la RCTA para el GCI sobre Asuntos Financieros, y le brinde asistencia a éste.

Reporte final del Auditor 2013/14

INFORME DEL AUDITOR

Al Secretario de la Secretaría del Tratado Antártico

Maipú 757, 4° piso

CUIT 30-70892567-1

Re: XXXVII Reunión Consultiva del Tratado Antártico, 2014 - Brasilia, Brasil

1. Informe sobre Estados Financieros

Hemos auditado los Estados Financieros de la Secretaría del Tratado Antártico que se acompañan, los cuales incluyen: Estado de Ingresos y Gastos, Estado de Situación Financiera, Estado de Evolución del Patrimonio Neto, y Notas aclaratorias por el período comenzado el 1° de abril de 2012 y finalizado el 31 de marzo de 2013.

2. Responsabilidad de la Dirección en los Estados Financieros

La Secretaría del Tratado Antártico, constituida bajo la Ley de la República Argentina N° 25.888 del 14 de mayo de 2004, es responsable de la preparación y razonable presentación de estos Estados Financieros de acuerdo con las Normas Internacionales de Contabilidad y normas específicas de las Reuniones Consultivas del Tratado Antártico. Dicha responsabilidad incluye el diseño, implementación y mantenimiento de control interno con respecto a la preparación y presentación de los estados financieros de modo que los mismos, estén libres de tergiversación, sea por fraude o error; selección e implementación de políticas contables apropiadas, y elaboración de estimaciones contables que sean razonables a las circunstancias.

3. Responsabilidad del Auditor

Nuestra responsabilidad es expresar una opinión sobre estos Estados Financieros basados en la auditoría efectuada.

La auditoría se realizó conforme Normas Internacionales de Auditoría y el Anexo a la Decisión 3 (2008) de la XXXI Reunión Consultiva del Tratado Antártico, el cual describe las tareas a ser llevadas a cabo por la auditoría externa.

Dichas normas requieren el cumplimiento de requisitos éticos y un planeamiento y ejecución de auditoría para obtener seguridad razonable que los Estados Financieros no contienen declaraciones inexactas.

Una auditoría incluye la ejecución de procedimientos cuyo objeto es obtener evidencias relativas a los montos y la exposición reflejados en los Estados Financieros. Los procedimientos seleccionados dependen del juicio del auditor, incluyendo la evaluación de los riesgos de afirmación material inexacta en los estados financieros, sea por fraude o por error.

Al efectuar dicha evaluación de riesgos, el auditor considera el control interno relevante a la preparación y razonable presentación por la organización de los Estados financieros a fin de diseñar los procedimientos adecuados que resulten apropiados a las circunstancias.

Una auditoría incluye además una evaluación de la idoneidad, de los principios contables utilizados, una opinión en cuanto a si los cálculos contables aplicados por la administración son razonables, así como también una evaluación de la presentación general de los Estados Financieros.

Consideramos que la evidencia auditada que obtuvimos es suficiente y adecuada para sustentar nuestra opinión en nuestra calidad de auditores.

4. Opinión

En nuestra opinión, los Estados Financieros auditados presentan razonablemente, en todos los aspectos materiales, el estado financiero de la Secretaría del Tratado Antártico al 31 de marzo de 2013 y su desempeño financiero por el período entonces concluido de acuerdo con las Normas Internacionales de Contabilidad y normas específicas de las Reuniones Consultivas del Tratado Antártico.

5. Párrafo de énfasis

Quisiéramos subrayar las posibles consecuencias que un cambio en los criterios de pago de sueldos al personal local de la Secretaría podría ocasionar en términos de una infracción a las disposiciones laborales locales.

Estas circunstancias no se ven reflejadas en los Estados Financieros ni en las Notas aclaratorias.

Para obtener más información sobre este asunto, consulte Liquidación y pago de sueldos en nuestro Informe 2013 de control interno que se incluye en este informe como Anexo II.

Esto no modifica nuestra opinión.

6. Información complementaria exigida por la ley

De conformidad con el análisis realizado según lo descrito en el tema 3, los antedichos Estados Financieros se basan en registros contables ingresados en los libros de acuerdo a lo exigido por las normas contables vigentes.

Además, de conformidad con los registros contables ingresados al 31 de marzo de 2013, el importe adeudado al Sistema de Seguridad Social centralizado de la República de Argentina (Sistema Único de Seguridad Social de la República Argentina), en pesos Argentinos, y conforme a lo calculado por la Secretaría corresponde a ARS 70.311,59 (U$S 13.727,35). El monto adeudado a dicha fecha corresponde a ARS 1.365,22 (US$266,54).

Dr. Edgardo de Rose
Contador Público
Volumen N° 182 Folio N° 195 CPCECABA

Buenos Aires, 22de marzo de 2014
Sindicatura General de la Nación
Av. Corrientes 389, Buenos Aires República Argentina

1. Cálculo de Ingresos y gastos para Todos los fondos correspondientes al Período comprendido entre el 1 de abril de 2012 al 31 de marzo de 2013 y comparado con el año anterior.

	Presupuesto		
INGRESOS	**31/03/12**	**31/03/13**	**31/03/13**
Contribuciones (Nota 10)	1.339.600	1.339.600	1.339.600
Otros ingresos (Nota 2)	1.623	1.000	1.845
Ingreso total	1.341.223	1.340.600	1.341.445
GASTOS			
Sueldos y remuneraciones	577.637	633.840	628.811
Servicios de traducción e interpretación	367.846	361.000	290.502
Viajes y alojamiento	56.022	90.000	92.573
Tecnología informática	39.147	42.500	42.773
Impresión, edición y copiado	27.025	19.000	13.944
Servicios generales	47.547	56.232	50.409
Comunicaciones	14.580	15.390	16.660
Gastos de oficina	14.060	16.856	13.912
Administración	11.580	13.500	10.595
Gastos de representación	6.676	3.000	4.523
Reubicación; mejoras (Nota 9)	24.803	0	0
Financiamiento	7.326	5.000	13.964
Total de gastos	1.194.250	1.256.318	1.178.666

ASIGNACIONES PRESUPUESTARIAS			
Fondo para cesantías de personal	54.332	28.403	28.424
Fondo de sustitución de personal	23.490	0	0
Fondo de operaciones	31.615	0	0
Fondo de contingencia	30.000	0	0
Total apropiación de fondos	139.436	28.403	28.424
Total de gastos y apropiaciones	1.333.686	1.284.721	1.207.090
(Déficit) / Superávit del período	7.537	55.879	134.356

Este estado debe ser leído en forma conjunta con NOTAS 1 al 10, adjuntas.

2. Estado financiero al 31 de marzo de 2013, comparado con el ejercicio económico anterior

ACTIVOS	31/03/12	31/03/13
Activos circulantes		
Caja y equivalentes en efectivo (Nota 3)	798.946	889.087
Contribuciones adeudadas (Nota 10)	89.457	205.624
Otros deudores (Nota 4)	47.893	51.104
Otros activos circulantes (Nota 5)	59.644	49.458
Total activo corriente	995.940	1.195.273
Activos no circulantes		
Activo fijo (Notas 1.3 y 6)	73.506	84.132
Total de activos no circulantes	73.506	84.132
Total de activos	1.069.446	1.279.405
PASIVOS		
Pasivos en circulante		
Proveedores (Nota 7)	40.659	27.755
Contribuciones recibidas por anticipado (Nota 10)	549.493	592.476
Fondo especial voluntario para fines específicos (Nota 1.9)	0	2.500
Remuneraciones y contribuciones adeudadas (Nota 8)	22.873	26.849
Total pasivo corriente	613.026	649.580
Pasivos no circulantes		
Fondo para cesantías de personal (Nota 1.4)	119.087	147.511
Fondo para reemplazo de personal (Nota 1.7)	50.000	50.000
Fondo de contingencia (Nota 1.7)	30.000	30.000
Fondo reposición activo fijo (Nota 1.8)	7.210	17.836
Total pasivo no-corriente	206.296	245.346
Total de pasivos	819.322	894.926
ACTIVOS NETOS	250.123	384.479

Este estado debe ser leído en forma conjunta con NOTAS 1 al 10, adjuntas.

3. Estado de evolución de Activo Neto al 31 Marzo 2012 y 2013

Representado por	Activos netos	Ingresos	Gastos y asignación	Intereses ganados	Activos netos
31/03/12					
Fondo general	26.856	1.339.600	1.207.046	1.802	161.212
Fondo de operaciones (Nota 1.6)	223.267		0		223.267
Activos netos	250.123				384.479

Este estado debe ser leído en forma conjunta con NOTAS 1 al 10, adjuntas.

4. Flujo de caja para el periodo entre el 1 de abril de 2012 y el 31 de marzo de 2013, comparado con el ejercicio económico anterior.

Variaciones en efectivo y efectivo equivalente		31/03/13	31/03/12
Efectivo y efectivo equivalente al inicio		798.946	
Efectivo y efectivo equivalente al cierre		889.087	
Disminución neta del efectivo y efectivo equivalente		90.141	20.044
Causas de las variaciones del efectivo y efectivo equivalente			
Actividades de operación			
Contribuciones cobradas	673.940		
Pago de sueldos	(620.811)		
Pago de servicios de traducción	(290.502)		
Pago de viajes, alojamiento, etc.	60.605		
Impresión, edición y copiado	(13.944)		
Pago de servicios generales	48.333		
Otros pagos a proveedores	(79.465)		
Caja y equivalentes en efectivo de las actividades operativas		(439.720)	(542.042)

Actividades de inversión

Compra de activos fijos	21.447		
Fondo voluntario especial	2.500		
Caja y equivalente en efectivo neto de las actividades operativas		18.947	35.637

Actividades de financiamiento

Contribuciones recibidas por adelantado	592.476		
Recaudación pt. 5.6 Reglamento del Personal	131.573		
Pago p. 5.6 Reglamento del Personal	(133.705)		
Reembolso neto de IVA pendiente	6.082		
Pago por adelantado XXXV RCTA	21.491		
Caja y equivalentes en efectivo de las actividades de financiamiento		562.771	493.687

Actividades en divisa extranjera

Pérdida neta	(13.964)		
Caja y equivalente en efectivo neto de las actividades en divisa extranjera		(13.964)	7.326
Disminución neta del efectivo y efectivo equivalente		90.141	20.044

Este estado debe ser leído en forma conjunta con NOTAS 1 al 10, adjuntas.

Notas al Estado Financiero al 31 de marzo de 2012 y 2013

1 BASE PARA LA PREPARACIÓN DEL ESTADO FINANCIERO

Este estado financiero se expresa en dólares de los Estados Unidos, conforme a las directrices estipuladas en el Reglamento Financiero, anexo a la Decisión 4 (2003). Este estado financiero se preparó de conformidad con la NIIF 1 Adopción por primera vez de las Normas Internacionales de Información Financiera (IFRS) de la Junta de Normas Internacionales de Contabilidad (IASB).

1.1. Costo histórico

Los estados contables han sido preparados de acuerdo a la convención de costo histórico, excepto lo indicado en contrario.

1.2. Instalaciones:

La oficina de la Secretaria está provista por el Ministerio de Relaciones Exteriores, Comercio Exterior y Culto de la República Argentina. Su uso está exento del pago de renta y gastos comunes.

1.3. Activo Fijo

Los bienes están valuados a su costo histórico, menos la correspondiente depreciación acumulada. La depreciación es calculada por el método de la línea recta aplicando tasas anuales suficientes para extinguir sus valores al final de la vida útil estimada. El valor residual de los bienes de uso en su conjunto, no supera su valor de utilización económica.

1.4. Fondo para cesantía de personal

De acuerdo al Reglamento del Personal artículo 10.4, el fondo contara con los fondos necesarios para indemnizar al personal Ejecutivo a razón de un mes de sueldo base por cada año de servicio.

1.5. Fondo de reemplazo de personal

El fondo sirve para solventar los gastos de traslado del personal ejecutivo de la Secretaria hacia y desde la sede de la Secretaria.

1.6. Fondo de operaciones

Conforme a la sección 6.2 (a) del Reglamento Financiero 6.2, el fondo deberá reflejar un sexto (1/6) del presupuesto del corriente ejercicio.

1.7. Fondo de contingencia

Conforme a la Decisión 4 (2009), este fondo se creó para el pago de los gastos de traducción que pueden surgir del aumento imprevisto en la cantidad de documentos para traducción presentados antes de la RCTA.

1.8. Fondo reposición activo fijo

De acuerdo a las NIC los activos cuya vida útil excede a un ejercicio deberán ser expuestos como un activo en el Estado de Situación Financiera. Hasta marzo de 2010, la contrapartida era expuesta como un ajuste al Fondo General. A partir de 2010, la contrapartida de dichos activos se reflejará se reflejarán en los pasivos de dicho estado.

1.9. Fondo especial voluntario para fines específicos

Punto (82) del Informe Final de la XXXV RCTA, para recibir contribuciones voluntarias de las Partes.

Notas al Estado Financiero al 31 de marzo de 2012 y 2013

		31/03/12	31/03/13
2 Otros ingresos	Intereses ganados	232	1.802
	Descuentos obtenidos	1.391	44
	Total	1.623	1.845
3 Caja y bancos	Efectivo dólares	1.638	67
	Caja en pesos argentinos	46	128
	BNA, cuenta en dólares estadounidenses	756.983	853.240
	BNA, cuenta en pesos argentinos	40.279	35.651
	Total	798.946	889.087
4 Otros deudores	Reglamento de personal p. 5.6	47.893	51.104
5 Otros activos en curso	Pagos por adelantado	38.296	25.194
	IVA por cobrar	20.912	23.369
	Otros gastos a recuperar	435	896
	Total	59.644	49.458
6 Activo Fijo	Libros y suscripciones	4.515	7.007
	Utensilios de oficina	6.592	9.165
	Mobiliario	45.466	45.466
	Equipos informáticos y software	66.744	83.126
	Costo original total	123.318	144.765
	Depreciación acumulada	49.812	60.633
	Total	73.506	84.132
7 Proveedores	Comerciales	2.272	2.595
	Gastos acumulados	37.229	22.164
	Otros	1.158	2.996
	Total	40.659	27.755
8 Remuneraciones y contribuciones a pagar	**Remuneración**	8.000	8.000
	Contribuciones	14.873	18.849
	Total	22.873	26.849

9 Reubicación, mejoras

Incluye las mejoras en la propiedad alquilada para la Secretaría, si bien el monto se refiere a los gastos de aprovisionamiento de equipos a la nueva oficina.

Notas al Estado Financiero al 31 de marzo de 2012 y 2013

10 Contribuciones adeudadas, comprometidas, pagadas y recibidas por adelantado.

Contribuciones Partes	Adeudadas 31/03/12	Comprometidas	Pagadas $	Adeudadas 31/03/13	Recibidas por adelantado 31/03/13
Alemania	11	52.251	52.239	23	52.251
Argentina		60.346	60.346	0	0
Australia		60.346	60.346	0	60.321
Bélgica	18	40.110	40.110	18	40.060
Brasil	32	40.110	0	40.142	0
Bulgaria	11	34.039	34.039	11	34.051
Corea		40.110	37.219	2.891	0
Chile	15.157	46.181	61.338	0	46.181
China		46.181	46.181	0	46.156
Ecuador		34.039	0	34.039	0
España		46.181	46.181	0	0
Estados Unidos		60.346	60.346	0	0
Finlandia		40.110	40.110	0	0
Francia		60.346	0	60.346	0
India	12	46.181	40,131	6.062	0
Italia		52.251	52.251	0	0
Japón	-1	60.346	60.346	0	0
Nueva Zelandia	26	60.346	60.346	26	60.327
Noruega	30	60.346	60.376	0	60.311
Países Bajos		46.181	46.181	0	46.181
Perú	34.038	34.039	46.158	21.919	0
Polonia		40.110	40.110	0	40.110
Reino Unido		60.346	60.346	0	60.346
Rusia		46.181	46.181	0	0
Sudáfrica		46.181	46.181	0	0
Suecia		46.181	46.181	0	46.181
Ucrania	40,122	40.110	40.110	40,122	0
Uruguay		40.110	40.085	25	0
Total	**89.457**	**1.339.605**	**1.223.438**	**205.624**	**592.476**

[FIRMA]
DR MANFRED REINKE
Secretario Ejecutivo

[FIRMA]
ROBERTO A. FENNELL
Director de finanzas

Informe financiero provisional para 2013/14

**Estimación de ingresos y gastos de todos los fondos
para el período 1 de abril de 2013 a 31 de marzo de 2014**

PARTIDAS PRESUPUESTARIAS	Estado auditado 2012/2013	Presupuesto 2013/14	Estado Provisional 2013/2014
INGRESOS			
CONTRIBUCIONES comprometidas	**$-1.339.600**	**$-1.339.600**	**$-1.339.600**
Fondo especial			
Taller de interpretación	$0	$-13.860	$-14.189
Intereses de inversiones	$-1.845	$-1.000	$-3.316
Ingreso total	**$-1.341.445**	**$-1.354.460**	**$-1.357.105**
GASTOS			
SUELDOS			
Ejecutivos	$311.323	$317.001	$316.991
Personal de servicios generales	$289.036	$303.929	$303.228
Personal de apoyo a la RCTA	$15.190	$14.850	$10.488
Estudiantes en práctica	$4.819	$4.800	$11.900
Horas extraordinarias	$8.443	$10.000	$8.032
	$628.811	**$650.580**	**$650.639**
TRADUCCIÓN E INTERPRETACIÓN			
Traducción e interpretación	$290.502	$272.101	$263.065
Taller de interpretación	$0	$13.860	$14.189
IVA / GST / Impuesto de servicio ISS	$0	$0	$0
	$290.502	**$-285.961**	**$277.254**
VIAJES			
Viajes	**$-92.573**	**$96.000**	**$-70.970**
TECNOLOGÍA INFORMÁTICA			
Hardware	$7.573	$10.000	$12.278
Software	$8.864	$3.000	$0
Desarrollo	$13.797	$18.500	$21.819
Respaldo	$12.539	$13.000	$7.142
	$42.773	**$44.500**	**$-41.239**

PARTIDAS PRESUPUESTARIAS	Estado auditado 2012/2013	Presupuesto 2013/14	Estado Provisional 2013/2014
IMPRESIÓN, EDICIÓN Y COPIAS			
Informe final	$10.954	$18.975	$11.563
Compilación	$2.989	$0	$2.664
Directrices para sitios	$0	$2.875	$500
	$13.944	**$21.850**	**$14.727**
SERVICIOS GENERALES			
Asesoramiento jurídico	$1.375	$4.600	$1.000
Auditorias externas	$9.231	$12.379	$9.072
Limpieza, mantenimiento y seguridad	$26.704	$25.207	$35.621
Capacitación	$5.149	$6.000	$4.239
Bancos	$5.270	$6.467	$5.422
Arriendo de equipos	$2.679	$5.465	$2.750
	$50.409	**$60.118**	**$58.104**
COMUNICACIONES			
Teléfono	$4.756	$4.444	$4.250
Internet	$2.304	$2.485	$2.050
Alojamiento Web	$8.103	$7.928	$8.087
Franqueo	$1.497	$2.842	$802
	$16.660	**$17.699**	**$15.189**
OFICINA			
Librería e insumos	$2.835	$2.530	$4.329
Libros y suscripciones	$2.802	$6.782	$1.540
Seguros	$2.825	$2.252	$2.982
Mobiliario	$35	$800	$0
Equipos de oficina	$2.822	$4.600	$3.787
Mantenimiento	$2.594	$2.300	$1.683
	$13.912	**$19.264**	**$14.321**
ADMINISTRACIÓN			
Suministros	$1.656	$2.300	$4.216
Transporte local	$698	$1.150	$201
Varios	$4.042	$2.875	$3.179
Servicios (energía)	$4.200	$10.400	$8.566
	$10.595	**$16.725**	**$16.162**

PARTIDAS PRESUPUESTARIAS	Estado auditado 2012/2013	Presupuesto 2013/14	Estado Provisional 2013/2014
REPRESENTACIÓN			
Representación	**$4.523**	**$3.000**	**$2.646**
FINANCIAMIENTO			
Pérdidas por intercambio monetario	**$13.964**	**$5.000**	**$9.204**
SUBTOTAL APROPIACIONES	**$1.178.666**	**$1.220.697**	**$1.170.456**
ASIGNACIÓN DE FONDOS			
Fondo de contingencia para traslados	$0	$0	$0
Fondo de sustitución de personal	$0	$0	$0
Fondo para cesantías de personal	$28.424	$29.368	$29.368
Fondo de operaciones	$0	$0	$0
	$28.424	**$-29.368**	**$-29.368**
TOTAL APROPIACIONES	**$1.207.090**	**$1.250.065**	**$1.199.825**
BALANCE	**$134.356**	**$-104.395**	**$157.280**
TOTAL DE GASTOS	**$1.341.446**	**$1.354.460**	**$1.357.105**

Sumario de fondos

Fondo de contingencia para traslados	$30.000	$30.000	$30.000
Fondo de sustitución de personal	$50.000	$50.000	$50.000
Fondo para cesantías de personal	$147.511	$176.879	$176.879
Fondo de operaciones	$223.267	$223.267	$223.267
Fondo general	$161.212	$265.607	$318.492

Importe máximo requerido
Fondo de operaciones (Fin. Reg.
6.2.

	$223.267	$-223.267	$-223.267

Programa de la Secretaría 2014/2015

Introducción

Este programa de trabajo describe las actividades propuestas por la Secretaría para el ejercicio económico 2014/2015 (1 de abril de 2014 a 31 de marzo de 2015). Las principales áreas de actividad de la Secretaría se tratan en los tres primeros capítulos, que están seguidos de una sección sobre la gestión y una previsión del programa para el ejercicio económico 2015/2016.

El presupuesto para el ejercicio económico 2014/15, el Presupuesto proyectado para el ejercicio económico 2015/2016, y la contribución y escalas salariales que lo acompañan se incluyen en los apéndices.

El programa y sus correspondientes cálculos de presupuestos para 2014/2015 están basados en el presupuesto proyectado para el ejercicio económico 2014/2015 (Decisión 2 (2013), Anexo 3, Apéndice 1).

El programa se centra en las actividades regulares, como la preparación de la XXXVII RCTA y la XXXVIII RCTA, la publicación de los Informes finales y las diversas tareas específicas asignadas a la Secretaría en la Medida 1 (2003).

Contenidos:

1. Apoyo RCTA/CPA
2. Intercambio de información
3. Registros y documentos
4. Información pública
5. Gestión
6. Programa proyectado para el ejercicio económico 2014/2015

   Apéndice 1: Informe provisional para el ejercicio económico 2013/2014, Presupuesto para el ejercicio económico 2014/2015, Presupuesto proyectado para el ejercicio económico 2015/2016

   Apéndice 2: Escala de contribuciones para el ejercicio económico 2015/2016

   Apéndice 3: Escala de sueldos

1. Apoyo RCTA/CPA

XXXVII RCTA

La Secretaría ofrecerá apoyo a la XXXVII RCTA reuniendo y compilando los documentos para la reunión y publicándolos en una sección restringida del sitio web de la Secretaría.

La sección de delegados también proporcionara un registro en línea para los delegados y dispondrá para descarga una lista actualizada de los delegados.

La Secretaría apoyará el funcionamiento de la RCTA mediante la producción de Documentos de la Secretaría, un Manual para los delegados, y resúmenes de documentos para la RCTA, el CPA y los grupos de trabajo de la RCTA.

La Secretaría organizará los servicios de traducción e interpretación. Es responsable de la traducción anterior y posterior a las sesiones y de los servicios de traducción durante la RCTA. Mantiene el contacto con el proveedor de los servicios de interpretación, ONCALL.

La Secretaría organizará los servicios de ponencias en cooperación con la secretaría del país anfitrión y es responsable de la compilación y edición de los Informes del CPA y la RCTA para su adopción durante la sesión plenaria final.

Coordinación y contacto

Además de mantener contacto continuo vía correo electrónico, teléfono y por otros medios con las Partes y las instituciones internacionales del Sistema del Tratado Antártico, la asistencia a las reuniones es una herramienta importante para mantener la coordinación y la comunicación.

Los viajes a realizar serán los siguientes:

- *Reunión general anual (RGA) del COMNAP, Auckland y Christchurch, Nueva Zelandia, del 25 al 29 de agosto de 2014.* La asistencia a la reunión proporcionará una oportunidad para fortalecer aún más las conexiones y la interacción con el COMNAP.

- CCRVMA, *Hobart, Australia, del 20 al 31 de octubre de 2014.* La reunión de la CCRVMA, que se lleva acabo aproximadamente a medio camino de las sucesivas RCTA, proporciona a la Secretaría una oportunidad para informar a los representantes de las RCTA, muchos de los cuales asisten a la reunión de la CCRVMA, sobre los avances en el trabajo de la Secretaría. La conexión con la Secretaría del CCRVMA también es importante para la Secretaría del Tratado Antártico, ya que muchas de sus regulaciones están realizadas tomando como modelo las de la Secretaría de CCRVMA.

Desarrollo de la página web de la Secretaría

La página web sigue siendo mejorada para hacerla más concisa y más fácil de usar, y para aumentar la visibilidad de las secciones y la información más relevante. Las herramientas de búsqueda de la página web, especialmente la base de datos que reúne los documentos y el Sistema Electrónico de Intercambio de Información (SEII), serán más desarrollados.

Apoyo a actividades entre sesiones

Durante los últimos años el CPA y la RCTA han producido una cantidad notable de trabajo entre sesiones, especialmente a través de los Grupos de Contacto Intersesional (GCI). La Secretaría ofrecerá ayuda técnica para la disposición en línea de los GCI como se había acordado en la XXXVI RCTA y la XVI Reunión del CPA, y producirá documentos específicos si estos son solicitados por la RCTA o el CPA.

La Secretaría actualizará la página web con las medidas adoptadas por la RCTA y con la información producida por el CPA y la RCTA.

Impresión

La Secretaría traducirá, publicará y distribuirá el Informe Final y sus Anexos correspondientes a la XXXVII RCTA en los cuatro idiomas del Tratado. El texto del Informe Final será publicado en la página web de la Secretaría y será impreso en forma de libro con los anexos publicados como un CD adjunto al informe impreso. El texto completo del Informe Final estará disponible en libro (dos volúmenes) a través de vendedores en línea y también en forma de libro electrónico.

La Secretaría probará reemplazar los CD que contienen los anexos con dispositivos USB solo para lectura, ya que un creciente número de dispositivos computacionales no cuentan con unidades de CD-ROM incorporadas.

2. Intercambio de Información

General

La Secretaría seguirá apoyando a las Partes en la publicación de sus materiales de intercambio de información, así como en la integración de la información sobre Evaluación del impacto ambiental (EIA) en la base de datos de EIA.

Sistema electrónico de intercambio de información

Durante la próxima temporada operativa y dependiendo de las decisiones de la XXXVII RCTA, la Secretaría seguirá realizando los ajustes necesarios para facilitar el uso del sistema electrónico por las Partes, así como también seguirá desarrollando herramientas para compilar y presentar los informes actuales resumidos.

3. Registros y documentos

Documentos de la RCTA

La Secretaría continúa sus esfuerzos para completar su archivo de los Informes Finales y otros registros de la RCTA y otras reuniones del Sistema del Tratado Antártico en los cuatro idiomas del Tratado. El apoyo de las Partes en la búsqueda de sus documentos será esencial para lograr un archivo completo en la Secretaría. La Secretaría finalizó la integración de Documentos de trabajo de las RCTA a sus bases de datos entre los años 1961 y 1998 a partir de un proyecto conjunto con el Scott Polar Research Institute (Cambridge, RU), y mantiene contacto con la División Antártica Australiana y otras instituciones nacionales de las Partes para identificar e integrar los documentos que faltan. El proyecto continuará durante el ejercicio económico 2014/2015.

Glosario

La Secretaría continuará apoyando el desarrollo de un glosario de términos y expresiones de la RCTA para generar una nomenclatura en los cuatro idiomas del tratado. Además, continuará buscando la implementación de un servidor de vocabulario controlado electrónicamente para administrar, publicar y compartir ontologías, tesauros y listas de la RCTA.

Base de datos del Tratado Antártico

La base de datos de Recomendaciones, Medidas, Decisiones y Resoluciones de la RCTA está actualmente completa en inglés y casi completa en español y francés, a pesar de que la Secretaría aún no dispone de varias copias de informes finales en esos idiomas. En ruso aún faltan más Informes finales.

4. Información pública

La Secretaría y su página web seguirán funcionando como un servicio central de información sobre las actividades de las Partes y los desarrollos relevantes en la Antártida.

5. Gestión

Personal

El 1 de abril de 2014, la plantilla de la Secretaría estaba compuesta por el siguiente personal:

Personal ejecutivo

Nombre	Cargo	Desde	Rango	Período
Manfred Reinke	Secretario ejecutivo (SE)	01-09-2009	E1	31-08-2017
José María Acero	Asistente del secretario ejecutivo (ASE)	01-01-2005	E3	31-12-2014

Personal general

José Luis Agraz	Oficial de información	01-11-2004	G1	
Diego Wydler	Oficial de tecnología de información	01-02-2006	G1	
Roberto Alan Fennell	Oficial financiero (tiempo parcial)	01-12-2008	G2	
Pablo Wainschenker	Editor	01-02-2006	G3	
Sra. Violeta Antinarelli	Bibliotecaria (tiempo parcial)	01-04-2007	G3	

Nombre	Cargo	Desde	Rango
Sra. Anna Balok	Experta en comunicaciones		
	(tiempo parcial)	01-10-2010	G5
Sra. Viviana Collado	Directora de oficina	15-11-2012	G5

La RCTA XXXVI ha decidido volver a nombrar al Secretario ejecutivo por un periodo de cuatro años que dará comienzo el 1 de septiembre de 2013 (ver Decisión 2 (2013)). Para realizar el nombramiento oportuno de un sucesor al completarse este periodo, es posible que la RCTA desee comenzar a considerar este asunto antes de la RCTA XXXIX.

El 31 de diciembre de 2014 finalizará el período del contrato del AES, José María Acero. El Sr. Acero ha demostrado un gran compromiso y eficacia en sus tareas durante los últimos años y es la intención del Secretario ejecutivo seguir contando con su ayuda durante otro período más. Con este fin, el Secretario Ejecutivo envió un comunicado por correo electrónico a todas las Partes y halló un sólido respaldo para la renovación de su contrato.

La Secretaría invitará a estudiantes internacionales en práctica provenientes de las Partes para que realicen pasantías en la Secretaría. También extenderá una invitación para que Bulgaria, como país anfitrión de la XXXVIII RCTA, envíe a un miembro de su equipo organizativo a realizar una pasantía en Buenos Aires.

Asuntos financieros

El presupuesto para el ejercicio económico 2014/15 y el Presupuesto proyectado para el ejercicio económico 2015/16 se muestran en el Apéndice 1.

Traducción e interpretación

De conformidad con el Artículo 9.4 del Reglamento financiero, el 30 de agosto de 2013 la Secretaría cursó una invitación para la presentación de propuestas para los servicios de traducción e interpretación para la XXXVII RCTA de Brasil y para una tentativa de propuesta para la XXXVIII RCTA que tendrá lugar en Bulgaria. Basándose en las propuestas recibidas, la Secretaría ha decidido colocar a la empresa ONCALL, Australia, en la primera posición; a International Translation Agency Ltd (ITA), Malta, en la segunda; y a LionBridge, EE. UU., en último lugar. El 16 de diciembre de 2013 se contrató a ONCALL por un plazo de 2 años (XXXVII RCTA [Brasil] y XXXVIII RCTA [Bulgaria]), lo que facilitará la planificación y la fiabilidad tanto de la Secretaría como de ONCALL.

Los costos de traducción e interpretación están presupuestados para XXXVII RCTA por un valor de US$322.658.

Aún no está claro si la Secretaría deberá pagar los "Impuestos sobre servicios (ISS)" de Brasil por estos montos de acuerdo con los requisitos legales. Por lo tanto, se reservaron US$16.133 para este fin.

Salarios

Los costos de la vida continuaron incrementándose considerablemente en Argentina durante el año 2013, pero se compensaron a través de la devaluación del peso argentino frente al dólar estadounidense. Para comparar el desarrollo con años anteriores, la Secretaría calculó el aumento del IVS (Índice del Valor Salarial, facilitado por el Instituto Nacional de Estadística y Censos de Argentina) ajustado por la devaluación del peso argentino frente al dólar estadounidense durante el mismo periodo. Este método fue explicado por el Secretario Ejecutivo en 2009 en ocasión de la XXXII RCTA (ver Anexo 1 a la Decisión 4 (2009)).

En 2013 el IVS aumentó 26,1%. La devaluación del peso argentino frente al dólar estadounidense resultó en un aumento calculado del costo de vida de 1,7% en dólares estadounidenses.

En años anteriores, el IVS aumentó en 2012 un 24,5%, en 2011 un 29,4%, en 2010 en 26,3% y en 2009 un 16,7%. Esto provocó un aumento calculado del costo de la vida en 2012 de 9,2%, en 2011 de 19,5%, en 2010 de 19,9% y en 2009 de 7,9% en dólares estadounidenses.

El Secretario Ejecutivo propone que no se compense el aumento en el costo de la vida, ni al personal general ni al personal ejecutivo.

La regulación 5.10 del Reglamento de personal exige la compensación de los miembros de personal general cuando tengan que trabajar más de 40 horas durante la semana. Se solicitan horas extraordinarias durante las reuniones de la RCTA. Durante la RCTA habrá dos días festivos oficiales en Argentina (1 y 2 de mayo de 2014).

Fondos

Fondo de operaciones

De acuerdo con la Regulación financiera 6.2 (a), el Fondo de operaciones debe mantenerse a 1/6 del presupuesto de la Secretaría que asciende a US$229.952 en los próximos años. Las contribuciones de las Partes desde la base del cálculo del nivel del Fondo de Operaciones.

Más detalles sobre el Presupuesto preliminar 2014/2015

La asignación de las partidas presupuestarias sigue las propuestas del último año. Se han implementado algunos pequeños ajustes de acuerdo con los gastos previstos para el ejercicio económico 2014/2015.

- *Traducción e interpretación:* Se incluyen fondos adicionales para el mantenimiento del glosario.
- *Desarrollo de software adicional:*
  - Nueva Base de datos de inspecciones: finalización del desarrollo actual.
  - SEII: posibles avances producto de la deliberación sobre este tema que se inició en el Plan de trabajo estratégico plurianual.

- Directrices para sitios: una completa reestructuración de la sección actual del sitio web de la Secretaría, lo que implica el desarrollo de una nueva base de datos.

- Base de datos sobre Zonas Antárticas Protegidas: segunda etapa de desarrollo del sistema de elaboración de mapas.

- *Oficina:* se esperan algunas tareas extra de mantenimiento adicionales relativas a la reparación del sistema de control de clima de la oficina.

- *Administración:* se esperan aumentos significativos de costes en energía.

El Apéndice 1 muestra el presupuesto para el ejercicio económico 2014/2015 y la proyección del presupuesto para el ejercicio económico 2015/2016. La escala de sueldos se presenta en el Apéndice 3.

Contribución para el ejercicio económico 2015/2016

Las contribuciones para el ejercicio económico 2015/2016 no aumentarán.

El Apéndice 2 muestra las contribuciones de las Partes para el ejercicio económico 2015/2016.

6. Programa previsto para el ejercicio económico 2015/2016 y el ejercicio económico 2016/2017

Se espera que la mayoría de las actividades actuales de la Secretaría continúen durante el ejercicio económico 2015/2016 y durante el ejercicio económico 2016/2017 y por lo tanto, a no ser que el programa sufra grandes cambios, no se prevé que haya cambios en los cargos de personal en los próximos años.

Anexo1

Declaración provisional 2013/14, Pronóstico 2014/15, Presupuesto 2014/15 y Presupuesto proyectado 2015/16

PARTIDAS PRESUPUESTARIAS	Estado Financiero 2013/2014 (*)	Pronóstico 2014/2015	Presupuesto 2014/2015	Pronóstico 2015/16
INGRESOS				
CONTRIBUCIONES comprometidas	**$-1.339.600**	**$-1.339.600**	**$-1.379.710**	**$-1.378.100**
Fondo especial Taller de interpretación	$-14.189	$0	$0	$0
Intereses de inversiones	$-3.316	$-1.000	$-1.000	$-1.000
Ingreso total	**$-1.357.105**	**$-1.340.600**	**$-1.380.710**	**$-1.379.100**

GASTOS
SUELDOS

Ejecutivos	$316.991	$322.658	$322.658	$328.071
Personal de servicios generales	$303.228	$317.013	$310.901	$321.165
Personal de apoyo a la RCTA	$10.488	$15.147	$15.696	$15.796
Estudiantes en práctica	$11.900	$4.800	$9.600	$9.600
Horas extraordinarias	$8.032	$10.000	$14.000	$14.000
	$650.639	**$669.618**	**$672.855**	**$688.632**

TRADUCCIÓN E INTERPRETACIÓN

Traducción e interpretación	$263.065	$321.214	$322.658	$332.785
Taller de interpretación	$14.189	$0	$10.000	$0
IVA / GST / Impuesto de servicio ISS	$0	$32.121	$16.133	$0
Traducción e interpretación	**$277.254**	**$353.335**	**$338.791**	**$332.785**

VIAJES

Viajes	**$70.970**	**$90.000**	**$93.000**	**$98.000**

TECNOLOGÍA INFORMÁTICA

Hardware	$12.278	$10.500	$10.000	$11.025
Software	$0	$3.150	$3.500	$3.500
Desarrollo	$21.819	$17.325	$21.000	$21.000
Mantenimiento de hardware y software	$0	$0	$0	$0
Respaldo	$7.142	$13.650	$9.500	$9.500
	$41.239	**$44.625**	**$44.000**	**$45.025**

PARTIDAS PRESUPUESTARIAS	Estado Financiero 2013/2014 (*)	Pronóstico 2014/2015	Presupuesto 2014/2015	Pronóstico 2015/16
IMPRESIÓN, EDICIÓN Y COPIAS				
Informe final	$11.563	$20.721	$17.000	$17.850
Compilación	$2.664	$0	$3.500	$3.558
Directrices para sitios	$500	$3.140	$3.140	$3.297
	$14.727	**$23.860**	**$23.640**	**$24.705**
SERVICIOS GENERALES				
Asesoramiento jurídico	$1.000	$5.023	$4.000	$4.200
Auditorias externas	$9.072	$13.518	$10.000	$10.500
Limpieza, mantenimiento y seguridad	$35.621	$17.698	$42.500	$17.325
Capacitación	$4.239	$6.552	$6.552	$6.880
Bancos	$5.422	$7.062	$6.000	$6.300
Arriendo de equipos	$2.750	$5.968	$3.000	$3.150
	$58.104	**$-55.821**	**$72.052**	**$48.355**
COMUNICACIONES				
Teléfono	$4.250	$4.853	$5.200	$5.460
Internet	$2.050	$2.714	$3.000	$3.150
Alojamiento Web	$8.087	$8.657	$9.000	$9.450
Franqueo	$802	$3.103	$2.500	$2.625
	$15.189	**$19.327**	**$19.700**	**$20.685**
OFICINA				
Librería e insumos	$4.329	$2.763	$4.300	$4.515
Libros y suscripciones	$1.540	$7.406	$3.000	$3.150
Seguros	$2.982	$2.459	$3.500	$3.675
Mobiliario	$0	$874	$900	$945
Equipos de oficina	$3.787	$5.023	$4.000	$4.200
Mantenimiento	$1.683	$2.512	$2.500	$2.625
	$14.321	**$21.036**	**$18.200**	**$19.110**
ADMINISTRACIÓN				
Suministros	$4.216	$2.512	$4.500	$4.725
Transporte local	$201	$1.256	$800	$840
Varios	$3.179	$3.140	$4.000	$4.200
Servicios (energía)	$8.566	$11.357	$11.000	$11.550
	$16.162	**$18.264**	**$20.300**	**$21.315**

PARTIDAS PRESUPUESTARIAS	Estado Financiero 2013/2014 (*)	Pronóstico 2014/2015	Presupuesto 2014/2015	Pronóstico 2015/16
REPRESENTACIÓN				
Representación	**$2.646**	**$3.000**	**$3.500**	**$3.500**
FINANCIAMIENTO				
Pérdidas por intercambio monetario	**$9.204**	**$5.460**	**$11.000**	**$11.550**
SUBTOTAL APROPIACIONES	**$1.170.456**	**$1.304.347**	**$1.327.038**	**$1.313.662**
ASIGNACIÓN DE FONDOS				
Fondo de contingencia para traslados	$0	$0	$0	$0
Fondo de sustitución de personal	$0	$0	$0	$0
Fondo para cesantías de personal	$29.368	$29.820	$29.820	$30.300
Fondo de operaciones	$0	$0	$-6.685	$0
	$29.368	**$29.820**	**$36.505**	**$30.300**
TOTAL APROPIACIONES	**$1.199.825**	**$1.334.167**	**$1.363.543**	**$1.343.961**
BALANCE	**$157.280**	**$6.433**	**$17.167**	**$35.139**
TOTAL DE GASTOS	**$1.357.105**	**$1.340.600**	**$1.380.710**	**$1.379.100**

Sumario de fondos

Fondo de contingencia para traslados	$30.000	$30.000	$30.000	$30.000
Fondo de sustitución de personal	$50.000	$50.000	$50.000	$50.000
Fondo para cesantías de personal	$176.879	$204.794	$207.189	$237.489
** Fondo de operaciones	$223.267	$223.267	$229.952	$229.952
Fondo general	$318.492	$324.925	$345.659	$380.798

Declaración provisional
* al 31 de marzo de 2014

Importe máximo requerido
Fondo de operaciones (Fin. Reg.
** 6.2. $223.267 $223.267 $229.952 $229.683

Anexo 2

Escala de contribuciones 2015/2016

2015/16	Cat.	Mult.	Variable	Fijo	Total
Argentina	A	3,6	$36.587	$23.760	$60.347
Australia	A	3,6	$36.587	$23.760	$60.347
Bélgica	D	1,6	$16.261	$23.760	$40.021
Brasil	D	1,6	$16.261	$23.760	$40.021
Bulgaria	E	1	$10.163	$23.760	$33.923
Chile	C	2,2	$22.359	$23.760	$46.119
China	C	2,2	$22.359	$23.760	$46.119
República Checa	D	1,6	$16.261	$23.760	$40.021
Ecuador	E	1	$10.163	$23.760	$33.923
Finlandia	D	1,6	$16.261	$23.760	$40.021
Francia	A	3,6	$36.587	$23.760	$60.347
Alemania	B	2,8	$28.456	$23.760	$52.217
India	C	2,2	$22.359	$23.760	$46.119
Italia	B	2,8	$28.456	$23.760	$52.217
Japón	A	3,6	$36.587	$23.760	$60.347
República de Corea	D	1,6	$16.261	$23.760	$40.021
Países Bajos	C	2,2	$22.359	$23.760	$46.119
Nueva Zelandia	A	3,6	$36.587	$23.760	$60.347
Noruega	A	3,6	$36.587	$23.760	$60.347
Perú	E	1	$10.163	$23.760	$33.923
Polonia	D	1,6	$16.261	$23.760	$40.021
Federación rusa	C	2,2	$22.359	$23.760	$46.119
Sudáfrica	C	2,2	$22.359	$23.760	$46.119
España	C	2,2	$22.359	$23.760	$46.119
Suecia	C	2,2	$22.359	$23.760	$46.119
Ucrania	D	1,6	$16.261	$23.760	$40.021
Reino Unido	A	3,6	$36.587	$23.760	$60.347
Estados Unidos	A	3,6	$36.587	$23.760	$60.347
Uruguay	D	1,6	$16.261	$23.760	$40.021
TOTAL		67,8	$689.050	$689.050	$1.378.100

Tasa base	$10.163	
Presupuesto		**$1.378.100**

Anexo 3

Escala de sueldos 2014/15

Programa A
ESCALA SALARIAL PARA EL PERSONAL DE CATEGORÍA EJECUTIVA
(Dólares estadounidenses)

2014/2015		PASOS														
Nivel		I	II	III	IV	V	VI	VII	VIII	IX	X	XI	XII	XIII	XIV	XV
E1	A	$133.830	$136.320	$138.810	$141.301	$143.791	$146.281	$148.771	$151.262							
E1	B	$167.287	$170.400	$173.512	$176.626	$179.739	$182.851	$185.964	$189.078							
E2	A	$112.692	$114.812	$116.931	$119.050	$121.168	$123.286	$125.404	$127.524	$129.643	$131.761	$133.880	$134.120			
E2	B	$140.865	$143.515	$146.164	$148.812	$151.460	$154.107	$156.755	$159.405	$162.054	$164.702	$167.349	$167.650	$170.263		
E3	A	$93.973	$96.016	$98.061	$100.106	$102.151	$104.195	$106.240	$108.285	$110.328	$112.372	$114.417	$115.643	$116.869	$118.886	$120.901
E3	B	$117.466	$120.020	$122.577	$125.133	$127.689	$130.243	$132.800	$135.356	$137.910	$140.465	$143.021	$144.553	$146.086	$148.607	$151.126
E4	A	$77.922	$79.815	$81.710	$83.599	$85.494	$87.386	$89.275	$91.171	$93.065	$94.955	$96.849	$97.377	$99.244	$101.110	$102.977
E4	B	$97.403	$99.768	$102.138	$104.498	$106.868	$109.232	$111.594	$113.964	$116.332	$118.694	$121.062	$121.722	$124.055	$126.388	$128.721
E5	A	$64.604	$66.299	$67.992	$69.685	$71.377	$73.070	$74.763	$76.452	$78.147	$79.841	$81.530	$82.078			
E5	B	$80.755	$82.874	$84.989	$87.106	$89.222	$91.337	$93.454	$95.565	$97.684	$99.801	$101.913	$102.597			
E6	A	$51.143	$52.771	$54.396	$56.025	$57.650	$59.276	$60.905	$62.531	$64.156	$65.146	$65.784				
E6	B	$63.929	$65.963	$67.994	$70.031	$72.062	$74.095	$76.131	$78.164	$80.195	$81.432	$82.230				

Nota: La línea B es el salario base (mostrado en la línea A) con un 25% adicional por costos de salarios (fondo de jubilación y primas de seguro, subsidios de instalación y repatriación, prestaciones de educación, etc.) y es el salario total al que tiene derecho el personal ejecutivo de acuerdo con la regulación 5.

Programa B
ESCALA SALARIAL PARA EL PERSONAL GENERAL
(Dólares estadounidenses)

	PASOS														
Nivel	I	II	III	IV	V	VI	VII	VIII	IX	X	XI	XII	XIII	XIV	XV
G1	$60.437	$63.256	$66.077	$68.896	$71.834	$74.898									
G2	$50.364	$52.713	$55.064	$57.413	$59.862	$62.415									
G3	$41.969	$43.927	$45.885	$47.844	$49.886	$52.015									
G4	$34.975	$36.607	$38.239	$39.870	$41.571	$43.345									
G5	$28.892	$30.242	$31.589	$32.938	$34.345	$35.813									
G6	$23.683	$24.786	$25.892	$26.997	$28.150	$29.352									

Plan de trabajo estratégico plurianual para la Reunión Consultiva del Tratado Antártico

Los Representantes,

Reafirmando las valores, objetivos y principios contenidos en el Tratado Antártico y su Protocolo sobre Protección del Medio Ambiente;

Recordando la Decisión 5 (2013) sobre el Plan de trabajo estratégico plurianual ("Plan");

Teniendo en cuenta que el Plan es complementario al programa de la Reunión Consultiva del Tratado Antártico ("RCTA") y que se alienta a las Partes y demás participantes de la RCTA a contribuir como de costumbre en otros asuntos del programa de la RCTA;

Deciden:

1. que los siguientes Principios orientarán la implementación y posterior desarrollo del Plan:

    a. el Plan reflejará los objetivos y principios del Tratado Antártico y de su Protocolo sobre Protección del Medio Ambiente;

    b. conforme al funcionamiento de la RCTA, la aprobación del Plan, la inclusión de los temas en el Plan, y las decisiones relativas al Plan se realizarán por consenso;

    c. el objetivo del Plan consiste en complementar el programa, al contribuir con la RCTA a identificar una cantidad limitada de asuntos prioritarios y lograr un funcionamiento más efectivo y eficaz;

    d. se aliente a las Partes del Tratado Antártico y a los demás participantes de la RCTA a contribuir como de costumbre en otros temas del programa de la RCTA;

e. el Plan abarcará un ciclo multianual renovable, y debería revisarse en cada RCTA y actualizarse según sea necesario a fin de reflejar el trabajo que resta por completar, los nuevos temas que se planteen, y los cambios en las prioridades;

f. el Plan será dinámico y flexible, e incorporará los nuevos temas a medida que éstos se planteen.

g. el Plan identificará los temas que requieren la atención de la RCTA en su colectivo, y que requieren debate y/o decisiones por parte de la RCTA; y

h. el Plan no debería interferir con el desarrollo habitual del programa de la RCTA;

2. aprobar el Plan anexo a esta Decisión; y

3. designar la Decisión 5 (2013) como obsoleta.

Plan de trabajo estratégico plurianual de la RCTA

Área de trabajo: Garantizar un STA robusto y eficaz

Prioridad	RCTA 37 (2014)	Entre sesiones	RCTA 38 (2015)	RCTA 39 (2016)	RCTA 40 (2017)
Dirigir una revisión exhaustiva de los requisitos que existen para el intercambio de información y el funcionamiento del sistema electrónico de intercambio de información, y la identificación de cualquier requisito adicional.	• Establecimiento de un GCI para la revisión de los requisitos de intercambio de información • Solicitar asesoramiento al CPA sobre los requisitos de intercambio de información	• GCI para la revisión de los requisitos de intercambio de información	• El Grupo de trabajo sobre asuntos jurídicos e institucionales debe considerar el informe del GCI y la asesoría del CPA • El Grupo de trabajo sobre asuntos jurídicos e institucionales debe debatir sobre la información que debe intercambiarse • El Grupo de trabajo sobre asuntos jurídicos e institucionales debe considerar la actualización de la Resolución 6 (2001)	• El Grupo de trabajo sobre asuntos jurídicos e institucionales debe analizar el funcionamiento del SEII	
Considerar una difusión coordinada hacia los estados que no son Parte cuyos ciudadanos o recursos están activos en la Antártida y los estados que son Parte al Tratado Antártico si bien aún no lo son del Protocolo			• Grupo de trabajo sobre asuntos jurídicos e institucionales para identificar a los estados que no son Parte cuyos ciudadanos están activos en la Antártida	• Grupo de trabajo sobre asuntos jurídicos e institucionales para considerar los informes sobre difusión	
Compartir y debatir las prioridades científicas estratégicas con el fin de identificar y aprovechar las oportunidades para la colaboración y la creación de capacidades científicas, particularmente en relación con el cambio climático		• Las Partes, los expertos y los observadores deben considerar proporcionar información sobre sus prioridades científicas estratégicas	• El Grupo de trabajo sobre asuntos operacionales debe cotejar y comparar las prioridades científicas estratégicas con objeto de identificar oportunidades de cooperación • El SCAR debe presentar su Scan al horizonte	• El Grupo de trabajo sobre asuntos operacionales debe identificar oportunidades de cooperación y creación de capacidades	
Aumentar la cooperación efectiva entre las Partes (por ejemplo, las inspecciones conjuntas, proyectos científicos conjuntos y apoyo logístico) y la participación eficaz en las reuniones, por ejemplo, consideración de métodos de trabajo efectivos durante las reuniones	• Renovación del mandato del GCI sobre la cooperación en la Antártida	• GCI sobre la cooperación en la Antártida • Se invita a las Partes, los observadores y expertos a elaborar documentos conjuntos e identificar oportunidades de cooperación	• Grupo de trabajo sobre asuntos jurídicos e institucionales para considerar el informe del GCI		
Fortalecimiento de la cooperación entre el CPA y la RCTA			• Grupo de trabajo sobre asuntos jurídicos e institucionales para identificar el asesoramiento del CPA que requiere seguimiento		

Área de trabajo: Fortalecer la protección del medio ambiente antártico

Prioridad	RCTA 37 (2014)	Entre sesiones	RCTA 38 (2015)	RCTA 39 (2016)	RCTA 40 (2017)
Considerar el asesoramiento del CPA en abordar la reparación y remediación de los daños ambientales y considerar, por ejemplo, el seguimiento adecuado de las acciones en materia de responsabilidad			• El Grupo de trabajo sobre asuntos jurídicos e institucionales debe considerar si se reiniciarán las negociaciones sobre responsabilidad, de conformidad con la Decisión 4 (2010)		
Evaluar el progreso del CPA sobre su trabajo en curso para reflejar las mejores prácticas, mejorar las herramientas existentes y desarrollar nuevas herramientas para la protección del medio ambiente, incluidos los procedimientos de evaluación del impacto ambiental (y considerar, en su caso, el futuro desarrollo de dichas herramientas)				• El Grupo de trabajo sobre asuntos jurídicos e institucionales debe considerar el asesoramiento del CPA en su revisión de las Directrices de EIA	

Área de trabajo: Gestionar y regular de forma efectiva las actividades humanas

Prioridad	RCTA 37 (2014)	Entre sesiones	RCTA 38 (2015)	RCTA 39 (2016)	RCTA 40 (2017)
Abordar las recomendaciones de la Reunión de Expertos del Tratado Antártico sobre las implicancias del cambio climático para la gestión y administración de la Antártida (CPA-GCI)			• El Grupo de trabajo sobre asuntos operacionales debe considerar las recomendaciones 9-17	• El Grupo de trabajo sobre asuntos operacionales debe considerar las recomendaciones 7-8	• El Grupo de trabajo sobre asuntos operacionales debe considerar las recomendaciones 4-6 • El Grupo de trabajo sobre asuntos operacionales debe considerar los resultados del taller del CC-CRVMA y el CPA
Reforzar la colaboración entre las partes sobre las operaciones aéreas y marinas actuales y específicas de la Antártida, así como las prácticas de seguridad; identificar además cualquier asunto que pueda ser tratado en el futuro en la OMI y la OACI.	• Aprobación de la Resolución C (2014)	• La Secretaría debe transmitir la Resolución C (2014) a la OMI, e invitar a dicha organización a proporcionar una actualización sobre las negociaciones acerca del Código Polar durante la 38° RCTA. • Solicitar a la OACI y a la OMI que presenten sus puntos de vista sobre cuestiones de seguridad aérea y marítima			
Revisar y evaluar la necesidad de adoptar medidas adicionales con respecto a la gestión de áreas e infraestructura permanente relacionadas con el turismo, así como las cuestiones relacionadas con el turismo terrestre y de aventura y atender las recomendaciones del estudio sobre turismo del CPA		• Preparación para el debate entre las autoridades competentes, incluso por medio de un GCI	• El Grupo de trabajo sobre turismo debe sostener un debate entre las Autoridades Competentes centrado en los asuntos relacionados con las actividades turísticas y no gubernamentales • El Grupo de trabajo sobre turismo debe seguir considerando el material sobre informes del CPA		

NOTA: Los antedichos Grupos de trabajo de la RCTA no son permanentes, estos grupos son definidos mediante consenso al comienzo de cada Reunión Consultiva del Tratado Antártico.

3. Resoluciones

Almacenamiento y manipulación de combustibles

Los Representantes,

Recordando el Artículo 3 del Protocolo al Tratado Antártico sobre Protección del Medio Ambiente ("el Protocolo") que requiere que las actividades en el área del Tratado Antártico sean planificadas y realizadas de tal manera que se limite el impacto perjudicial sobre el medio ambiente antártico;

Observando las disposiciones del Artículo 15 del Protocolo;

Conscientes de que la implementación de estas disposiciones requiere que las Partes tomen medidas;

Reconociendo que el Consejo de Administradores de Programas Antárticos Nacionales ("COMNAP") y la Asociación Internacional de Operadores Turísticos en la Antártida ("IAATO") han emprendido iniciativas sobre el almacenamiento y manipulación de combustibles, y planes de contingencia para derrames de hidrocarburos;

Recordando la Resolución 6 (1998) y la Resolución 3 (2005);

Recomiendan que:

1. sus Gobiernos continúen implementando medidas para prevenir derrames de combustible, planes de contingencia y respuesta para derrames de hidrocarburos, y elaborando informes, según lo incorporado en las directrices del Manual del COMNAP sobre combustible. En particular:

   a. que sus Gobiernos, o bien reemplacen las instalaciones para el almacenamiento de combustible a granel que en la actualidad carecen de contención secundaria con tanques de doble pared, o que las doten de sistemas de contención adecuados y que cuenten con planes de contingencia adecuados para derrames de combustible.

b. que sus Gobiernos presenten y mantengan planes de contingencia basados en las directrices del Manual del COMNAP sobre combustible, y que, en la medida de lo posible, lleven a cabo ejercicios de contingencia periódicos, tanto teóricos como prácticos en tierra y en el mar, para poner a prueba, y con ello, perfeccionar sus planes de contingencia. y que informen de los resultados de dichos ejercicios a la Reunión Consultiva del Tratado Antártico (RCTA); y

2. se le solicite al COMNAP que mantenga bajo examen periódico, y que revise, según corresponda, las directrices del Manual del COMNAP sobre combustible.

Cooperación, facilitación e intercambio de información meteorológica y medioambiental oceanográfica y de la criósfera asociada

Los Representantes,

Reconociendo la permanente importancia de los datos meteorológicos antárticos para respaldar operaciones al interior de la Antártida y para elaborar pronósticos del clima y para el desarrollo de la investigación meteorológica, en especial para la investigación del clima global;

Deseando que se reduzcan a un mínimo los riesgos para las personas y la infraestructura en la Antártida impuestos por el clima, y por los efectos oceanográficos y en la criósfera relacionados con el clima, y observando que las estrategias de mitigación de dichos riesgos son más eficaces cuando se basan en datos;

Reconociendo la sólida tradición de cooperación entre las Partes del Tratado Antártico en el desarrollo y la puesta en común de la información meteorológica y medioambiental oceanográfica y de la criósfera asociada;

Agradeciendo la estrecha cooperación entre la Reunión Consultiva del Tratado Antártico (RCTA) y la Organización Meteorológica Mundial (OMM);

Agradeciendo además el trabajo realizado por el Panel de Expertos en Observaciones Polares, Investigaciones y Servicios del Consejo Ejecutivo de la OMM, que incluye, pero no se limita a los servicios de pronósticos meteorológicos y marinos (olas y hielo marino) en un rango de escalas de tiempo (como las descritas en la iniciativa del Sistema Mundial Integrado de Predicciones Polares, (GIPPS)) y el continuo desarrollo y respaldo de sistemas tales como la Red de Observación Antártica, (AntON), Vigilancia de la Criósfera Global (GCW), y el Programa Internacional de Boyas Antárticas (IPAB);

Recordando la Recomendación V-2 (1968), la Recomendación VI-1 (1970), la Recomendación VI-3 (1970), la Recomendación X-3 (1979), la Recomendación

XII-1 (1983), la Recomendación XIV-7 (1987), la Recomendación XIV-10 (1987) y la Recomendación XV-18 (1989), que en su conjunto reseñan un gran esfuerzo internacional por mitigar los riesgos impuestos por el clima y el mar (olas y hielo marino) al personal y a la infraestructura de la Antártida;

Recomiendan que las Partes:

1. continúen cooperando en mejorar el sistema de recolección y distribución oportuna de datos meteorológicos antárticos, con especial atención en el aumento de la eficacia, la fiabilidad y economía de esfuerzos, y teniendo en cuenta las oportunidades ofrecidas por las nuevas tecnologías;

2. faciliten, en la medida de lo posible, el desarrollo y la utilización de sistemas e infraestructura para el respaldo de robustos sistemas de observación, investigación y servicios meteorológicos y marinos (olas y hielo marino); y

3. respalden y alienten a la OMM en el desarrollo de su estrategia de servicios en amplia consulta con otros desarrolladores de servicios pertinentes y con los usuarios del servicio.

Respaldo al Código Polar

Los Representantes,

Agradeciendo el desarrollo del proyecto del Código Internacional para Buques que operen en Aguas Polares (Código Polar) por parte de la Organización Marítima Internacional (OMI);

Reconociendo que la OMI es la organización competente para abordar la normativa naviera;

Observando los progresos en el importante trabajo realizado en el Código Polar y la necesidad de mantener como prioridad la finalización de dicho documento;

Recordando la Resolución 3 (1998) y la Resolución 8 (2009);

Reconociendo las ventajas de contar con un Código Polar que reglamente la seguridad naviera y la protección del medioambiente;

Recomiendan que sus Gobiernos:

1. alienten a los Estados miembros de la OMI a mantener como prioridad el importante trabajo de finalizar el Código Polar que reglamente la seguridad naviera y la protección del medioambiente; y

2. alienten además a los Estados miembros de la OMI a considerar en una segunda etapa asuntos complementarios de seguridad y protección del medioambiente, conforme a lo que determine la OMI.

Directrices para Sitios que reciben visitantes

Los Representantes,

Recordando la Resolución 5 (2005), la Resolución 2 (2006), la Resolución 1 (2007), la Resolución 2 (2008), la Resolución 4 (2009), la Resolución 1 (2010), la Resolución 4 (2011), la Resolución 2 (2012) y la Resolución 3 (2013), que aprobaron listas de sitios sujetos a Directrices para Sitios que reciben visitas ("Directrices para sitios");

Recordando la Resolución 3 (2013), que estipula que cualquier rectificación propuesta a las directrices para sitios sea examinada por el Comité para la Protección del Medio Ambiente ("CPA"), el cual debe asesorar a la Reunión Consultiva del Tratado Antártico (RCTA) según corresponda, y que en caso que dicho asesoramiento fuese refrendado por la RCTA, la Secretaría del Tratado Antártico ("la Secretaría") deberá aplicar las rectificaciones que sean necesarias a los textos de las Directrices para sitios en su sitio web;

Reconociendo que las directrices para sitios refuerzan las disposiciones establecidas en la Recomendación XVIII- 1 (1994) (Orientaciones para aquellos que organizan y llevan a cabo actividades turísticas y no gubernamentales en la Antártida);

Confirmando que el término " visitantes" no incluye a los científicos que realizan investigaciones en dichos sitios, ni a las personas que participan en actividades gubernamentales oficiales;

Observando que las directrices se han desarrollado en base a los actuales niveles y tipos de visitas en cada sitio específico, y conscientes de que las directrices para sitios podrían requerir de una revisión si hubiesen cambios significativo en los niveles o tipos de visitas a un sitio;

Convencidos de que las directrices para cada sitio deben examinarse y revisarse de manera oportuna en respuesta a los cambios en el nivel y el tipo de visitas, o en respuesta a cualquier impacto demostrable o probable en el medioambiente;

Deseando mantener actualizadas las actuales directrices para sitios;

Recomiendan que:

1. se reemplacen las Directrices para el sitio de la isla Horseshoe, península Antártica, y para el de Cabañas de Mawson y cabo Denison, Antártida Oriental por las Directrices para sitios modificadas;

2. la Secretaría publique en su sitio web la lista completa de Directrices para sitios, anexa a esta Resolución, y las Directrices para sitios modificadas, según lo aprobado por la RCTA;

3. sus gobiernos insten a todos los posibles visitantes a garantizar que estén plenamente familiarizados con las recomendaciones de estas Directrices para visitantes a la Antártida publicadas por la Secretaría, y que se regirán por ellas;

4. toda propuesta de modificación de Directrices para sitios actuales sea analizada por el CPA, el que debe asesorar a la RCTA al respecto, y que, si la RCTA acoge tal recomendación, la Secretaría deberá realizar las modificaciones pertinentes a los textos de las Directrices para sitios en el sitio web; y

5. la Secretaría publique el texto de la Resolución 3 (2013) en su sitio Web de manera de dejar en claro que ésta ya no está en vigencia.

Lista de sitios a los cuales se aplican directrices

Directrices de Sitio	Adopción original	Última versión
1. Isla Penguin (Lat. 62° 06' S, Long. 57° 54' O);	2005	2005
2. Isla Barrientos, Islas Aitcho (Lat. 62° 24' S, Long. 59° 47' O);	2005	2013
3. Isla Cuverville (Lat. 64° 41' S, Long. 62° 38' O);	2005	2013
4. Punta Jougla (Lat 64° 49' S, Long 63° 30' O);	2005	2013
5. Isla Goudier, Puerto Lockroy (Lat 64° 49' S, Long 63° 29' O);	2006	2006
6. Punta Hannah (Lat. 62° 39' S, Long. 60° 37' O);	2006	2013
7. Puerto Neko (Lat. 64° 50' S, Long. 62° 33' O);	2006	2013
8. Isla Paulet (Lat. 63° 35' S, Long. 55° 47' O);	2006	2006
9. Isla Petermann (Lat. 65° 10' S, Long. 64° 10' O);	2006	2013
10. Isla Pleneau (Lat. 65° 06' S, Long. 64° 04' O);	2006	2013
11. Punta Turret (Lat. 62° 05' S, Long. 57° 55' O);	2006	2006
12. Puerto Yankee (Lat. 62° 32' S, Long. 59° 47' O);	2006	2013
13. Farallón Brown, Península Tabarin (Lat. 63° 32' S, Long. 56° 55' O);	2007	2013
14. Cerro Nevado (Lat. 64° 22' S, Long. 56° 59' O);	2007	2007
15. Caleta Shingle, Isla Coronation (Lat. 60° 39' S, Long. 45° 34' O);	2008	2008
16. Isla Devil, Isla Vega (Lat. 63° 48' S, Long. 57° 16,7' O);	2008	2008

Directrices de Sitio	Adopción original	Última versión
17. Caleta Balleneros, Isla Decepción, Islas Shetland del Sur (Lat. 62° 59' S, Long. 60° 34' O);	2008	2011
18. Isla Media Luna, Islas Shetland del Sur (Lat. 60° 36' S, Long. 59° 55' O);	2008	2013
19. Cabo Baily, Isla Decepción, Islas Shetland del Sur (Lat. 62° 58' S, Long. 60° 30' O);	2009	2013
20. Bahía Telefon , Isla Decepción, Islas Shetland del Sur (Lat. 62° 55' S, Long. 60° 40' O);	2009	2009
21. Cabo Royds, Isla Ross (Lat. 77° 33' 10,7" S, Long. 166° 10' 6,5" E);	2009	2009
22. Casa Wordie, Isla Winter, Islas Argentina (Lat. 65° 15' S, Long. 64° 16' O);	2009	2009
23. Isla Stonington, Bahía Margarita, Península Antártica (Lat. 68° 11' S, Long. 67° 00' O);	2009	2009
24. Isla Horseshoe, Península Antártica (Lat. 67° 49' S, Long. 67° 18' O);	2009	2014
25. Isla Detaille, Península Antártica (Lat. 66° 52' S, Long. 66° 48' O);	2009	2009
26. Isla Torgersen, Puerto Arthur, Sudoeste de la Isla Anvers (Lat. 64° 46' S, Long. 64° 04' O);	2010	2013
27. Isla Danco, Canal Errera, Península Antártica (Lat. 64° 43' S, Long. 62° 36' O);	2010	2013
28. Seabee Hook, Cabo Hallett, Tierra de Victoria del Norte, Mar de Ross, Sitio para visitantes A y Sitio para visitantes B (Lat. 72° 19' S, Long. 170° 13' E);	2010	2010
29. Punta Damoy, Isla Wiencke, Península Antártica (Lat. 64° 49' S, Long. 63° 31' O);	2010	2013

Directrices de Sitio	Adopción original	Última versión
30. Zona de visitantes del Valle de Taylor, Tierra de Victoria del Sur (Lat. 77° 37,59' S, Long. 163° 03,42' E);	2011	2011
31. Playa Noreste de la Isla Ardley (Lat. 62° 13' S; Long. 58° 54' O);	2011	2011
32. Cabañas de Mawson y Cabo Denison, Antártida Oriental (Lat. 67° 01' S; Long. 142 ° 40' E);	2011	2014
33. Isla D'Hainaut, Puerto Mikkelsen, Isla Trinity (Lat. 63° 54' S, Long. 60° 47' O);	2012	2012
34. Puerto Charcot, Isla Booth (Lat. 65° 04' S, Long. 64 ° 02' O);	2012	2012
35. Caleta Péndulo, Isla Decepción, Islas Shetland del Sur (Lat. 62° 56' S, Long. 60° 36' O).	2012	2012
36. Puerto Orne, Brazo sur de Puerto Orne, Estrecho de Gerlache (Lat 64° 38'S, Long. 62° 33'W);	2013	2013
37. Islas Orne, Estrecho de Gerlache (Lat. 64° 40'S, Long. 62° 40'W).	2013	2013

.

Fortalecimiento de la cooperación en materia de levantamientos y cartografía hidrográfica de las aguas antárticas

Los Representantes,

Considerando que es esencial contar con datos hidrográficos y cartas náuticas confiables para efectuar operaciones marítimas seguras;

Teniendo en cuenta el incremento en el tráfico marino, especialmente de las embarcaciones turísticas en la región antártica;

Preocupados del riesgo cada vez mayor de daños en embarcaciones, personas y el medioambiente en aguas de la región que no disponen de cartas adecuadas;

Observando que la recolección de datos precisos de levantamiento aumentará la seguridad en la navegación y respaldará las investigaciones científicas;

Reconociendo el papel de la Comisión Hidrográfica de la Antártida (CHA) de la Organización Hidrográfica Internacional en la coordinación de levantamientos y cartografía hidrográfica en la región Antártica y el valor de cooperar con el Comité Científico sobre Investigaciones Antárticas (SCAR) y otros organismos especializados;

Recordando la Recomendación XV-19 (1989), la Resolución 1 (1995), Resolución 3 (2003), Resolución 5 (2008) y Resolución 2 (2010), que alientan la cooperación en el levantamiento y la cartografía hidrográfica de las aguas antárticas.;

Recomiendan que las Partes:

1. respalden y promuevan los vínculos entre los programas antárticos nacionales y las oficinas hidrográficas nacionales;

2. aumenten su cooperación mutua al realizar levantamientos y cartografía hidrográfica de las aguas antárticas, con el propósito de contribuir a la seguridad marítima, salvaguardar la vida en el mar, proteger el medioambiente antártico, respaldar las actividades científicas y fomentar la actividad económica responsable, colaborando, según corresponda, dentro del marco de los Programas antárticos nacionales, las oficinas hidrográficas nacionales, la CHA y el esquema cartográfico internacional.

3. coordinen sus actividades en materia de levantamientos hidrográficos y cartografía por medio de la CHA y cooperen con ésta en aras de:

   a. aclarar los requisitos necesarios para la recolección de datos hidrográficos de calidad y precisión suficientes para su empleo en el desarrollo de cartas de navegación impresas y electrónicas, siendo concientes de los desafíos y oportunidades que surgen y que se enfrentan en la era de la navegación digital;

   b. identificar las zonas prioritarias para la recolección de datos hidrográficos y batimétricos adicionales;

   c. completar su inventario de bases de datos y otorgar importancia preponderante a la conexión entre las Partes en materia de los levantamientos hidrográficos previstos a fin de evitar duplicación de esfuerzos; y

4. alentar a los buques de los programas antárticos nacionales y a cualquier otro buque operando en la zona del Tratado Antártico a recolectar datos hidrográficos y batimétricos, incluyendo sondeos de travesía de todos los viajes antárticos, en la medida de lo posible, y que remitan esos datos hidrográficos y batimétricos recolectados al productor pertinente de cartas internacionales para tomar medidas de desarrollo cartográfico; y abocarse a la búsqueda de recursos adicionales para mejorar el levantamiento hidrográfico y la cartografía en la región antártica.

Hacia el desarrollo de una evaluación de las actividades turísticas y no gubernamentales en función del riesgo

Los Representantes,

Comprendiendo la necesidad de que las Partes del Tratado Antártico consideren la seguridad y los impactos en el medioambiente producidos por el turismo y las actividades no gubernamentales;

Deseando promover la seguridad en el turismo y en las actividades no gubernamentales;

Deseando que todas las actividades turísticas y no gubernamentales, sin importar la plataforma o la naturaleza específica de dichas actividades, se planifiquen y realicen de manera adecuada a fin de promover la protección del medioambiente y evitar los riesgos a la seguridad de las personas, así como posibles efectos adversos para los Programas antárticos nacionales de las Partes;

Recordando también la Medida 4 (2004) y la Resolución 4 (2004);

Deseando garantizar que dichas actividades se evalúen de manera coherente y rigurosa a fin de que se aborden las inquietudes mencionadas anteriormente;

Recomiendan que sus Gobiernos:

de manera congruente con sus legislaciones nacionales y como resulte apropiado en materia de actividades turísticas y no gubernamentales desarrolladas en la Antártida:

1. alienten a los operadores a utilizar un proceso de evaluación basado en el riesgo como herramienta de planificación, y

2. tomen en cuenta las evaluaciones en función del riesgo realizadas por los operadores como parte del proceso de autorización, o de algún proceso normativo equivalente.

Entrada en vigor de la Medida 4 (2004)

Los Representantes,

Preocupados ante los posibles impactos, incluidos los costos adicionales, que las actividades no gubernamentales turísticas o de otro tipo pueden tener sobre los programas antárticos nacionales, y los riesgos para la seguridad de las personas que participan en las operaciones de búsqueda y salvamento;

Deseando garantizar que el turismo u otras actividades no gubernamentales realizadas en la Antártida se lleven a cabo de una manera segura y autosuficiente;

Deseando asimismo garantizar que los riesgos asociados con otras actividades turísticas o no gubernamentales se identifiquen plenamente con antelación y se reduzcan al mínimo;

Recordando la Medida 4 (2004) en relación con los seguros y planes de contingencia para el turismo y las actividades no gubernamentales en la zona abarcada por el Tratado Antártico;

Teniendo en cuenta que el logro de los objetivos y principios de la Medida 4 (2004) será plenamente garantizado sólo cuando esta entre en vigor en el plano internacional;

Recomiendan que sus Gobiernos:

1. en caso de que no hayan aprobado la Medida 4 (2004),

    a. completen sus procedimientos internos para aprobar esta medida, de modo que entre en vigor lo antes posible;

    b. dar efecto jurídico a sus disposiciones a nivel nacional, de manera voluntaria, siempre que sea apropiado, y en la medida posible, de conformidad con sus sistemas jurídicos; y

2. en caso de que hayan aprobado la Medida 4 (2004) y en espera de su entrada en vigor, consideren tomar las providencias que puedan ser necesarias en el ámbito nacional, siempre que sea apropiado.

1. Cooper, Katrina (Australia)
2. Dempster, Jillian (Nueva Zelandia)
3. Eurén Höglund, Lisa (Suecia)
4. Malefane, Nthabiseng (Sudáfrica)
5. Bloom, Evan T. (Estados Unidos)
6. Xavier, José Carlos Caetano (Portugal)
7. Strengehagen, Mette (Noruega)
8. Havlík, Jiri (República Checa)
9. Yahaya, Mohd Azhar (Malasia)
10. Rhee, Zha-hyoung (República de Corea)
11. Lefeber, René J.M. (Países Bajos)
12. Rajan, Sivaramakrishnan (India)
13. Azeredo, Raphael (Brasil)
14. Rocard, Michel (Francia)
15. Takahashi, Kazuhiro (Japón)
16. Valjento, Liisa (Finlandia)
17. Muñoz de Laborde Bardin, Juan Luis (España)
18. Guyonvarch, Olivier (Francia)
19. Crosbie, Kim (IAATO)
20. Reinke, Manfred (STA)
21. Sgrò, Eugenio (Italia)
22. Ney, Martin (Alemania)
23. Gomes Pereira, Manoel (Secretaria del país anfitrión)
24. Gonchar, Dmitry (Federación de Rusia)
25. Marcondes de Carvalho, José Antonio (Presidente de la XXXVII RCTA)
26. López-Martínez, Jerónimo (SCAR)
27. Vanden Bilcke, Christian (Bélgica)
28. Rumble, Jane (Reino Unido)
29. Ward, Robert (OHI)
30. López Crozet, Fausto (Argentina)
31. Olmedo Morán, José (Ecuador)
32. Romano, Claudio (Uruguay)
33. Raytchev, Rayko (Bulgaria)
34. Gao, Feng (China)
35. Ondras, Miroslav (OMI)
36. Gilberto, Jaimes (Venezuela)
37. Krupets, Leonid (Belarús)
38. Wright, Andrew (CCRVMA)
39. Berguño, Francisco (Chile)
40. Mrema, Elizabeth Maruma (PNUMA)
41. Rogan-Finnemore, Michelle (COMNAP)
42. Epstein, Mark S. (ASOC)
43. Bayona Medina, Jorge (Perú)
44. Marciniak, Konrad (Polonia)

www.ingramcontent.com/pod-product-compliance
Lightning Source LLC
Chambersburg PA
CBHW061616210326
41520CB00041B/7466